밀가루 꽃이 피었습니다

발행 | 2020년 11월 15일
저자 | 윤재갑
디자인 | 에이디앤씨 adncdesign@gmail.com
펴낸이 | 김덕주
펴낸곳 | 에이디앤씨북스

주소 | 경기도 고양시 일산동구 중앙로1192
전화 | 070-4179-4811
웹페이지 | http://www.adnc4u.com/
이메일 | adncbooks@gmail.com

ISBN : 979-11-972328-0-0

가격 : 15,000원

* 본 책은 저작자의 지적 재산으로서 무단 전재와 복제를 금합니다.

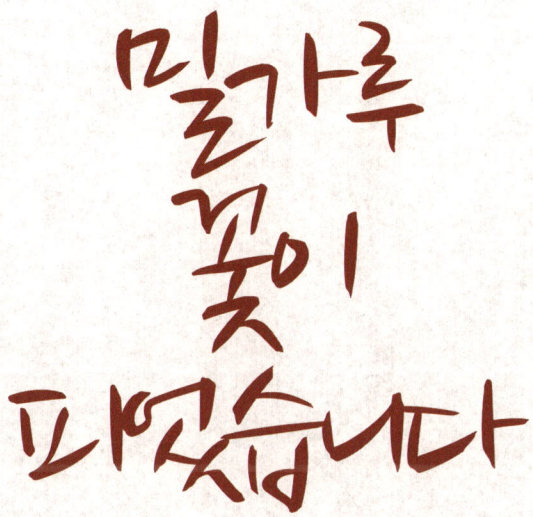

윤재갑 지음

고마운 _____ 님께 드립니다.
행복한 인생을 위한 좋은 동반자가 되기를 바랍니다.

프롤로그

노력하는 꼴찌가 게으른 일등보다 낫다

　나는 산골 소작농의 아들로 태어났다. 가난 때문에 중학교까지밖에 다니지 못했다. 당시 중졸의 내가 품을 수 있는 가장 큰 꿈은 목장주인이었다. 꿈을 이루려면 돈이 필요했기 때문에, 시골에서 돈 벌 수 있는 일이라면 뭐든지 다 했다. 하지만 꿈은 수포로 돌아갔고, 나는 고향을 떠나야 했다.

　이후 서울에서 열관리사 자격증을 따면서 안정적인 직장인이 되었다. 스물한 살이란 어린 나이에 기관장이 되어 대기업 다니는 친구들보다 고액의 연봉도 받게된다. 남부럽지 않은 인생을 살 수 있을 거라 자신했다. 그런데 인생은 참 이상하게 흘러갔다. 군대에서 우연찮게 취사병이 되면서 내 인생에 변화가 생긴 거다. 요리가 내 적성에 맞다는 걸 깨닫게 됐다. 전역 후 고민 끝에 지금의 아내와 예비 장모님과 의기투합해 분식집을 시작했다. 벌써 30년 전일이다. 이후 쉬지 않고 식당을 운영했으니, 평생 업이 된 셈이다.

나름 사업가로 적지 않은 돈도 만졌지만, 주식으로 전 재산을 다 날리는 실수를 저질렀다. 억 단위의 통장에 달랑 6만 원 남았을 때야 정신이 들었다. 이후에 남의 식당에서 주방 보조로 일하면서 바닥부터 다시 시작했다. 가정을 책임지는 가장이었기에 고군분투해야 했다. 하지만 너무 많은 빚 때문에 개인회생신청까지 하는 등 하루하루 곡예 하는 것처럼 아슬아슬하게 살았다. 빛이 보이지 않는 긴 터널을 지나는 기분이었다. 그러다 명품 김치만두, 칼국수 같은 윤재갑만의 메뉴를 만들어내면서 윤재갑양심칼국수로 재기에 성공할 수 있었다.

아마도 오늘의 내가 있는 데는 환경 탓하지 않고 앞만 보고 달려가며 정직하고 성실하게 산 덕이 아닌가 싶다. 너무 교과서적인 이야기지만, 살아보니 그게 답이었다.

올해 2020년은 사그라들 기미가 보이지 않는 코로나 19로 나라 전체뿐 아니라 자영업자들도 생계 곤란을 겪을 만큼 어렵다. 이 시간 속에서 희망을 잃지 않고 용기낼 수 있는 방법이 뭘까 고민해봤다. 숨조차 쉬기 힘든 시련을 겪었지만 포기하지 않고 다시 일어선 내 이야기가 조금은 도움이 되지 않을까 하는 마음에 이 책을 쓰기 시작했다. 코로나로 인해 손님이 줄어든 탓에 내 시간을 낼 수 있었으니, 어쩌면 이 또한 위기가 기회가 아닌가 싶다. 지금껏 살면서 책 한 권 진득하게 읽을 시간이 없었다. 그런데 이 책을 쓰기 위해 처음으로 여러 권의 책을 읽었다. 매출은 떨어졌지만 한편으로는 이런 시간이 주어진 것에 감사한 마음이다.

음식점 사장이 쓴 책이 어떨지 궁금해 할 독자들이 많을 것 같다. 식당 사장이니 당연히 음식 이야기를 많이 넣었다. 하지만 음식은 매개일 뿐 불안한 미래에 대해 걱정 많은 청년들과 예비 창업자에게 위로와 힘을 주는 얘기를 담기 위해 노력했다. 나는 과감하게 말하고 싶다. 아무리 힘들어도 젊으니까 뭐든 도전할 수 있다고. 깨지고 넘어지고 망가져도 다시 일어설 수 있다고 말이다. 어떤 분야든 일등이 있으면 꼴찌도 있기 마련이다. 하지만 꼴찌면 어떤가. 노력하는 꼴찌가 게으른 1등보다 낫다. 실패를 통해 경험이란 가치를 얻기 때문이다. 그건 돈 주고도 살 수 없는 평생의 자산이다.

어릴 때부터 '재갑이놈은 바위 위에 올려놓아도 잘 살 거다.'란 말을 자주 듣곤 했다. 끼니 걱정하며 살던 가난한 집 자식이지만, 돈 벌기 위해서라면 뭐든 했다. 물론 처해진 환경은 제각각 다르다. 그렇기에 나처럼 해야 성공한다는 말이 별 의미 없다는 것도 잘 안다. 하지만 열악한 환경을 순순히 받아들이고, 그 안에서 끊임없이 새로운 뭔가를 모색하다 보면 분명 좋은 날이 올 것이다. 환경을 탓하지 말고 실패를 두려워하지 않는다면 말이다.

한순간이나 하루를 우습게 넘기지 말고 한 걸음씩 예술작품 만들듯, 자신의 인생은 자기가 만들어 가야 된다. 이 책을 읽고 단 한 명의 독자라도 생각과 행동에 변화가 생긴다면, 더할 나위 없는 영광이겠다. 어린 나이에 보잘 것 없는 남편을 만나 고생만 시켰는데, 불평 한번 하지 않고 늘 나를 지지해준 아내에게 고마움을 전하고 싶다. 올해는 더욱 내게 특별한 해다. 사랑하는 큰딸이 11월에 결혼식을 올리기 때문이다. 아내나 나나 장사하느라 바빠 충분한 사랑을 못 준 것에 대해 늘 미안했다. 그래도 자랑스러운 딸로 커줘 기특하고 고마운 마음뿐이다. 부모로서 정직하고 성실하게 사는 모습을 보여주는 것보다 더 큰 유산은 없다고 믿는다. 그런 의미로 결혼식 하객분들께 이 책을 선물하고 싶다.

살면서 많은 분들에게 신세를 졌다. 이 책을 쓰면서도 많은 분들의 도움을 받았다. 컴맹인 나는 육필 원고를 썼다. 많이 다듬었지만 초고의 분량이 A4 용지로 600장이나 됐다. 이 원고를 여러 사람들이 나눠 타이핑해줬다. 친구인 차상걸, 그리고 상걸이의 아내, 내 딸 정이와 예비 사위 진혁 군, 공무원인 조카 성두에게 고마운 마음을 전한다. 책에 대한 아무런 지식도, 정보도 없는 나를 이끌어주고 도와준 에이디엔씨북스의 김덕환 이사께도 감사드린다. 이분들이 없었다면 이 책은 세상에 나오지 못했을 것이다. 이 외에도 나락으로 떨어졌을 때 외면하지 않고 도와준 분들이 헤아릴 수 없이 많다. 그분들께 보답하는 길은 자만하지 않고, 게을러지지 않고 하루하루 열심히 사는 거라고 생각한다. 앞으로도 윤재갑이 가는 길을 지켜봐주길 부탁드린다.

2020년 가을, 윤재갑 씀.

추천사

성공기(記), 그 삶에서 묻어나는 진솔한 사람 냄새

최외득
소설가

이 세상에서 나와 같은 사람이 없듯이 내 삶의 모습과 똑같은 사람은 없다. 그런데도 우리가 다른 사람의 일생을 보면서 나의 모습을 보게 되고 동감하는 경우가 적지 않다. 자서전이 한 사람의 일생을 기록하는 일이라, 쉬울 것 같지만 막상 자신이 살아온 이 모양 저 모양을 솔직하게 글로 옮겨 사람들에게 알린다는 건 상당한 용기가 필요한 일이다. 그러므로 윤재갑 대표의 자서전을 보면서 그 용기에 먼저 박수를 보낸다.

저자가 그려내는 동심의 옛 정취에서 그 시대 사람이라면 다 겪었을 모습에 미소가 절로 나고, 청소년의 성장기에서 남몰래 겪은 좌절과 아픔을 가슴 저리게 공감하고, 불굴의 집념으로 시련을 이기는 과정에선 저절로 숙연해지고, 자만심으로 겪는 실패에선 안타까움을 끌어내게 하고, 다시 일어서는 용기로 성공을 이루는 과정에선 박수를 보내게 되고, 역경의 삶에서 인생이 익어가는 모습을 두루두루 드러내 사람 냄새를 느끼게 한다. 한마디로 얄궂게 사람 마음을 들었다 놓았다 한다.

추천사 제목을 성공기 그 삶에서 묻어나는 진솔한 사람 냄새라 정한다. 냄새를 향기라고 해도 될 표현이지만 한마디로 솔직 담백한 이야기가 마음에 닿아서 그리 정하게 되었다. 무엇보다 아픔과 고통, 슬픔과 눈물 속에서도 흔들리지 않는 가족사랑에 감동한다. 자서전의 특징이 어려운 환경을 이겨내고 성공한 삶이라는 결론으로 가는 그런 이야기가 보통인데, 이 자서전에서 저자는 재미있는 가족 이야기 한 편을 드라마틱하게 그려내어 읽는 이로 하여금 정감을 끌어냈다. 그 정감이란 게 가난에서만 찾을 수 있는 아무 조건이 필요 없는 그런 사랑이고 애타는 마음이다.

만일 재벌가 2세의 인생에서, 그의 일생 업적이 뛰어났다 해도 역경을 이겨낸 성공한 삶이다, 라고 말하기는 쉽지 않을 것이다. 만일 그런 일이 있다 치더라도 그 모습이 과연 우리 마음에 감동으로 와닿을지도 의문이다. 그런 면에서 저자가 그리는 일생을 보면서 누구나 겪었을 법한 가난한 모습과 스스로 촌놈 티를 드러내는 인간미에서 필자인 나도 모르게 동질감에 젖어 들고 만다. 특히 청소년기에서 청년기로 가는 과정에서 드러난 저자의 당돌한 집념 앞에 탄성이 절로 나온다. 그때 형성된 내면의 세계가 일생의 방향과 목적으로 이끄는 힘으로 작용하지 않았나 싶다. 그렇다. 아무리 내가 의지하는 대로 삶을 영위하며 성공을 위해 달릴지라도 이끌어주고 도움의 손길을 주는 사람이 없었다면 과연 지금의 윤재갑이라는 한 인간 승리가 있을 리 없다. 어려운 살림에서도 정직하게 사는 법을 가르친 부모님, 형제간에 우애, 재목감으로 알아봐 준 사회에서 만난 사람들, 그 어떠한 환경에서도 남편을 끝까지 믿고 따라준 아내, 어려운 형편에도 올곧게 자라준 자녀, 이 모든 사람이 있었기에 지금의 윤재갑은 당당할 수 있는 것이다.

저자인 그가 어찌 보면 천진난만하다 싶을 정도로 앞으로의 일을 밝고 희망차게 보고자 하는 모습이 곳곳에 묻어나지만, 전반적인 삶의 모습을 볼 때 남모르게 얼마나 많은 땀과 눈물을 흘렸을까, 하는 짐작은 그리 어렵지 않다. 질곡의 삶에서 성실함으로 켜켜이 쌓아온 성공담을 보며 존경을 표한다. 하나님께 영광을 돌리는 그 복된 삶을 축복하며, 추천사를 쓸 수 있는 기회를 주심에 감사드린다.

추천사

온몸 부서져라 생과 맞서던 뚝심과 열정

노상용
명인한의원 원장

　보신탕. 개고기를 먹는 우리 오랜 전통 식문화에 따라 지금까지 이어져온 음식입니다. 한 20년 전쯤 되었을까. 어느 날 이 책의 저자인 윤재갑 사장님으로부터 갑자기 초대를 받아, 그의 가게에서 몇 분의 지인과 함께 식사를 하게 되었습니다. 그런데 식탁 위에 개고기 수육과 전골이 올라와 있는 겁니다. 어렸을 때 폐농양으로 고생하시던 선친께서 개고기가 좋다는 설을 믿고, 자주 보신탕을 드셨습니다. 때때로 저는 어머니가 지폐 몇 장 넣어주신 양은냄비를 들고 우리 동네 골목길 끝쯤에 있던 보신탕집에 가서, 한참을 기다리곤 했습니다. 마침내 한 가득 채워진 냄비를 들고 행여 국물이 넘칠까 조심조심 한 걸음 한 걸음 옮겨 집에 갖다 드렸습니다. 그리고 어머님께서 한사발 퍼주시는 보신탕을 찬찬히 맛보며 맛있게 먹었던 것이 지금까지 기억에 남아있습니다.
　성장한 뒤 여러 도시에서 잊을 만하면 한 번씩 지인들과 보신탕, 수육, 전골 등을 맛을 봤습니다. 만약 맛있었다면 자주 다녔을 텐데, 어렸을 때

각인된 깔끔하고 맛깔 난 그 맛을 다시 만날 수 없어 보신탕집 찾아다니는 일에는 소극적이었습니다.

그런데 그 날 윤 사장님께서 그 맛을 찾아준 겁니다. 개고기 특유의 퀴퀴한 냄새도 없었으며 찰진 고기의 식감은 물론 국물의 양념이나 간도 딱 맞아서 오랜만에 맛나게 먹었습니다. 물론 윤 사장님은 단 한 번도 보신탕 류로 돈을 번 적이 없습니다. 내가 아는 한 해물칼국수, 보쌈, 만두(전골), 메밀소바 같은, 우리가 흔히 맛볼 수 있는 그런 메뉴를 한 평생 조리해 오신 분으로 알고 있습니다. 그런 메뉴들이 맛있고, 깔끔해 손님들에게 열렬한 호응을 받아온 이유는 음식조리에 대한 윤 사장님의 남다른 태도 때문인 것 같습니다. 저는 윤 사장님이 마련해주신 보신탕 특별식을 맛보고 '아~ 정말 솜씨 있는 분이구나.'란 생각과 함께 그분의 성공 이유를 확신할 수 있었습니다.

저는 한의사로서 25년 가까이 윤 사장님을 알게 되었습니다. 우리의 첫 만남은 조그만 칼국수 가게에서 조리와 배달을 하며, 매우 고단한 삶을 살던 '청년 윤재갑' 시절이었습니다. 디스크파열증은 지금도 의료인이라면 토 달지 않고 수술대에 올려야 하는 중증입니다. 그런데도 불구하고 매일 주방에서 그리고 음식배달을 위해 계단을 쉴 새 없이 오르내리는 삶을 살면서도, 가족을 위해 온 몸이 부서져라 운명과 정면으로 맞서는 태도를 그는 갖고 있었습니다. 다행히 디스크 병세가 잘 잡혀 지금은 큰 문제는 없이 살고 있지만, 그 후유증으로 지금도 꾸준한 치료와 관리가 필요할 정도입니다. 그럼에도 불구하고 그의 얼굴은 항상 미소가 가시지 않습니다. '소시민 윤재갑 성공스토리' 뒤에는 누구보다 몸을 사리지 않고 내조한 부인이 있으며, 윤재갑 부부의 '삶에 대한 긍정적 태도'는 어느 누구보다 비할 수 없으며 앞으로도 더 할 게 틀림없습니다.

윤 사장님이 큰 딸 윤정의 결혼에 맞춰 소중한 글을 정리해 발간한 책이 나온다고 합니다. 큰 딸 정이와 새로 맞을 사위도 윤 사장님의 저서를 통해 선한 영향력을 이어받아갈 게 틀림없습니다. 또 이 책은 다른 수많은 독자들에게 희망과 불굴의 투지를 갖게 해줄 거라 믿습니다.

 저 역시 소시민 윤재갑 사장님의 글을 읽고 많이 배우겠습니다. 그리고 윤 사장님도 이 책의 발간으로 인생의 1막을 정리했다고 생각하고, 인생 2막의 서사시를 또 써주시길 부탁드립니다.

목 차

프롤로그 _8

추천사 _12

1장 ; 장사인생 2막, 윤재갑양심칼국수

지하상가 15평 가게에서 일어난 기적 _25
2014년 4월 14일, 개업 전날 풍경 _39
밑반찬은 겉절이 김치 하나 _53
TV에 세 번이나 출연한 음식점, 알고 보니 빚더미 _56

2장 ; 설움 많던 어린 시절

"바위 위에 올려놔도 잘 살 놈여." _71
없이 살아도 제삿날과 명절은 푸지게 _77
보리밥과 감자, 옥수수가 주식이던 시절 _84
4계절 반찬과 아부지께 배운 밥상머리 예절 _89
물리도록 먹던 칼국수, 수제비, 죽 _94
"내 소풍 안 갈란다." _101
상걸이는 유치원도 다녔다는데 _103

3장 ; 맨발의 청춘

열일곱살에 시작한 돈벌이 _111
"이억만 리 타국 땅에서 얼마나 고생이 많은가"_115
목장주의 꿈은커녕 빚만 270만원 _119
보리밥으로 다져진 깡다구를 보여주마 _122
배신감이란 쓴 맛 _129
2만원 들고 서울 가는 날, 어매도 울고 아부지도 울고 _132
열관리기능사 자격증과 치킨 _137
중졸 촌놈, 스물한살 기관장 되어 금의환향 _144
선녀와 나무꾼 _148
취사병으로 인생이 180도 달라질 줄야 _151

4장 ; 장사인생 1막

예비 장모님, 예비 신부와 큰일 벌이기 _157
딸, 아들 낳고 고급승용차 타고 _164
손 쓸 새도 없이 어퍼컷 맞고 완패 _167
강남으로 가보자! _172
만두 배우던 수련생, 슈퍼맨분식 인수하다 _183
자유로운 영혼의 배달원들 때문에 노심초사 _187
주식으로 딱 '따블'만 벌어야지 _192
남의 가게 주방 보조로 새 출발 _209
윤재갑양심칼국수로 재기 도전 _239

목 차

5장 ; 음식 장사하며 이뤄낸 것들

"4일간 여행 다녀온 후 개업합니다" _267
순풍에 돛 단 듯, 광대도 승천하고 _273
짓눌린 고통, 빚 해방 선언 _279
자수성가와 부모의 후원 _282
직원이 가족이다 _286
명품김치만두 특급 사랑 칭찬 _288
바빠도 친구들은 꼭 챙긴다 _292
불효자는 웁니다 _296
아내가 발레를 배운다 _303
큰 성공보다 평생 갈 기술이 좋다 _309

부록1 ; 윤재갑이 말하는 음식 장사 노하우

1. 고정관념을 깨라 _317
2. 음식장사는 입소문이다 _303
3. 뭐니 뭐니 해도 기술력이 최고다 _303

부록2 ; 집에서 쉽게 따라할 수 있는 요리 레시피

1. 시래기콩가루 된장국(5인분) _335
2. 냉이찜 _337
3. 고구마떡(대략 5인 분) _339
4. 고추절임 _341

에필로그 _342

1장
장사인생 2막, 윤재갑 양심칼국수

지하상가 15평 가게에서 일어난 기적
2014년 4월 14일, 개업 전날 풍경
밑반찬은 겉절이 김치 하나
TV에 세 번이나 출연한 음식점, 알고 보니 빚더미

지하상가 15평 가게에서 일어난 기적

"웅, 웅, 웅~"

새벽 여섯 시, 알람소리가 시끄럽게 울린다. 아직은 눈을 뜨고 싶지 않은 마음에, 이불 속으로 더 쑥 들어간다.

"정이 아빠 얼른 일어나."

꽤 부리는 걸 귀신같이 알아낸 아내가 툭툭 치며 나를 깨운다. 아내는 벌써 씻고 머리 말리는지, 헤어드라이어 소리가 요란하게 들린다. 이쯤 되면 더는 버틸 수 없다는 걸 나도 잘 알고 있다. 눈을 비비며 휴대폰으로 오늘의 날씨부터 체크한다.

월요일부터 토요일까지, 언제나 똑같은 아침 일상풍경이다. 장사의 특성상 날씨가 중요하기 때문에 날씨부터 살피는 게 습관이 되었다. 대충 씻고 면도하고 나오면 카드대금 입금되었다는 문자메시지 알림 소리가 들린다. 메시지 내용 확인하고 있으면 아내가 다시 소리를 높여 말한다.

"오늘 할 일 많데이."

은근 협박조다. 꾸물대지 말라는 뜻이다. 조리복이며 장사에 필요한 것들을 챙겨 담은 대형마트용 가방 등을 챙겨 나와, 차에 시동을 건다. 시간은 여섯 시 반. 마무리 못한 화장을 아내는 차 안에서 끝낸다.

우리가 아침마다 가장 먼저 들르는 곳은 해물 단골집이다. 미리 주문해둔 홍합과 같은 해산물을 구입한다. 20년 넘은 단골이라 이제 눈빛만 봐도 뭘 말하려는지 아는 사이다. 알아서 싱싱한 걸로 골라 준비해주신다. 해산물 구입하고 나면, 멸치 등 다른 재료 구입하느라 시장 전체를 둘이서 헤집고 다닌다.

산더미 같은 재료들을 차에 싣고 가게로 오면, 오전 7시 30분. 우리 둘 다 찬물을 꿀꺽꿀꺽 마신다. 물이라도 한 사발 들이켜야 정신이 들기 때문이다. 그 다음엔 각자 할 일을 묵묵히, 빠르게 하느라 정신없다. 아내는 해산물 씻고, 보리쌀 삶고, 삶은 콩 까는 등, 그야말로 몇 사람 몫을 해낸다. 일 양으로 따지면 나도 지지 않는다. 전날 다듬어 놓은 배추와 당면을 삶아 두드리고 다진다. 양파, 부추도 썬다. 모두 만두 속에 들어갈 재료들이다. 맷돌로 콩국수용 삶은 콩도 갈아야 한다. 아무리 환풍기를 돌려도 우리 둘 다 땀범벅이 되는 건 어쩔 수 없다. 냉동실에 미리 넣어뒀던 수건으로 아내가 내 이마를 훔쳐 준다.

"고생 많네, 우리 남편."

내 대답은 늘 "뭘 이 정도 가지고." 다. 우리 둘 다 불평이 뭔지 모른다. 몸이 아파 식은 땀 흘리는 게 아니라 일하면서 흘리는 굵은 땀 아닌가.

그 사이 직원들이 출근한다. 다 같이 장사 준비를 마치면 아침 식사를 한다. 아침 식사도 아내 몫이다. 일한 뒤에 먹는 아침밥은 꿀맛이다. 밥이 보약이란 말이 실감난다. 숟가락을 내려놓으면 오전 열 시. 다들 커피 한 잔씩 마신다. 이때가 하루 중 가장 느긋하고 향긋한 시간이 아닐까? 이후부터는 본격적으로 장사 시작이니 말이다.

윤재갑의 이름을 건 만두와 칼국수

만두는 한번에 350알을 만들어둔다. 그 이상은 무리다. 너무 덥기도 하지만 콩국수 같은 여름철 주력메뉴도 준비해야하기 때문이다. 여섯 시 전에 만두는 완판되기 일쑤다. 무더위 꺾이면 한 번 더 만들고 찬바람 불어오면, 두 번 더, 명절 같은 대목에는 네 번까지도 만들어야 한다. 만두피는 기계로 반죽해 뺀 다음, 여러 장 포개놓고 칼날로 찍어 만든다. 속을 채워 빚는 건 아내가 한다. 만들거나 빚는 걸 기계로 하는 곳도 많지만 나는 지금까지 손으로 해왔다. 물론 앞으로도 그럴 것이다.

만두하면 보통 고기만두를 많이 찾지만, 윤재갑은 명품 김치만두만 고집한다. 그런데 여기에는 고기만두보다 더 많은 양의 고기가 들어간다. 잘게 갈아 손바닥으로 일일이 으깨 보이지 않는 것뿐이다. 오랜 연구 끝에 돼지냄새도 싹 잡았다. 그래서 돼지고기가 안 들어간 거라 오해하는 분들도 있다. 많은 양의 고기는 물론 배추, 두부, 당면, 계란 등 종합영양소가 다 들어간 게 바로 윤재갑표 김치만두다. 만두를 밀가루 음식이라고 말하는 사람도 있지만, 윤재갑의 김치만두는 무게 100g중 만두피 무게가 고작 20g밖에 안 된다.

메뉴는 칼국수와 만두 두 가지가 기본이다. 모두 내가 갈고 닦은 기술로 만든다. 만두는 김치만두 말고 고기만두도 두 종류 더 만들 줄 안다. 하지만 왜 김치만두 한 가지만 고집할까. '고기만두나 여타 다른 만두는 다른 데서 드십시오, 그렇지만 김치만두는 꼭 윤재갑 명품만두를 드십시오.'라고 누구에든 자신있게 말할 수 있기 때문이다. 이 분야에서만큼은 감히 내가 최고라고 말할 수 있는 자부심이다. 칼국수와 만두에 관심 많은 어떤 분이 오십군데 넘는 식당에 들러 시식을 했단다. 칼국수는 나름의 특색들이 다 있었지만, 만두만큼은 윤재갑의 명품김치만두와 비슷하기는커녕 비교 불가라고 말씀하셨다. 메뉴 하나를 하더라도 최고라 말할 수 있다면 장사는 성공할 수 있다. 만두전골은 칼국수와 만두를 한꺼번에 맛볼 수 있는 종합건강식품이다. 칼국수에 쓰이는 육수를 기본으로 하되, 야채와 해물 그리고 칼국수 면발과 만두에 팽이, 새송이, 쑥갓, 단호박과 같은 고명이 올라간다. 얼큰한 맛을 내는 양념장과 시원한 육수가 어우러져 인기가 높다.

예전에는 한두 가지만 갖고 장사가 될까 싶어 50가지 넘는 메뉴를 개시해보기도 했다. 삼겹살, 육회 등 별의별 음식을 다 팔아봤다. 칼국수집을 하면서 아구찜도 팔고 삼겹살도 팔아봤지만 결과적으로 짬뽕집 됐다. 메뉴가 많으면 일거리만 많아지고 지출이 많아져 실매출은 별 볼일 없다. 지금처럼 규모도 작은데, 여러 종류의 음식을 하는 것도 어불성설이다. 메뉴가 단출하면 여러 모로 장점이 있다. 일단 음식 만드는 시간이 줄어든다. 육수도 멸치육수 한 가지로 다양하게 활용할 수 있다. 칼국수에 쓰는 육수로 만둣국이든 만두전골이든 다 할 수 있다. 간만 조금씩 달리하면 된다. 면 역시 기본 칼국수 면을 조금 얇게 빼면, 비빔국수와 콩국수 면이 된다. 우리 가게의 여름 효자 상품들이다. 메뉴를 늘리지 말고, 음식의 질을 높여 매출을 높였다.

좁은 가게 벽면, 아크릴판에 '윤재갑의 약속'이라고 써놓은 게 있다. 개업 전 요리사 가운을 입고 찍은 내 사진도 함께 붙여 놨다. 식사를 하고 나가는 손님들은 사진 속 얼굴과 실제 내 얼굴을 한 번씩 확인하신다. '윤재갑 사장님 대단하네" 하며 엄지척을 하는 분도 있고, 요리연구가님, 셰프님 등 호칭도 다양하다. 나이 어린 꼬맹이들도 내 얼굴을 보고 싶어할 때가 많다. 진짜 맛있어요, 짱이에요, 사랑합니다 등 인사의 종류도 가지가지다. 어떤 연세 지긋한 할머니 한 분은 내 평생 이렇게 맛있는 콩국수는 처음 먹어본다며 감탄하셨다. 양심칼국수는 조미료 맛이 안 나 안심이라며, 병문안 포장을 위해 자주 들르는 분도 있다. 손님이 다른 손님을 모셔 와, 저 분이 바로 윤재갑 사장이다며 소개하기도 한다. 이분들이 우리 가게 홍보 대사들이다. 홍보비 한 푼 안 들였지만, 알아서 입소문내는 고마운 분들이다.

윤재갑양심칼국수란 상호도 홍보에 한몫했다. 내가 처음 음식 장사를 할 때의 상호명은 왈순아지매였다. 그건 내가 정한 게 아니라 당시 장모님의 남동생 그러니까 처외삼촌께서 정하신 거다. 오래전 신문에 연재된 유명 만화제목이었다. 당시 구로공단으로 배달을 자주 다녔는데, 거기서 일하는 여직원들이 왈순네 아저씨 왔다며 손뼉 치고 반가워해준 기억이 난다. 그런 의미에서 나쁘지는 않았지만, 상호만 들어서는 당최 뭘 파는 음식점인지 감이 안 온다. 그 다음이 귀빈식당이었다. 전 주인이 쓰던 상호인데, 손님을 귀빈처럼 모시겠다는 의미였다. 만두를 배우다 인수하게 된 슈퍼맨 분식은 슈퍼맨처럼 빠르게 배달한다며 꽤 인기를 얻었었다. 그 이후, 같은 곳에서 메뉴만 바꿔 동원정, 윤가네 칼국수란 상호를 연이어 썼다. 동원정은 가장 안 좋은 이름이었다. 빌딩 이름을 그대로 따서 지었는데, 홍보에 전혀 도움이 안 되는 상호였다. 윤가네칼국수는 흔히들 많이 쓰는 방식이지만 식상하다. 다소 촌스러운 느낌도 난다. 그 다음부터 지금까지 윤재갑양심칼국수란 상호명을 쓰고 있다. 누가, 무엇을, 어떻게가 한꺼번에 들어갔다. 상호명 자체만으로 홍보가 되니 대만족이다. 어릴 때 이름 때문에 별명이 똥갑이었다. 그래서 내 이름이 싫었는데, 장사하면서 이름 석자에 자부심을 갖게 됐다. 주변에서 상호 이름 한번 기깔나게 잘 지었단 얘기를 수도 없이 들었다.

이곳에 오기 전 43평 가게에서 12년 동안 같은 상호로 장사했다. 그때 많은 걸 느꼈다. 꼭 술을 안 팔아도 매출을 올릴 수 있다는 것도 알게 됐다. 흔히들 술을 팔아야 매상이 오르고 한 테이블에서 나오는 음식가격인 객단가가 높아진다고 생각한다. 하지만 하나만 알고 둘은 모르는 소리다. 술이란 건 처음엔 빨리 마시지만, 시간이 지나면 술판만 커지지 주문 속도는 느려진다. 앉아서 먹는 시간보다 담배 피우러 화장실 가는 시간이 더 는다. 결국 회전률이 떨어진다. 단가 높은 메뉴 한두 개에 소주 몇 병이면 매출이 금세 오를 것 같지만, 빛 좋은 개살구일 때가 많았다. 남들 눈에는 손님 많아보일지 몰라도 사실 그 자리에 몇 시간째 앉아있는 사람들이다. 술을 팔았다면, 내 고급 기술인 보쌈과 곱창전골도 선보였을 것이다. 하지만 15평 작은 가게에서는 무리다. 아무리 무기들이 차고 넘친다 해도 아무 데나 다 들고 나갈 필요는 없다. 고기 잡으러 바다로 나가는데 그물만 있으면 되지, 곡괭이나 도끼는 걸맞지 않는다.

보쌈정식은 물론 밥 종류도 접기로 했다. 고기도 안 팔고, 술도 안 팔고 밥도 안 팔고, 반찬도 안 하기로 한 거다. 그렇게 국수종류와 명품 김치만두만으로 메뉴를 구성했다. 원래 곱창전골과 만둣국 육수는 사골과 잡뼈를 섞어 따로 육수를 냈었다. 그런데 메뉴에서 곱창전골을 제거했으니, 만둣국 육수는 어떻게 해야 할까. 사골을 끓여낼 공간도 부족한 평수인데 말이다. 그래서 멸치 육수를 이용해 만둣국 육수 내는 법을 개발해냈다. 이 또한 수없는 연습과 노력 끝에 얻어낸 결과다.

밥 메뉴가 없어 반찬을 안 해도 되니 편했다. 대신 기존에 나가던 영양보리밥을 내기로 했다. 오랫동안 외식업 하면서 보리밥이 인기메뉴란 걸 알았다. 밀가루 음식만으로 부족하다고 느끼는 손님들을 위해 준비하기로 했다. 미리 삶아놓은 보리쌀에 불린 쌀을 섞어 압력솥에 안친다. 고슬고슬해진 보리밥 위에, 삶아서 들기름 둘러 무친 얼가리를 올린다.

이 둘을 양념장으로 비벼먹는다. 양념장도 직접 만들었다. 재래식 된장을 기계에 갈고 고가의 태양초 고추장을 섞었다. 여기에 칼국수 진육수 섞어 내가 직접 만든다. 식사주문과 동시에 보리밥이 나간다. 애피타이저 같은 느낌이다. 간단히 배를 채운 후 주 메뉴가 나오니, 손님들의 만족도가 크다.

칼국수의 경우 기존의 가게에서는 냄비에 담아 나갔었다. 주방에서 끓어오르면 들고나가 테이블에서 손님이 직접 끓여먹도록 했다. 마지막 죽이 별미라 인기가 많았다. 하지만 작은 가게 특성상 회전율을 생각하지 않을 수 없었다. 그래서 다른 방식을 택하기로 했다. 면을 완전히 끓여 내기로 했다. 1인분은 대접에 담고, 2~4인분은 넓은 그릇에 담아 나간다. 테이블에서 가스불로 끓이는 것보다 시간은 더 걸리지만 확실히 회전율이 높았다. 대신 만두전골은 주방에서 센 불로 1차 끓인 다음, 테이블에서 휴대용 가스버너에 끓이는 방식을 택했다.

6년째 이곳에서 장사하며 폭발적인 매출 신장을 이뤘다. 지하철 2호선 잠실새내역과 붙어 있는 리센츠 상가 지하 1층, 아무도 둘러보지 않던 끄트머리 빈 가게다. 하지만 점심은 물론이고 사람들이 줄을 서서 기다리는 진풍경이 수시로 벌어진다. 특히 작년 12월 31일은 아직도 잊을 수 없다. 이 작은 공간에서 올리기 힘든 일 매출 417만 원을 팔았기 때문이다. 설을 앞두고 만두 주문이 밀어졌다. 그날 설거지 하는 이모 외에도 아르바이트생을 따로 구했고, 아내와 아는 동생이 함께 만두를 빚었다. 만두피와 속을 얼마나 많이 준비했는지 기억도 잘 안 난다. 하루 종일 찌고 식히고 포장했다. 그렇게 작년에 매출 신장이 큰 폭으로 이뤄지다 드디어 연매출 6억 원을 찍었다. 아무도 거들떠보지 않던 미분양 상가에서 일어난 기적이다. 그것도 다섯 평짜리를 세 칸으로 이어놓아 기럭지만 긴 15평 공간 아니었던가. 오랫동안 분양이 안 되어 분양사무소에서도 골치를 앓던 곳이었다. 황무지 같은 이곳을 명소로 만들었다. 우리 가게에 손님이 미어터지는 걸 보고 두 명의 사장이 상가분양을 받았다. 업종에 따라 다르겠지만 이렇게 작은 가게에서도 얼마든지 대박집이 될 수 있다는 걸 내가 보여준 셈이다.

허투루 쓰는 공간 하나도 없게

홀에는 총 열두 개의 테이블이 있다. 2인용 9개, 4인용 3개. 그것도 최대한 작은 사이즈로 만들었다. 여러 가지 밑반찬이 안 나가기 때문에 가능한 일이었다. 좁은 공간에 최대한 한 테이블이라도 더 놓기 위해 얼마나 이리저리 쟀는지 모른다. 그렇다고 다닥다닥 붙여 보행통로를 좁힐 수는 없었다. 칼국수는 뜨거운 음식이란 걸 명심해야 했다. 냉면을 들고 가다 부딪혀 흘리는 거랑 펄펄 끓는 칼국수 흘리는 건 하늘과 땅 차이다. 빈대 잡으려다 초가삼간 태우면 큰일이다. 작은 욕심 부리려다 더 큰 화를 부를 수 있으니 말이다. 게다가 상권 사전 조사할 때, 고가의 유모차를 끌고 들어오는 손님들이 많다는 사실도 알아냈다.

맨 처음엔 인테리어 전문가의 권유로 벽면에 등받이 나무의자도 설치했었다. 벽쪽으로 길게 붙인 다음, 약간의 각도를 줘 외관상 고급져 보이도록 했다. 두 벽면에 각각 기억자 형태로 만들었다. 그렇게 해두니 과연 인테리어가 한눈에 들어왔다. 하지만 기억자의 코너 부분은 활용불가 공간이 되어버렸다. 또 각을 준 등받이 의자 역시 제법 많은 공간을 차지했다. 선택을 해야 했다. 판단은 빠를수록 좋다. 아깝지만 과감히 해체하기로 했다. 친환경 페인트칠에 고급목재로 만든 걸 없앤다니 인테리어업자가 안타까워했다. 일단 써보고 나중에 불편하면 해체하는 게 어떻겠냐 권유했지만 나는 미련 없이 해체했다. 아깝다는 이유로 그대로 두는 건 결국 불필요한 게 된다는 걸 오랜 경험상 알고 있었기 때문이다. 대신 면적을 덜 차지하는 긴 나무 의자 세 개를 한쪽 면에만 따로 두었다. 의자를 놓고 방향을 조정하는 등 여러 가지를 고려해 만든 최선의 결과였다.

홀 못지않게 중요한 공간이 바로 주방이다. 가스며 기구 배치를 일단 한번 하고 나면 다시 바꾸는 게 좀처럼 쉽지 않다. 최소 공간에 처음부터 있을 건 다 있어야 한다. 대량의 육수를 내기 위한 가스레인지도 필요하고, 만두 속에 넣을 배추 삶을 공간도 있어야 한다. 전골 등을 일일이 끓여 내야 하므로, 일반 식당보다 화력 센 가스 기구가 여러 개 필요하다. 만두도 안에서 쪄야 한다. 기계 또한 제면기, 반죽기, 콩국수 기계, 마늘 가는 기계, 탈수기 등등 한두 가지가 아니다. 냉동식품을 저장할 냉동고, 냉장고만 해도 몇 대가 있어야 한다. 여름이면 면을 씻어낼 사리냉각기도 설치해야 했다. 어마무시한 설거지 노동을 덜어줄 식기세척기도 필요하다. 이 모든 걸 5평이란 공간에 다 설치해야 했다. 모눈종이 위에 수도 없이 그리고 지우기를 반복하며 결국 이걸 해냈다. 요리사의 키, 직원끼리 서로 부딪히지 않는 동선, 음식이 나가고 빈 그릇이 들어올 때도 불편함이 없을 여유 공간 모두 고려해야 한다. 지형지물을 최대한 이용하기로 했다. 낮은 냉장고 위에 도마를 둔다거나, 다른 냉장고 위에는 면을 빼는 제면기와 도마를 올려두는 식으로 말이다.

환경 탓하며 불평부터 하면 답이 안 나온다. 좁으면 좁은 대로 해결법이 있다는 걸 몸소 경험했다. 보리쌀, 콩자루, 배추를 비롯한 각종 식재료는 물론 일회용기 보관할 공간까지 확보했다. 처음 시공한 이후, 지금까지 단 한 번의 개조 없이 잘 사용하고 있다. 좁은 주방 시설 때문에 불편하다 느낀 적도 없다.

배달 대신 테이크아웃

영업은 100% 홀 장사 위주로 하고 배달은 일체 안 한다. 그동안 배달 때문에 속도 무던히 썩었다. 과거 가리봉동에서 배달의 기수란 이름으로 나름 날렸던 나였다. 하지만 기수의 허리가 나가 몸을 제대로 쓰지 못할 만큼 힘들었다. 직원들을 쓰기도 했지만, 내 뜻처럼 움직여주지 않아 속이 까맣게 탄 적도 있다. 배달 때문에 얼마나 골머리를 앓았는지, 이제 배달 소리만 들어도 진저리났다. 하지만 홀이 넓으면 홀 장사만 해도 매출에 문제없겠지만, 15평에서 주방 5평을 빼면 겨우 10평이다. 과연 가능할까? 게다가 만두 빚는 공간과 카운터를 빼면 더 작아진다. 더 큰 공간을 얻고 싶어도, 내가 준비한 금액으로 얻을 수 있는 최고의 평수였다. 그래도 배달은 안 할 셈이었다. 개업 초반에 손님 좀 끌어볼 요량으로 배달했다 나중에 바빠져 안 한다고 할 바엔, 처음부터 안 하는 게 나았다. 배가 불렀다는 둥 안 좋은 인식을 심어줄 수 있기 때문이다. 대신 나에게는 다른 계산이 있었다.

인테리어 할 당시, 같은 상가에서 장사하는 한 사장이 오더니, "여기는 배달 안 하면 버티기 어려울 걸요?" 했다. 걱정되어 하는 조언인 줄 알았지만 대꾸하지 않았다. '걱정 마시오, 다 생각이 있으니.' 라고 속으로만 얘기했다. 배달 대신 내가 선택한 건 전 메뉴에 대한 조리, 비조리 포장이었다. 그 이전까지 비조리 포장은 안 했었다. 전골은 더더욱 포장할 생각조차 안 했다. 하지만 이곳은 전략이 달라야 했다. 사전 시장 조사 때, 1인 고객이 많다는 걸 알게 되었다. 혼자 온 손님이 칼국수 한 그릇을 주문하는 상황을 가정해봤다, 분명히 김치만두도 맛보고 싶을 거다. 하지만 칼국수 반 그릇에 만두 반인분은 못 시키질 않은가. 그렇다고 칼국수 한 그릇에 만두 일인분은 아예 엄두도 못 낸다. 물론 대부분의 식당에서 만두 먹다 남은 건 다 포장해준다고 말한다. 하지만 손님은, 그냥 만두는 다음에 먹지 그런다. 그런 배부른 소리로는 손님을 설득하지 못한다는 뜻이다. 나는 배고픈 사람이다. 하나라도 더 팔아야 했다. 그래서 만두를 한 알씩 판매하기로 한다. 만두 한 알에 1700원이라고 벽에 써붙였다. 그렇게 시식 겸 만두를 드셔본 이들은 꼭 갈 때 만두 1인분 이상을 포장해간다. 뜨거운 만두, 식힌 만두 하여튼 가리지 않고 포장이 많이 나간다.

물론 몇 팀 더 받으려고, 그릇을 빨리 치우는 행동은 하지 않는다. 아무리 밖에 긴 줄이 대기하고 있어도 안의 손님들은 맘 편히 식사할 수 있어야 한다. 당장의 이익을 위해 고객 기분을 상하게 해서는 안 된다. 내가 대비한 것은 손님들이 몰려오기 전에, 아내와 모든 요리 준비를 마쳐 놓는 것이었다. 시작부터 지금까지 지킨 원칙이다. 눈앞의 이익보다 백년 가는 가게를 지향할 셈이었다.

황무지에 깃발을 꽂고

개업 전, 이전 가게에서 점심 장사만 마치면 매일 시장조사를 나왔었다. 주변 상가는 물론 상가 5층부터 지하 1층까지 이 잡듯 한군데도 안 놓치고 뒤졌다. 인근 재래시장인 새마을 시장이며 인근에서 꽤나 잘 한다는 칼국수, 만두 가게 모두 다 훑었다. 시장조사란 게 단순히 유동인구만 봐도 안 된다. 고객의 연령층이나 성별, 생활수준은 물론 인근에 어떤 시설이 많은지 등 여러 각도로 살피고 면밀히 봐야 한다. 누군가에게 주워들은 정보보다 직접 내 발품을 팔아서 두 눈으로 확인하는 게 좋았다.

당시 상가는 반 이상이 비어있는 상태였다. 분양이 된 곳 중에서도 몇몇 가게만 사람이 몰렸고 나머지는 크게 재미를 못보고 있었다. 영업 중인 몇 군데를 들러 눈도장 찍으며, 가게보고 있다는 말을 부러 흘렸다. 그중 줄 서서 먹는 칼국수집이 있었다. 뼈국물로 육수를 낸 칼국수와 고기만두, 보쌈을 파는 곳이었다. 직장인은 물론 유모차를 끌고 나온 주부며 나이 지긋한 어르신들까지 줄 선 사람들의 나이대가 다양했다. 나도 20분 동안 줄 서서 한 그릇 먹어보았다. 후루룩 국물을 들이켜고 면발을 씹는 순간, 실망스러움과 동시에 자신감이 생겼다. 칼국수도 그렇고 겉절이 김치도 기대 이하였다. 만두 한 팩을 포장해 우리 가게로 갔다. 직원들과 아내가 한입씩 먹어보더니 바로 말했다. 에이, 별로다. 그래, 이 가게만 어서 팔려라, 그곳에서 나 윤재갑이 우뚝 서주마.

다음날도 점심 장사 끝나기 무섭게 시장조사차 나갔다. 그동안 오며가며 몇 번 눈인사 나눈 가게 사장님에게 넌지시 물었다. 이 상가에서 칼국수집 개업하면 어떨 것 같냐고 말이다. 말 끝나기 무섭게 그 분이 고개를 절레절레 저었다. 저 집 보라고, 저 가게 줄 서서 먹는 거 안 보이냐고, 대박 나는 집 옆에서 쪽박 차고 싶냐며 말렸다. "네, 그렇네요."라고 대답했지만 속마음은 달랐다. 운이 트이려고 했는지 기존 가게가 금세 계약이 되어, 계약금을 받을 수 있었다. 부리나케 이쪽 상가로 달려왔다. 분양이 아직 안 된 상태라 분양사무실과 계약해야 했다. 다섯 평짜리 가게 세 칸. 그것도 안쪽으로 길게 위치한데다, 당시엔 아무도 장사를 하고 있질 않아 지나다니는 사람도 없고 어두컴컴했다. 그래도 나는 그곳이 좋아보였다. 아직 빈 가게니 권리금이 없어 맘이 가벼웠다. 물론 상가 구조상 에스컬레이터가 있는 부분이 더 좋아 보이긴 했지만. 왠지 부산스러울 것 같았고, 무엇보다 비쌀 게 뻔했다. 그래, 아직 아무도 개척하지 않았지만 잠재력 무한한 곳에 도전하자. 보증금 3천에 월세 3백만 원. 당시 내가 낼 수 있는 최대금액에 딱 맞는 공간에 깃발을 꽂은 것이다.

기존의 가게 인테리어를 맡긴 업자에게 아주 기본적인 것만 주문했다. 이곳을 드나들며 머릿속에 수도 없이 인테리어 도면을 그려보았다. 지상이 아닌 지하다보니 공사조차 순조롭지 않았다. 망치질 한번만 해도 인근에서 항의가 들어왔다, 어쩔 수 없이 인건비 비싼 야간공사를 해야 하는 등 초반부터 난항이었다. 그나마 다행인건 천정이 없는 오픈형 상가다보니 인테리어 자체 비용이 절감된다는 거였다.

지하상가의 특성상 환기가 중요했다. 가게 전체가 막혀있는 게 아니라, 어른 키보다 조금 더 높은 곳까지 칸막이가 있고 그 위는 뚫려있었다. 환기 시 문제가 발생할 수 있겠다 싶었다. 막힌 공간에 비해 모터의 흡입력이 떨어지기 때문이다. 하지만 내가 20대 초반에 열관리 기능사 자격증을 따고, 건물 보일러실 기관장까지 했던 사람 아닌가. 기계와 공조(실내의 온도, 습도, 세균, 냄새 등을 그 장소의 사용 목적과 보건에 적합한 상태로 유지하는 일.), 냉난방에 관한 한 전문가다. 공사 마무리 시점에 환풍기 시운전을 해봤다. 두 대의 시로코팬 모터 스위치를 올려봤다. 이때 확실하게 점검하는 방법이 있다. 앞에서 담배연기를 펴보든지, 두루마리 화장지를 1미터 정도만 풀어놓두면 바람의 세기를 금방 확인할 수 있다. 예상대로 흡입력이 시원찮다. 옥상으로 이어지는 흡입구 역시 맘에 들지 않았다. 이런저런 애로사항들이 많았지만, 마음을 느긋하게 먹자 했다. 여태 숱한 어려움을 겪었지만 버티고 또 버티며 마흔 아홉이 되었다. 경험상 이럴 때는 순리대로 여유를 갖고 하는 게 맞았다.

다른 준비들은 차질 없이 진행되고 있었다. 부유층이 사는 동네다보니 간판만큼은 욕심을 냈다. 전문 디자인 업체에 맡겨 세련된 글씨체로 했다. 포장봉투며 앞 유리 선팅 역시 신경 썼다. 좁은 가게라도 어떤 설계도로 효율적이면서 세련된 가게로 만들 것이냐가 관건이었다. 그동안 여러 번의 개업 경험이 있었고, 그때마다 공사도 직접 해보았다. 남의 가게에서 주방 보조, 주방장으로 일하며 살펴본 경험까지 산전수전 노하우를 총집결시켰다. 업자에게 전적으로 맡기는 게 아닌 사장인 내경험치를 반영하는 것, 음식도 그렇지만 시공도 내가 감독할 수 있어야 했다. 하자보수야 나중에 해줄 수 있지만, 애초에 확실한 시공이 이루어지는 게 훨씬 낫다. 작은 수도꼭지 하나라도 후 보수 해달라고 하면 이런 핑계 저런 핑계 대며 미루는 게 관행이라는 걸 잘 알고 있었다.

처음부터 많은 직원을 둘 필요는 없었다. 내가 아무리 기술이 좋고 음식 만드는 일에 자신이 있다 해서 개업날부터 대박행진을 기대하지는 않았다. 하지만 나나 아내 모두 일당백 선수 아닌가. 홀에서는 아내가 만두를 빚으며 한 명의 직원만 더 쓰기로 했다. 기존의 가게에서 우리와 착실히 일하던 이모님께 부탁을 했다. 음식 만드는 건 나 혼자서도 충분했다.

그래, 이정도면 충분했다. 오시기만 해다오, 주문만 들어와라, 윤재갑의 진면목을 보여주리라. 기대하고 또 기대했었다.

2014년 4월 14일, 개업 전날 풍경

　어렵게 살아남은 불씨에 마른 장작을 가득 올려, 노력이라는 거센 바람을 부쳐 활화산처럼 타오르게 만들어야 한다. 가게가 작다고 못할 것도 없다.

　2014년 4월 15일이 개업일이었다. 당시 김치만두 가격이 일인분에 7천 원이었는데, 그 전날 상가 지하 1층과 지상 1층에 총 120만 원어치를 개업인사로 돌렸다.

　상가 전체가 들썩였다. 윤재갑이 누구길래, 이렇게 배짱이 두둑하냐는 게 사람들이 놀란 첫 번째 이유였고, 두 번째는 만두 맛이었다. 다들 이런 사람은 처음이라며 놀랐다. 이미 인테리어 공사할 때부터 만두를 들고 다녔었다. 그때부터 상가에 슬슬 소문을 내기 위함이었다. 가게 오픈 전부터 TV방송 탄 사진 액자를 걸어두었다. 윤재갑양심칼국수라고 써놓은 간판 불도 미리 켜두었다. 장사는 입소문이다. 몇 번 들고 온 만두로 상가 안에서는 이미 윤재갑 명품 김치만두에 대한 소문이 나기 시작했다. 지나가면서 언제 개업하는지, 만두는 직접 만드는지 슬며시 물어보는 이들도 꽤 많았다.

　상가는 엄청난 규모다. 지하 1층과 지상 1층을 일단 공략하기로 했다. 지하 1층은 빈 곳이 많으나 지상 1층은 거의 입주해 있다. 부동산중개사 무실이 수십 곳, 옷가게, 카페, 빵은 물론 각종 음식점, 거기에 꽤 큰 규모의 마트 등 다양한 업종이 상주해 있었다. 여기에서 일하는 모든 사람들에게 만두를 돌리기로 한 것이다. 만두 1인분은 여섯 알이다. 한 알이 100그램이니 돼지고기 한 근과 같은 무게다. 제법 크다는 뜻이다. 그래도 그렇지, 쪼잔하게 한 알씩 돌릴 수는 없다. 가장 작은 규모의 상가는 1인분, 인원이 조금 많은 데는 2인분, 마트나 관리사무소 같이 규모가 큰 곳은 대량의 만두를 돌렸다. 개업 만두를 돌릴 시간은 오전 11시로 정했다. 다들 아침도 못 먹고 출근하는 시대 아닌가. 점심시간 한 시간 전, 허기가 몰려올 때 돌려야 더 맛있는 법. 아무리 맛난 음식도 배부를 때 주면 별 대접도 못 받기 십상이다. 날짜는 개업 바로 전날. 의형제로 지낼 만큼 막역한 대호의 도움을 받기로 했다.

개업 떡 대신 돌린 120만 원어치 만두

드디어 개업 전날이다. 이미 그 전날 아내가 만든 만두를 냉장고마다 그득그득 채워놓았다. 그리고 아침부터 또 만들기 시작했다 열한 시가 가까워질 때 즈음 만두판 여러 개를 준비했다. 한꺼번에 다섯 판을 찌니 15인 분량이 됐다. 11시 땡소리와 함께 대호가 들고 나갔다. 난타배우로끼 제대로 장착한 대호가 외쳤다. "안녕하십니까. 윤재갑양심칼국수가 내일 개업합니다. 요리 연구가 윤재갑 선생님이 직접 만드신 명품 김치만두입니다. 일단 한번 드셔보십시오. 사장님! 가게 번창하십시오. 윤 선생님 김치만두야말로 세상 최고의 맛입니다."

목소리 큰 대호의 멘트가 상가를 휘어잡았다. 다들 한 팩만 더 달라며 난리도 아니었다. 지갑 들고 매장으로 오는 분들도 있었다. 점심장사 준비 중인 식당이건 분식집이건 세탁소건 무조건 다 돌리라고 대호에게 일렀다. 더 달라면 야속하게 굴지 말고 무조건 더 주라고, 이참에 인심 한번 팍팍 쓰자 했다.

　나는 안에서 만두를 찌고 내려 담아주면, 홀 이모가 빠르게 포장했다. 그러면 대호는 양손 가득 6인분씩 8인분씩 들고 여기저기 뛰어다녔다. 통로에서 상가 주인들이 무슨 일인지 목을 빼고 내다봤다. 혹여 못 받을까 걱정돼 안절부절하는 이들도 많았다. 북새통도 이런 북새통이 없다며 대호가 전해줬다. 나는 내다볼 틈도 없이 찐 만두 담아주느라 손이 벌게졌다. 손이 뜨겁다 못해 따갑다는 느낌조차 없었다. 그저 "많이들 드세요, 드셔봐야 진가를 알지요."라고 중얼중얼 거렸다. 그새 그 많던 만두가 다 동났단다. 아내가 전속력을 낸다. 열두시 반까지 대호는 발바닥에 불이 나도록 돌렸다. 그렇게 120만 원어치를 한 시간 반 만에 돌린 것이다. 결과는 어떻게 됐을까? 아이고, 가게로 사람들이 벌떼처럼 몰려온다. 오늘은 개업 전날이라고 설명해도, 막무가내다. 오늘부터 판매하라는 거다. 홀에서 먹는 게 안 되면, 포장판매라도 해달란다. 내일 다시 오시라고, 다들 달래듯이 돌려보냈다. 이쪽저쪽에서 수군수군하는 소리들이 들렸다. 이미 내가 인테리어 할 때부터, 대단한 만두 전문가가 온다는 소문이 났다고 했다. TV에도 세 번이나 나온, 경력 30년 되어가는 베테랑 만두 기술자가 개업 준비중이라는 걸 알만한 사람들은 다 알고 있었단다. 만두 소문은 그렇게 개업도 하기 전에 봄바람처럼 기분 좋게 퍼져나갔던 것이다. 만두 한 알씩도 아니고 도시락으로 많게는 대여섯 개씩 돌렸다는 소문이 더해지자, 모두들 궁금해 했다. 대체 윤재갑 그 사람은 어떻게 생긴 사람인지. 속으로 외쳤다. 내가 바로 윤재갑이올시다. 최고의 홍보였다.

베푸는 게 곧 홍보

개업 전부터 그랬지만 지금까지 만두는 아끼지 않고 베푼다. 자주 드나드는 시장의 단골집이든, 종종 들르는 남의 식당이건, 만두 도시락 몇 개씩 갖다드린다. 공짜 같지만, 결국 그걸로 입소문이 나면 손님이 는다. 자연스레 홍보가 되는 거다. 칼국수를 끓이다보면 바지락에서 간혹 뻘이 터질때도 있다. 그럴때도 당황하지 않고 다시 끓여드릴 테니 그 동안 만두 드시라며 서비스한다. 자칫 기분이 상할 수 있는 상황에서 분위기도 좋게 마무리되고 만두 홍보도 할 수 있으니 일석이조다. 대기를 오래 하는 손님들에게도 드리고, 4인석에서 2인석으로 자리를 옮겨준 손님들에게도 드린다. 평소 고맙고 미안한 마음을 모두 만두로 표현하는 거다. 심지어 냉장고 수리해주는 사장님에게도 드렸다. 당장은 공짜 같지만, 장기적으로 보면 홍보비다. 이곳에 가게를 연 이후 홍보비를 따로 쓴 적이 단 한 번도 없다. 그래도 매출 걱정 안 한다. 베푸는 게 곧 다 홍보였다.

장사라는 게 물론 돈 벌려고 하는 거다. 그렇지만 너무 원가며 이문만 따지고 들면 정 없다. 농산물 가격이 금값일 때도, 헐값일 때도 있다. 가격이 많이 오르면 징징대지만 반대일 때는 누구에게 고맙다는 말 안 한다. 오르다 보면 내릴 때도 있으니, 좀 느긋한 맘으로 장사해야 한다. 공산품이나 양념류도 마찬가지다. 가격이 치솟았다고 싼 재료 찾거나 적게 넣어 양을 줄이면 안 된다. 하루 말고 일 년을 보고 제대로 된 음식을 정성들여 만드는 게, 돈 버는 길이었다. 개업 때 고급 재료를 쓰고, 양도 더 얹어주고, 친절하게 손님 끄는데 온갖 노력을 다 하다, 한 두 해 지나면 슬슬 변하기 쉽다. 하지만 손님들은 금세 눈치 챈다. 나는 육수나 양념장, 만두 속 만두피, 칼국수 면, 겉절이 등 고급기술을 요하는 건 남의 손 안 빌린다. 항상 똑같은 맛을 내기 위함이다. 윤재갑 이름 걸고 장사 하는데, 변했다는 말 들으면 자존심 상하고 곤란하다. 그게 나를 지키는 길이자, 손님에 대한 최소한의 예의라고 생각한다. 양이 적으니 더 달라는 손님에게는 얼마든지 더 드린다. 깜빡하고 지갑을 두고 왔다며 곤란해 하는 손님이 있으면, 다음에 지나가다 달라고 말한다. 이미 주문 받고 조리 중이어도 손님이 메뉴 바꿔달라고 하면, 바꿔드린다. 그것도 밝은 목소리로 "네 바꿔드리겠습니다." 라고 얘기한다. 내 가게에 들어온 손님은 원하는 걸 드실 권리가 있다. 마음이란 건 금방 바뀔 수도 있는 거다. 칼국수 한 그릇을 세 개로 나눠달라고 해도 "네, 해드리겠습니다." 라고 대답한다. 대답을 기분 좋게 안 하면, 손님도 괜히 말해놓고 맘이 불편할 수 있다. 안 바꿔주고 안 파는 것보다 손님이 원하는 대로 바꿔 파는 게 훨씬 더 낫다. 말 한마디로 다음에 또 올 곳인지 아닌지 정해지기도 한다. 지금 당장 손해를 보더라도 손님을 감동시킨다면 결국은 이득이 되어 돌아온다.

만두 가게인데 왜 시루떡을 돌리나

보통은 상가 개업했다며 시루떡을 갖고 온다. 그런데 그건 좀 아닌 것 같다. 커피숍을 열었으면 원두커피 직접 내린 걸 작은 종이컵에라도 한 잔씩 따라주는 게 더 낫다. 우리 커피 맛 좀 보십시오, 오늘 개업했습니다하고 들고 다니며 인사하는 거다. 피자가게면 피자 한쪽씩, 떡볶이집이면 떡볶이 한 접시라도 직접 음식맛을 보여주는 게 좋은 홍보방법이라고 생각한다. 그걸 아까워하면 안 된다. 통 크게 한번 쏘면 나중에 몇 갑절로 되돌아온다. 물론 말은 이렇게 하지만, 나도 통 크게 시루떡 돌려

본 사람이다.

　장모님이 하시던 데서 시작을 함께 했으니, 두 번째인 귀빈식당이 나의 첫 개업이었다. 메뉴는 삼겹살에 불고기, 수육, 육회 그리고 부대찌개, 설렁탕, 돌솥비빔밥 등 다양하게 시작했다. 주방장과 찬모 역시 귀하게 모셔왔다. 그런데 주방장이 워낙 큰 곳에만 있어서 그런지 손이 컸다. 가게는 15평인데, 불고기도 엄청난 양을 재웠다. 재료가 넉넉해야한다고 했다. 개업 준비하며 시루떡을 맞춰야 한단다. 얼마나 해야 하냐니까, 반찬 만들 일을 맡을 찬모가 거든다. 다섯 말은 해야 한다고. 다섯 말이면 쌀이 반가마다. 시골에서 농사지어본 내가 그걸 모를 리 없다. 너무 많다고 말하려다 그만뒀다. 개업 전부터 사장 행세한다는 흉보일까봐서다. 결국 찬모, 주방장이 하자는 대로 군말 없이 따르기로 했다. 떡집에서도 입을 떡 벌렸다. 개업 때 보통 한 말, 큰 데나 되어야 두 말 한다고 했다. 그래도 그냥 하기로 했다. 다섯 말의 시루떡은 엄청났다. 팥이 들어가서 오래두고 먹을 수도 없었다. 알루미늄 접시에 두 장씩 담아 돌리고 돌려도 줄어들 생각을 안 했다. 나중에는 서너 장씩, 그러다 결국 여섯 장까지 담아 돌렸다. 인근 빌딩마다 층마다 칸마다 다 돌렸는데도 한 말이나 남았다. 지금 생각해보니 미친 짓 한 거다. 내가 시루떡가게를 개업한 건지 고깃집을 개업한 건지 분간이 안 갔다. 다 돌리고 남은 팥시루떡은 냉장고 자리만 잡아먹는 애물단지였다. 그 뒤로 다시는 개업식 날 시루떡은 하지 않았다.

　개업 전날 대량으로 만두를 돌린 덕분에 다들 우리 개업일만을 벼르고 있는듯했다. 아침에 가게 문 열고, 밥숟갈 놓자마자 사람들이 몰려들었다. 시계를 보니 오전 열시 반이었다. 불과 몇 분 만에 좁은 가게가 바글거렸다. 많이들 오실 거란 기대는 했지만, 아직 점심시간이 되려면 한

참이나 남은 시간이었다. 인적 드물던 컴컴한 통로가 눈 깜짝할 새에 명소로 탈바꿈했다. 점심식사는 커녕 화장실 갈 시간도 없는 하루였다. 오후 네 시가 넘어서야 잠시 허리를 펼 수 있었다. 그제야 허기가 밀려왔다. 국집에서 국을 사고, 반찬가게에서 반찬 몇 가지 구입해 우리도 밥 몇 숟갈씩 떴다.

저녁에는 중학교 동창들이 여럿 몰려왔다. 하루 종일 밥도 제대로 못 먹고 장사했다며 친구들에게 푸념 섞인 자랑을 했다. 저녁은 꿈도 못 꿨다. 그래도 홀과 주방 이모께 보너스로 두 장씩 더 드릴 수 있어 기뻤다. 하루 종일 잠시 앉아보지도 못하고 일했더니 나도 다리가 무거웠다. 퇴근길에 아내와 재래시장에서 순대와 떡볶이를 샀다. 뜨거울 때 먹어야 맛있다며 아내가 후후 불어 운전중인 내 입에 넣어줬다. 성공적인 개업식이었다.

김치 안 들어간 김치만두 탄생 비화

지금의 윤재갑표 김치만두는 여러 변천 과정과 인고의 시간을 거쳐 탄생한 결과물이다. 처음 배울 땐 손으로 만두피 반죽을 했었다. 아내가 피를 밀면 내가 만드는 식이었다. 그 이후에 내게 사골 칼국수 비법을 알려준 상용이 형의 방식을 따랐다. 형은 기계로 피를 민 다음 밥뚜껑으로 찍어 만들었다. 지금까지 내가 고수하는 방식이다. 예전에는 가게 안에서 만들어, 바깥에 내둔 석유버너 위에 올려 쪘다. 그런데 지하상가 특성상 이 방법은 불가능했다. 나는 만두를 빚는 모습 그 자체만으로도 홍보 효과가 있다고 봤다. 그래서 지금은 가게 출입구 옆에서 아내가 만두를 빚는다. 지나가는 사람들이 호기심 가득한 눈으로 늘 감상 아닌 감상을 한다. 맛은 둘째고 기계에서 찍어 나오는 것처럼 정확하고 빠르게 빚어내는 아내의 손기술을 말이다.

"살면서 이렇게 맛없는 만두는 처음이에요."

처음 만두 기술을 배워야지 결심한데는 뼈아픈 사연이 있었다. 가리봉동에서 잘 나가던 왈순아지매를 접어야 했던 이유 중 하나가 바로 만두 때문이었다. 맞은편에 만두집이 생긴 거다. 그 집은 밖에다 내놓은 석유버너 위에 여러 층으로 만두 판을 올렸다. 허연 김이 온 동네를 휘감으며 보란 듯 만두를 쪄냈다. 고기만두, 김치만두, 찐빵 등 종류도 다양했다. 찻길 건너 바로라, 거스름돈 얼마 내주는지까지 우리 가게에서 다 보였다. 자존심 상해 차마 직접 가 사먹지도 못했다. 우리 가게에서 라면이나 떡볶이를 즐겨 먹던 구로공단 아가씨들의 발걸음이 자연 그쪽으로 이동했다. 삼삼오오 모여 만두를 먹거나 포장해 총총 사라져버렸다. 속이 아린 나와 아내는 그날부터 가리봉 시장에 드나들었다. 그곳에 만두 가게가 여럿 있었다. 김치만두뿐 아니라 부추를 잘게 다져 넣어 파릇파릇하게 부풀린 고기만두, 찐빵 등을 팔았다. 종류별로 다 사먹어보고 집에 와서 만두피 반죽을 해봤다. 밥뚜껑, 주전자 뚜껑 등으로 수도 없이 찍어봤다. 밀가루 반죽에 우유, 설탕도 넣어보고 베이킹파우더도 넣어보는 등 별짓을 다했다. 그런데 속이건 만두피건 하나도 제대로 안 됐다. 왜 진작 이런 기술 익힐 생각을 못 했을까, 자책이 밀려왔다. 하지만 그럴 시간도 없었다. 적이 코앞에 진을 쳤는데, 가만히 있다가 전멸하게 생겼다. 마침 부근에서 화교출신이 중국집을 운영하고 있었는데 제법 친분이 있었다. 당장 가서 만두기술 좀 가르쳐달라 부탁했다. 그 사장님이 당시 중국을 오가며 보따리 장사를 하고 있었다. 내가 인천항까지 차로 몇 번 데려다 준 적 있어서인지 흔쾌히 그러마라고 해주었다. 만두피는 가르쳐준 대로 대충 모양은 나왔는데 만두 속은 뜻대로 안 됐다. 우선 급한대로 한 가지라도 제대로 해보고 싶었다. 그때 나름 재료 분석을 해서 만들어 본 게 고기만두였다.

거듭된 실패 끝에 탄생한 이 만두를 누군가가 평가해줘야 했다. 마침 내가 자주 이발하러 가는 동네 이발소가 있었다. 부부가 하던 곳인데, 만두를 너무 좋아해 아무리 먹어도 안 질린다는 말을 그 곳 사모님이 하신 게 생각났다. 내가 만든 만두를 냉큼 그분께 가져갔다. 한입 베어 물더니 솔직히 말해도 되냐고 물으셨다. 나는 자신 있게 "네." 라고 대답하자, 살면서 이렇게 맛없는 만두는 처음이라고 말하는 게 아닌가. 눈앞이 캄캄했다. 며칠 잠을 못 이뤘다.

죽으라면 죽는 시늉을 해서라도

그 날 이후, 언젠가 만두를 제대로 배우고 말리란 오기를 품었다. 귀빈 식당 문 닫을 무렵, 상용이형에게 칼국수를 배우다 알게 된 분이 있었다. 계란 납품하는 사장님이었다. 만두를 진짜 배우고 싶은데, 잘 하는데 없냐고 물으니 있다고 했다. 그분을 통해 김치만두와 고기만두 잘 하는 가게를 소개받았다. 역시 문 앞에서 버너 위에 큰 솥을 얹고 만두를 푸짐하게 쪄내고 있었다. 아내와 함께 가서 일인분씩 포장해왔다. 둘이 먹어본 후 무릎을 탁 쳤다. 그래 이 맛이야, 돈 주고 배우려면 이 정도는 되어야지 싶었다. 그래도 혹시 모르니, 시장조사를 해보기로 했다. 강남역, 성남, 동매문 등 만두집만 십여 군데를 찾아갔다. 신기하게 고기만두 맛은 거의 비슷했다. 그런데 김치만두 맛은 천차만별이었다. 어떤 데는 김치가 너무 익어 만두 맛이 시었다. 그게 아니면 덜 익은 김치 맛, 너무 매운 맛이거나 젓갈 냄새가 강해 인상이 찌푸려지는 맛도 있었다. 손님도 많고 나름 먹음직스러워 보였는데, 막상 먹어보면 맛이 다 달랐다. 어디에서 먹어봐도 소개해준 가게의 만두와 견줄 만한 맛이 없었다. 이제 답이 나왔다. 돈을 주고서라도 고급 기술을 배워야 했다. 가리봉동에서 이발소 사모님에게 당한 망신이 떠올랐다. 계란 납품하는 사장님을 통해 전수 받는 비용을 물어봤다. 당시 만두 1인분 가격이 2천 원이었는데, 기술 전수료가 200만 원이라고 했다.

20만 원 깎아 180만 원에 한 달 동안 나와 아내가 배우게 해달라고 부탁드렸다. 그러자 자기네 가게 일손이 부족하니, 아내는 설거지를 도와주고 나는 배달을 도와달란다. 돈을 주고 배우는 거지만, 이왕이면 스승에 대한 깊은 존경심을 보여줘야 제대로 가르쳐줄 것 같았다. 그래서 기꺼이 육체봉사를 하기로 했다. 선생은 나보다 나이가 몇 살 적은데도 제법 요리사 티가 날만큼 깐깐하고 다부진 스타일이었다. 이분이 죽으라면 죽는 시늉이라도 해서 부디 만두기술을 100% 전수받고 싶은 맘뿐이었다. 나도 내 기술로 떵떵거리며 장사하는 게 당시 내 목표였기 때문이다.

전날 기술전수료를 주고 다음날 아침, 약속한 시간보다 30분 일찍 우리는 가게에 도착했다. 오전부터 아내는 설거지를 나는 배달을 하고, 오후에 만두 준비를 시작했다. 만두피 반죽부터 만드는데, 김치만두피는 끓는 물에서 반죽을 했다. 엿가락처럼 밀어 왼손으로는 엿가락을 길게 늘려 모가지 잡듯 잡고, 오른손으로 빛의 속도만큼 빠르게 뜯어 던지는데 머리가 멍했다. 사람 손인지 기계인지 구분이 잘 안 됐다. 김치만두지만 속을 배추로 채운다는 건 이미 알고 있었다. 배추와 고기와 두부, 계란 등을 한데 넣더니, 나보고 비벼보란다. 냉동실에서 바로 꺼낸 갈은 고기를 손바닥으로 치면서, 찰지게 비벼야한단다. 내가 아무리 힘이 장사라지만, 막상 하려니 이마에 굵은 땀이 맺혔다. 어리바리하자, 나와보란다. 나보다 작은 덩치임에도 불구하고 선생의 고무장갑 낀 손은 자동 혼합기가 되어 금세 먹음직스런 만두 속이 탄생했다. 젊은 나이에 만두 경력만 10년이 넘는다고 했다. 김치 만두피는 비닐봉지 안에 넣고 묶어두었다. 마르지 않게 하기 위함이다. 이번에는 빛의 속도 그 두 배속이었다. 양손바닥으로 피를 밀어냈다. 오른손으로는 쇠파이프를 밀고, 왼손 엄지와 검지로 집은 다음 왼쪽으로 돌리며 민다. 눈 깜짝할 새에 만두피가 툭툭 떨어져 나왔다. 그러더니 두 개 포개 밀고, 세 개 포개 밀고, 나중에는 열 개를 포개더니 한 개 미는 시간에 뚝딱 밀어버린다. 내가 이런 사람이다라는 걸 보여주는 것 같았다. 과연 기립박수를 칠만한 기술이었다. TV에서 본 그 어떤 달인도 그 분만 못했다. 만두피 수십 개를 눈 깜짝할 새에 밀다니. 그러더니 나보고 해보란다. 말이 쉽지, 내가 그걸 어떻게 한번에 할 수 있겠는가. 만두 만드는 조리대는 가게 출입구 옆이었다. 지나가는 사람들이 신기하다는 듯 빤히 쳐다봤다. 순식간에 만든 만두 속을 큰 쟁반에 하나 가득 떴다. 스텐으로 된 헤라(손가락 두 개 넓이에 15cm 정도 되는 길이의 만두 만드는 납작 기구.)를 들고 자, 보세요 하더니만 하나, 둘, 셋, 넷 정도되니 완제품이 나온다. 완전 귀신같았다.

둥그런 찜판이 있었다. 꽤 많은 양의 만두를 찔 수 있을 것 같았다. 가리봉동 건너 만두집의 것과는 달랐다. 그건 위 아래 익는 속도가 다른 반면, 이건 찜판이 넓어 한꺼번에 센 불에서 찔 수 있었다. 골고루 익고, 주재료인 배추와 부추의의 푸른 빛이 그대로 살아있는 장점이 있어보였다. 게다가 솥에 물이 많이 들어가는 구조라, 증기가 훨씬 더 많이 올라왔다. 당연히 짧은 시간에 찔 수 있었다. 몇 분 뒤에 선생이 뚜껑을 열더니 다 익었단다. 조금 식힌 다음, 비닐장갑 낀 손으로 만두를 뒤집었다. 순간 만두가 숨이 차 질식하면 어쩌나란 걱정이 들었다. 만두바닥을 한 번 말린 후, 다시 뒤집어 넓은 쟁반에 포개 담았다. 랩으로 씌운 다음 데워 파는 거였다. 나더러 먹어보라고 했다. 배추의 아삭함과 쫀쫀한 당면과 양파 향, 그리고 두부의 고소함이 찰떡궁합으로 어울렸다.

다음은 고기만두다. 미리 반죽해 비닐에 담아둔 만두피를 가져왔다. 만두피가 부풀대로 부풀어 전혀 다른 크기로 변해있었다. 끝이 동그랗게 말린 납작한 스텐으로 이것을 잘게 잘랐다. 그런 후 한참 비비더니 이번엔 꽤 굵은 엿 크기로 밀었다. 왼손으로는 모가지를 잡고 오른손으로는 모가지 내밀라 한 뒤, 갓난아기 주먹만하게 뜯었다. 그런 다음 쭉 줄 세우듯 세웠다. 그 위에 밀가루인지 전분인지 모를 것을 뿌리고 왼손바닥으로 꾹 눌렀다. 힘을 좀 덜 들이고 피를 민다. 가운데는 배를 볼록하게 남겨두었다. 왼손에 밀어놓은 만두피를 얹고 아주 쉽게 만든 속을 떠서 제법 많은 양을 올렸다. 내가 그때 속으로 그랬다. 저거 분명 피 터진다고. 오른손에 쥐어든 헤라로 꾹꾹 누르더니 만두피 끝을 돌려가며 집었다. 그러자 어느새 어른 주먹크기의 반만한 고기만두가 완성되는 게 아닌가. 이걸 또 쪘다. 이번에는 육칠 분 정도 걸렸다. 찜솥 뚜껑을 여는 순간 어마무시한 양의 김이 선생의 얼굴을 가렸다. 순간 선생을 잃어버리는가 싶었다. 하나도 안 터져있었다. 나보고 먹어보라신다. 보들보들 야들한 피에다 대파며 안의 내용물이 살아 숨을 쉬는 느낌이었다. 간장에 찍어 한입 먹으며 속으로 '살았다, 이제 살았다.'를 외쳤다. 기술이 없어 겪은 설움이 얼만데. 목에 칼 아니 탱크가 지나가도 기필코 이 기술을 배우자, 그래서 다시는 서러운 일 겪지 말자며 울분을 삼켰다.

하루, 이틀 신기한 일을 경험하며 만두기술을 배웠다. 그런데 맘대로 되질 않는다. 보기에는 해볼 만한데 실제로는 잘 안 되었다. 반면 선생은 달인의 솜씨로 완제품을 기계 찍어내듯 만들어놓는다. 만두피에 고춧가루가 한 점이라도 묻어있던지 조금의 불량이라도 있으면 바로 쓰레기통으로 던졌다. 그분인들 아깝지 않았을까. 하지만 손님에게 제대로 된 음식을 올리겠다는 그 마음까지 고스란히 배워오기로 했다.

지금은 만두 만드는 게 쉽다. 그런데 그때는 어찌나 안 되던지, 생전 처음 찾아온 스트레스성 두통으로 고생깨나 했다. 그렇다고 포기할 때인가. 집에 가서 몇 시간 씩 연습했다. 그렇게 이십여 일이 지나자 만두 모양이 제법 잡혀갔다. 당시 내가 큰돈을 주고 배운다 하니 다들 '그걸 뭐 그리 많은 돈을 주고 배우냐' 그러고 심지어는 미쳤다는 사람들도 있었다. 돈을 들이고 시간과 노력과 인내가 있었기에 남의 손을 안 빌리고 큰소리치며 장사하고 훗날 만두 장인 이 될 수 있었던 게 아닐까?

상용이 형과 상부상조

내가 역삼동 귀빈식당 운영할 때, 상용이형은 그 건물 지하에서 대박을 냈었다. 그 뒤 가게를 팔고 강남역 고급 상권 1층에서 칼국수집을 개업했다. 칼국수, 고기만두, 족발 외에 보쌈과 시골국밥이 여전히 주 메뉴였다. 여름에는 비빔국수와 냉콩국수를 만들었다.

이후 형은 고민에 빠져있었다. 장사는 그럭저럭 괜찮은데 고기만두가 잘 안 팔려 메뉴에서 빼야할 것 같다고 했다. 대신 내가 하는 김치만두 기술을 가르쳐줄 수 있느냐고 물었다. 형이 누군데, 당연히 보은 차원에서 가르쳐주고 말고. 형은 나에게 돈 한 푼 안 받고 뼈국물 칼국수를 가르쳐준 은인 아니던가. 한식주방장 출신이라 그런지 확실히 형은 나와 배우는 속도가 달랐다.

 기술 전수하고 얼마 뒤 형을 만났다. 형은 흥분상태였다. 김치만두에 불이 붙었단다. 사이드 메뉴였던 만두가 주 메뉴를 제치고 일등메뉴가 됐다고 했다. 실제로 형 가게에서 하루에 700개씩 만들어야 할 만큼 떡만두의 인기가 하늘을 찔렀다. 그 많은 만두피를 손으로 만들기 버거워 기계로 뺀다고 했다. 그런 다음 밥뚜껑으로 동그랗게 찍어 빚는단다. 그때 이거다 싶었다. 우리는 만두 판매하면서 아내가 만두피 미느라 얼마나 고생했던가. 우리도 앞으로 만두가 더 많이 나가게 될 텐데, 그때까지 손으로 피를 민다면 사람 잡겠다 싶었다. 처음엔 내가 선생이었지만, 다시 형이 선생의 위치가 되었다. 형님께 만두피 빼는 기술을 배울 차례가 된 거다. 손으로 미는 피는 뜨거운 물에 반죽을 했다. 그렇게 밀면 만들자마자 바로 쪄야 한다. 그러지 않고 냉장보관하면 만두피가 늘어지고 달라붙는다. 그런데 형의 피 반죽은 밀가루 배합부터 물 온도까지 달랐다. 만두를 빚어 찌지 않은 상태로 냉장보관해도 말짱했다. 내 것보다 좋은 기술을 알게 됐으니 당연히 나도 바꾸는 게 맞다. 그때 형에게 배운 방식을 지금까지도 사용한다. 아직도 손으로 밀었다면 나나 아내나 어깨고 손이고 남아나질 않았을 거다.

 형은 김치만두의 약진으로 그 상권에서 최고 매출을 찍는 일등가게가 되었다. 그래서인지, 지금도 누구를 만나든 나를 선생이라 소개한다. 김치만두 비법을 알려준 스승이라고 말이다. 그뿐인가. 연신 고맙다며 떡이든 밥이든 언제나 자기가 산다. 사실 서로 상부상조한 건데 말이다. 이래서 동생이 아니라 형인가보다.

밑반찬은 겉절이 김치 하나

윤재갑양심칼국수 개업 때부터 반찬은 겉절이 딱 한 가지다. 매일 아침에 겉절이 김치를 내가 담근다. 어떻게 4계절 맛이 한결 같냐며 손님들이 많이들 찾으신다. 소금에 절인 다음 씻는 것부터 양념까지 매일 새로 한다. 소금물을 여러 번 사용하는 이들도 있지만, 난 항상 새로 만든다.

배추 맛이 사계절이 다 다르고, 같은 계절이라도 김 씨네 다르고 이 씨네 다르다. 그나마 맛을 일정하게 내는 방법이라면, 먼저 소금물에 절여 씻은 배추를 건져둔다. 그런 다음, 멸치, 자연산다시마, 황태머리 등을 우려내 만든 육수로 찹쌀풀을 끓여 액젓과 새우젓을 넣어 간한다. 양념은 국산 통마늘을 직접 갈아 쓴다. 조미료를 쓰는지 묻는 분들이 많은데, 약간 쓴다. 다들 조미료 맛에 길들여진 탓에 안 쓰면 맛없다고들 하신다. 하지만 육수를 비롯한 그 외의 것들은 모두 천연 재료인 셈이다. 윤 사장님이 하라는 대로 했는데, 그 맛이 안 나더라고 푸념하는 분들도 있다. 분명히 똑같이 안 했을 거다. 뭘 하나 빼먹었거나 방법을 달리했을 것이다. 물론 사람마다 타고난 손맛이라는 것도 무시 못 한다. 한결같이 지키는 나만의 비법에 손맛, 그게 비결이라면 비결이다.

배추 값에 울고 웃는 겉절이

반찬이 겉절이 하나니까 간편하기도 하지만 대체할 만한 게 없어 곤란할 때도 많다. 배추 값이 1년 동안 천당과 지옥을 넘나들기 때문이다. 우리 가게는 유난히 배추를 많이 사용한다. 만두 속도 배추고, 겉절이 김치도 배추니 당연히 그렇다. 세포기 든 한 망에 싸게는 3천 원부터 비쌀 때는 몇 만 원까지 치솟기도 한다. 15년 전쯤에는 한망에 4만 3천 원으로 훌쩍 뛰는 초유의 사태가 발생했었다. 한 포기에 거의 1만 5천 원 수준이었다. 비싸다는 건 그만큼 좋은 물건도 귀하다는 뜻 아닌가. 포기가 말도 안 되게 작았다. 장정 팔뚝의 알통 정도밖에 안 되었다. 그러니 한포기라고 해봤자, 퍼런 잎 떼어내고 뿌리 떼면 얼마나 남겠는가. 그런데도 늘 일정 양을 담궈야 했다. 겉절이 때문에 벌어진 일화들도 많다.

원래 만두포장에는 김치가 안 나간다. 우리 가게는 유난히 포장해가는 분들이 많은데, 그때마다 겉절이를 드리는 건 현실적으로 어렵다. 그런데도 좀 달라는 분들이 많다. 만두 포장에는 원래 김치 포장 안 되지만, 좀 담아드린다며 드리곤 한다. 그런데 한 망에 4만3천 원할 때는 진짜 곤란했다. 배추 값이 너무 올라 당분간은 겉절이 포장이 어렵다며 양해를 구했다. 그런데 한 손님이 식사 후 뒤돌아 앉더니, 집에서 가져온 비닐에 김치 항아리를 아예 쏟아 붓는 거다. 그러더니 얼른 비닐을 돌돌 말아 가방에 넣으셨다. 내가 직접 봤지만 뭐라 말을 하지 못했다. 동네 특성상 가정 경제가 어려운 분들이 아니다. 낮에는 운동 같은 취미활동 하고 식사하러 들르는 분들이 대다수다. 그런 분들이 유난히 윤재갑표 겉절이를 좋아하신다. 판매는 안 되냐며 묻는 분들도 많다. 매일 가게에서 나가는 양만 담그는 것도 허리가 휠 정도다. 불가능한 일이다. 그렇다면 만드는 비법을 알려달라신다. 재차 언급하지만, 윤재갑만의 육수와 아끼지않는 양념, 그리고 손맛이라는 것 외엔 드릴 말씀이 없다.

판매를 원하시는
손님들이 많지만
매장에서 제공해야할
양만 담그는것도
허리가 휠 정도다.

TV에 세 번이나 출연한 음식점, 알고 보니 빚더미

　지금의 위치로 이전하기 전, 서른일곱에 포이동에서 같은 상호로 가게를 열었었다. 그곳에서 12년간 장사했었다. 그때 방송 출연을 세 번이나 하는 영광도 누렸다.
　어느 날, 방송국 작가라며 가게로 전화가 걸려왔다. 방송 출연 섭외를 하고 싶다는 거였다. 드디어 나도 공중파 방송에 나가는구나 생각하니 가슴이 떨렸다. 잠시 후 담당 PD가 직접 전화하더니, 자기 아내가 우리 가게 단골손님이며, 만두전골 촬영을 하고 싶다는 거였다. 협조를 잘 해 달라며 내게 부탁해왔다. 협조는 무슨, 이게 어떻게 찾아온 기회인데. 도리어 내가 잘 부탁드린다며, 전화기에 대고 몇 번이고 절을 했다. 가게 단골 손님 중, 오실 때마다 만두전골을 드시는 젊은 여성분이 있었다. 알고 보니 그 분이 PD의 아내였던 거다.
　촬영은 다음날로 바로 잡혔다. 호텔 주방장이 입을 법한 고급스런 흰 가운을 걸쳤다. 아내가 바르는 파운데이션을 얼굴에 펴바르니, 제법 뽀샤시했다. 마음 속으로 준비 완료를 외쳤다. 그런데 카메라를 똑바로 쳐다보며 멘트를 하라는데도 그게 쉽지 않았다. 자꾸 시선이 딴 데로 돌아가는 거다. 수도 없이 NG가 났다. 코앞에 바짝 들이대는 카메라의 열기 앞에서 웬일인지 오한 들린 놈처럼 달달 떨었다. 손님들 식사하는 것까지, 무려 4시간 동안 찍었다. 등에서 땀이 삐질삐질 흘렀다.

며칠 뒤가 TV 방영일이었다. 시골 큰형님을 비롯해 형제들과 고향 친구, 막역한 지인들에게 전화를 걸었다. 아침 방송에 내가 나오니 TV좀 켜보라고. 그런데 4시간이나 찍었지만 겨우 3분 정도밖에 안 나온 데다, 내 얼굴은 몇 컷 나오지도 않았다. 그래도 방송이란 게 무서웠다. 방송 끝나자마자 전화가 걸려왔다. 방송 효과가 그새 나나 싶었는데, 다름 아닌 방송 나간 사진을 액자로 만들어주는 업체였다. 가게에 걸어두면 좋을 것 같아 하겠다고 했다. 그 뒤부터 형제들과 친구들의 전화가 차례로 걸려왔다. 거기서 끝인 줄 알았다. TV보고 찾아가고 싶다는 전화가 수시로 걸려오는 거였다. 양재역에서 마을 버스 타고 몇 정거장 지나 내려라, 위로 한참 걸어오다 횡단보도 건너 200m 걸어 들어오면 된다는 말을 마르고 닳도록 했다.

SBS 웰빙 맛사냥, 모닝와이드, KBS 굿모닝대한민국 등 공중파 방송에 세 번 나갔다. 소개된 주 메뉴는 모두 만두전골이었다. 그 중 모닝와이드란 프로그램이 인지도가 높았는지, 후에 전화가 폭주했다. 하루 종일 아니 며칠 동안 만두전골 손님들이 몰려와 매출이 꽤 많이 올랐었다. 생활의 달인이란 프로그램에서도 섭외전화가 걸려왔다. 맛으로는 어디에도 안 지지만, 달인 소질은 없으니 촬영은 안 하고 싶다고 했다. 그런데 그쪽도 막무가내였다. 소문 들었다면서 제발 좀 부탁하겠다는 말에 마지못해 그러자고 했다. 눈감고 칼국수 면을 썰어 1인분을 정확히 달아보기도 하고, 배추를 묘기 부리듯 돌려 자르기도 하고, 여하튼 이것저것 시키는 대로 다 했다. 몇 군데를 찍어 자체 심사 후 방송에 나갈 거라고 했다. 결국 전파는 타지는 못했다. 나는 묘기 쪽으로는 젬병인 것 같았다.

파산신청을 하라니!

마흔 일곱이 되던 해의 기억이 새록새록 난다. 10년 동안 많은 변화가 있었다. 초등학교 6학년이던 딸이 대학에 입학해 1학년을 마쳤다. 그리고 2년 동안 편입 준비 끝에 원하던 명문대에 합격하는 기쁨을 누렸다. 아들은 공부에 영 흥미를 갖지 못하는 눈치였다. 마땅한 진로 결정을 못 하다 뒤늦게 체육대학에 가겠다 해서 뒷바라지를 해줬지만 결국 실패했다. 4년제 대학은 가지 못해도 전문대학은 가야 나중에 후회 없지 않겠냐 물었지만, 안 간단다. 내가 못 배운 한을 자식에게만큼은 물려주고 싶지 않았지만, 본인이 안 하겠다면 방법이 없다.

지금까지도 아들이 대학에 가지 않은 게 맘 아프다. 제 딴에는 어려운 가정 형편에 누나가 편입까지 했으니, 자기라도 짐을 덜어주자 생각한 것 같다. 아니, 남들은 한 번도 나오기 어려운 공중파 방송에 세 번이나 나왔고, 단골들의 발길이 이어졌는데 뭐가 그렇게 어려웠냐 물을 것 같다.

사실 어마한 빚으로 시작한 가게라 가정경제는 나아질 기미가 보이지 않던 때였다. 생활비는 벌지만, 아이들 교육비에 카드빚이 한웅큼이었다. 약사 조카에게도 빌리고, 시골에서 공무원하는 조카에게도 빌렸다. 카드사 대출 서비스는 물론 직원에게도 돈을 빌렸다. 아는 사람들이라면 다 한 번씩 돈 얘기를 꺼낸 것 같다. 이쪽에서 빌린 돈을 저쪽에 갚는 일이 연신 반복됐다. 다행히 갚겠다는 날짜에는 꼭 갚았기에 가능한 일이었다. 그래도 한계가 있었다. 결국 점점 이자 높은 곳을 알아봐야 할 만큼 숨이 차올랐다.

하루는 가게 앞으로 오토바이 한 대가 쓱 지나가며 명함을 휙 뿌렸다. 일수 명함이었다. 머릿속에 오만가지 생각이 오갔다. 급전대출이 빠르다는 건 알고 있었지만 죽기 전에는 쓰지 말자 이를 악물었다. 카드론, 캐피탈 등을 이용할 때마다 보증을 서야 했던 아내가 떠올랐다. 연 30%

의 이자를 꼬박 내는데도 큰 죄를 짓는 느낌이 나를 짓눌렀다. 캐피탈사에서 직원이 나왔다. 내 명의로 빌리는데 사진은 보증인인 아내를 찍었다. 앞면, 옆면, 뒷면을 연속해서 찰칵, 찰칵.

겨우 돈 천 만 원 빌리는데 보증인 사진을 뭐 그렇게 찍냐니까, 그래야 대출이 된다는 무심한 답만 되돌아왔다. 겨우 이 고생 시키려고 어린 아내를 짝으로 삼았나 생각하니 나 자신이 죽도록 싫어졌다. 어쨌든 모두 나 때문에 일어난 일이지만, 내가 못 갚으면 아내가 갚아야 했다. 최악의 상황은 자식에게 빚이 넘어가는 일이었다. 생각만 해도 끔찍했다.

A4용지에 갚아야 할 빚 내역을 죽 적었다. 한 달에 이자만 4백만 원이 넘었다. 빼도 박도 못한다는 말은 이런 때 쓰는 거구나를 절감했다. 이곳에서 장사를 더는 할 수 없다는 판단을 내렸다. 개업 당시와 비교하면 유동인구가 반 이상 줄어있었다. 사실 가게를 처분하려고 내놓은 지는 꽤 되었다. 여러 달 월세도 못 냈던 터라, 보증금 5천 만 원을 야금야금 깎아먹고 있었다. 사과 하나 들고 이쪽저쪽 여러 군데 다 베어 먹고 꽁다리만 남은 꼴이었다. 쥐꼬리만큼의 권리금이라도 주겠다는 사람이 있으면 어서 빨리 넘길 참이었다. 그조차 안 되면 리어카 장사라도 해야 했다.

주위에서는 갚을 수 있는 정도의 빚 수준을 넘어섰으니 나더러 파산신청을 하라고 했다. 중국 같은 해외로 도피하라는 이도 있었다. 파산을 하면 우리 가정은 풍비박산나는 거다. 딸은 대학을 다니고 있고, 아들은 곧 군대 영장이 날아올 터였다.

명절 연휴 끝 무렵, 답답한 속을 달래려 전주집 형님네를 방문했다. 양재동에서 내가 슈퍼맨 분식할 때 옆 가게에서 장사하던 분으로, 상호 앞에 꼭 '전주'를 쓰신다. 지금까지 친형제처럼 아니 그 이상으로 나를 이끌어주고 힘이 되어주는 고마운 형님이다. 형님은 파산은 죽어도 안 될 일이며, 개인회생 신청을 해서 매달 얼마씩 갚아나가라고 하셨다. 몸이 아파 장사를 못할 지경도 아니며, 남들 없는 고급 기술이 있는데 뭐가 두렵냐, 반드시 재기할 수 있으니 맘 단단히 먹고 살라는 거였다. 아무리 어렵더라도 부부가 싸우지 말고 서로 아끼고 위하라는 말도 덧붙여 주셨다. 어려울수록 가족밖에 없는 거란다. 맞는 말씀이셨다. 파산을 하면, 집안에 빨간 딱지가 덕지덕지 다 붙는다. 애들한테 그 꼴을 어찌 보일까 싶었다. 게다가 시골 형님이 동네 할배한테 부탁해 빌린 돈이며 장모님이 다니시는 교회 권사님께 빌린 돈, 조카들에게 빌린 돈까지, 모두 갚지 않으면 안 되었다. 집 담보 대출만 1억 2천이었는데, 이마저도 경매에 넘어가면 우리는 길바닥에 나앉아야 한다. 여러 모로 파산은 안 될 소리였다.

죽으라는 법은 없다

다음 날 아침 운동화 끈을 동여맸다. 점심 장사를 끝내놓고, 지인이 소개해준 법무사 사무실을 찾았다. 사정 얘기를 하고 빚의 규모 등 재정 상태에 대해 말했다. 처음엔 밝은 모습으로 나를 반기던 법무사 양반의 얼굴이 점점 어두워졌다. 어쩌다 이 지경이 될 때까지 놔두었냐는 거다. 파산밖에는 도리가 없단다. 공무원이나 직장인들과 달리 자영업자의 개인회생은 까다로운데, 정확한 소득 근거 자료가 부족해 법무사들도 꺼린다는 거였다. 아니, 혼자 해결을 못하겠으니, 돈 주고 전문가를 찾는 게 아닌가. 그런데 법무사의 말을 들으니 내 상황이 생각 이상으로 심각하긴 했다. 매달 갚아야 할 돈만 250만 원이 넘었다. 게다가 아내 명의로 된 카드빚은 물론 보증선 아내의 보증 채무에 대한 개인 회생도 따로 신청해야 했다. 그렇게 되면 매달 월 400만 원이라는 변제액이 생긴다. 머릿속으로 계산기를 두드려봤다. 현재 원금은 한 푼도 못 갚은 채, 이자만 월 400만 원이 나가고 있었다. 허덕이며 겨우 갚고는 있지만 계속 돌려막는 데는 한계가 있을 것이다. 머지않아 사채나 일수를 써야 할지도 몰랐다. 그런데 월 400만 원을 변제액으로 내면, 5년 후 빚을 전부 탕감하게 된다. 훨씬 좋은 방법이었다. 그래도 막막하다. 딸의 학비와 생활비 그리고 400만 원의 변제액을 매월 벌어 갚을 수 있을지. 자신이 없어졌다. 그럼 결국 다시 파산? 머릿속이 복잡해졌다. 집에 가서 생각해보고 다시 오겠다며 힘없이 일어섰다.

 2월의 겨울 끝바람이 매서웠다. 이왕지사 이렇게 된 거, 호랑이 굴 쪽으로 가보기로 했다. 법무사 사무실 밀집지대인 서초동 법원단지 근처로 발걸음을 옮겼다. 교대역 4번 출구로 나오자마자, 바로 눈에 보이는 곳 한군데 문을 열고 들어갔다. 연세 지긋한 어르신이 앉아있었다. 이런저런 내용을 이야기하니, 가능하단다. 크게 신경 쓸 것도 없이 다 알아서 해준단다. 번갯불에 콩 구워먹듯 바로 계약금부터 내놓으라고 했다. 너무 쉽게 얘기하니 오히려 신뢰가 안 갈 지경이었다. 내가 머뭇거리자, 아니면 말라신다. 지금 바빠 어디 갈 데가 있으니, 결정하든지 말든지 하란다. 주머니에 있던 돈 10만 원을 계약금으로 드렸다. 그분은 바로 따라나서라고 했다. 머리가 멍했다. 뭐, 설마 저렇게 연세 많으신 분이 나같은 사람한테 사기칠까 싶었다. 어차피 이판사판 죽일 테면 죽이라지, 사기당할 돈도 없고 물러설 데도 없질 않은가.

 그분을 따라 인근 구청으로 갔다. 그 외에도 이곳저곳 데리고 다니며 수십 장의 서류를 발급받게 했다. 신분증을 달라더니, 집에 가서 기다리란다. 내가 빚을 진 금융기관들을 찾아가 금융거래확인서(채무확인서)란 걸 발급받아야 한다며, 며칠 걸린다고 했다. 편히 기다리고 있으면 알아서 해주시겠단다. 돈도 10만 원밖에 안 줬는데, 다 알아서 해준다니 고마웠다.

며칠 후 전화가 왔다. 빚을 조회해보니 과연 내가 말한 대로 많긴 많단다. 아내가 보증 선 것까지 부부의 채무 총 합이 5억을 넘는다고 했다. 개인채무는 어떻게 해야 하냐 묻자, 그건 넣어도 되고 안 넣어도 된단다. 물론 넣으면 좋지만, 현실적으로 갚기 막막했다. 그건 살면서 꼭 갚을 테니 빼라했다. 아무리 벼랑 끝에 몰렸어도 인간적인 도리까지 저버릴 수는 없었다. 그랬더니 나보고 젊은 사람이 고지식하단다.

주택담보대출은 미확정 채권이라는 전문용어를 썼다. 무슨 말이냐니까 그런 게 있단다. 내 집에 살면서 매월 변제액만 꼬박꼬박 내면 아무 문제가 없다는 거다. 대신 진술서를 써야 한다고 했다. 왜 이 상황까지 오게 되었는지에 대해 구체적으로 적어야 하는데, 이왕이면 판사의 심금을 울리는 내용이면 더 좋단다. 결국 아내와 함께 법무사 사무실로 가서 위임장을 썼다. 모든 걸 나에게 위임한다는 내용이었다. 부부가 함께 신청하지 않으면, 보증인인 아내에게 채권추심이 들어온다고 했다. 그렇게 부부가 동시에 개인회생을 준비하게 되었다.

120만원으로 부린 마지막 사치

법무사 어르신 말로는 예금이든 적금이든 보험이든, 나나 아내 명의로 된 재산은 깡그리 공개해야 된다는 거다. 예금이 뭐고, 적금이 뭐냐, 내가 그런 게 있으면 개인회생까지 하겠냐 되물었다. 하지만 어려워도 끝까지 해약하지 않았던 생명보험이 하나 있었다. 그걸 얘기했더니, 해약하는 게 낫다고 하셨다. 원금도 못 건질 판이었지만 어쩔 수 없이 해약

했다. 얼결에 120만 원의 현금이 생겼다. 정식으로 회생 신청이 진행되면 카드고 뭐고 아무 것도 못 쓰고, 대출도 모든 게 막힌단다. 신용불량 상태니 모든 금융권과의 거래가 불가능해지는 거다. 개인 채무는 뺀 상태라, 그에 대한 이자도 따로 내야 하는 상황이었다. 앞으로 어떻게 살아가야 할지 막막했다. 그래도 파산은 아니었다. 여전히 우리집에서 우리네 식구가 같이 살 수 있다. 아내와 내가 장사도 계속 할 수 있었다. 그러다보면 분명히 방도가 생기리라.

가슴에 뭐가 얹힌 것처럼 속이 답답했다. 그 와중에도 아부지 살아 생전에 하신 말씀이 생각났다. 바르게 살다보면 언젠가는 좋은 날 온다고. 그래, 다시 해보는 거다.

보험 해약한 120만 원으로 밀가루를 비롯한 식재료 등을 구입해 가게 쪽방에 쌓아뒀다. 카드를 사용 못하면, 당장 장사에 필요한 재료 구입에 지장이 생기기에 한꺼번에 70만 원어치를 사두었다. 나머지 50만 원은 아내에게 줬다. 애들 옷 한 벌씩 좋은 걸로 사주라 했다. 간만의 씀씀이에 아내는 손이 떨렸는지 다 못 쓰고 결국 15만 원을 남겼다. 그 돈으로 우리 가족이 외식을 하기로 했다. 그때 부린 마지막 사치라면 사치였다. 제법 비싼 돼지갈비집으로 가서 네 식구가 이빨이 아프도록 갈비를 뜯었다. 아이들 역시 모처럼의 외식에 벙찐 표정이었다. 하지만 애들도 이제 다 자라 대충 눈치는 채고 있었다.

"아부지가 개인회생 신청을 해서, 우리 집에 이제 카드 한 장 없다. 어쩌면 오늘이 마지막 외식일지 모르니 실컷 먹자."

콜라 한 잔을 들이키니 트림이 났다. 그제야 묵은 체증이 내려가는 것 같았다. 이렇게 시원하게 모든 게 해결되었으면 하는 맘 간절했다. 갈빗

집 앞에 펀치볼이 보였다. 아들이 먼저 펀치를 날렸다. 다음엔 내 차례다. 어깨가 뽑히도록 쭉 뻗어 날렸다. 갈비 먹고 남은 돈을 아내가 동전으로 바꿔왔다. 아내와 딸은 죄없는 두더지를 뽕망치로 마구 마구 내리쳤다. 네 식구가 간만에 노래방에도 갔다. '사노라면 언젠가는 밝은 날도 오겠지, 새파랗게 젊다는 게 한밑천인데.' 목이 터져라 노래를 부르고 나니 스트레스가 확 풀리는 듯했다. 노랫말처럼 내일은 내일의 해가 뜬다.

전화통은 불나고, 손님은 소리 지르고

우리 부부가 개인회생 신청을 한 후에는 매달 변제액만 갚으면 되는 줄 알았다. 오산이었다. 그때부터 전화통에 불이 나기 시작했다. 금융거래확인서를 발급받으면, 백이면 백 다 개인회생이나 파산신청이라는 걸 모를 리 없는 금융기관에서 전화가 빗발쳤다. 처음에는 나긋한 어투로 언제까지 갚으라 하더니, 좀 지나자 얼마 정도 탕감해줄 테니 갚으라고 하는데 말투가 달랐다. 금지명령만 떨어지면 더는 전화가 안 올 거라고 법무사가 안심시켜줬다. 그런데 나와야 할 날짜가 됐는데도 금지명령이 안 나오니, 매일 전화 받느라 아내와 나는 일을 못할 정도였다. 아침에 눈 뜨는 게 무서웠다. 급하게 일을 처리한 듯한 법무사님이 아무래도 뭔가 잘못 된 것 같으니 재접수해야 한다고 했다. 비용은 전에 준 것의 반만 내라 하신다. 이제 와서 다른 법무사를 찾을 수도 없고. 울며겨자먹기로 재차 접수를 했다. 채권자들이 사자처럼 입을 벌리고 달려들었다. 사채나 일수를 안 쓴 게 그나마 다행이었다. 거기까지 갔더라면 무슨 일이 일어났을지 생각만 해도 아찔했다.

상계처리라는 게 있었다. 카드사에서 손님이 사용한 카드 대금을 은행

채무로 빼가버리는 거다. 가게 통장에 들어올 돈이 바로 은행으로 가는 방식이었다. 여러 카드사에 채무가 걸려있으니, 하루에 몇 십만 원, 많게는 1백만 원까지 바로바로 빠져나갔다. 방법이 없었다. 별 수 없이 큰 글씨로 "가게 사정상 00카드는 당분간 받을 수 없으니 다른 카드나 현금 사용 부탁드립니다." 라고 써붙였다.

어느 날, 보쌈과 전골 등 모두 합해 7만 원을 드신 손님이 항의했다. 자기가 해당 카드사 직원인데, 이 카드 아니면 뭘로 결제하냐는 거였다. 요즘 카드 안 받는 데가 어디 있냐며 신고하겠단다. 한마디 더 덧붙여 비수를 꽂았다. 개인회생 신청한 거 아니면 안 받을 이유가 없지 않냐고 따져물은 것이다.

"네, 개인 회생 신청했습니다. 그러니까 제발 사정 좀."

이 말이 목구멍까지 올라왔지만 다른 손님들도 보고 있어 차마 내뱉지 못했다. 어쩔 수 없이 그 카드를 받아 결제해야 했다. 며칠 사이 네 개 카드사에서 상계처리로 돈을 다 가져갔다. 피가 바짝바짝 타들어가고 있었다. 그 와중에 또 어떤 손님은 아내에게 소리를 지르고 있었다. 이 카드도 안 되고, 저 카드도 안 되면 뭘로 계산하라는 거냐며 삿대질을 하면서 말이다. 그렇게 며칠 만에 4백만 원 넘는 돈이 카드사로 빠져나갔다. 카드결제 된 대금으로 직원 월급도 주고, 임대료 내고 재료도 구입해야 하는데, 난감함이 이루 말할 수 없었다.

날 살려준 개인회생제도

2012. 개회. 3 땡땡땡땡. 내 사건번호다. 아내의 번호도 나랑 거의 비슷하다.

내가 이렇게 된 데는 장사해서 번 돈 모두를 주식에 몰빵 투자해서다. 그 이후로 컴퓨터는 쳐다도 안 봤다. 그래서 지금까지 컴맹 수준이다. 컴퓨터 사용은 거의 안 한다, 아니 못한다. 법원 홈페이지에 접속해 사건번호를 입력하면, 내 사건의 진행상황을 알 수 있다. 내가 할 줄 모르니, 저녁에 딸에게 부탁해 매일 상황 점검하는 게 일상이었다. 개인회생 절차는 생각보다 복잡했고 자영업자라 소명자료 역시 방대했다. 일단 금지명령이 떨어지면, 어디에서도 더는 채권추심을 못한다. 그제야 숨을 쉴 수 있게 된다. 이중 접수로 시간이 더 지체되는 동안 우리 부부가 부대낀 걸 생각하면 지금도 끔찍하다. 그 와중에 우리가 해야 할 일은 또 다 해야 했다. 속이 까맣게 타들어가는데 손님들한테 내색할 수도 없었다.

금지명령만 떨어지길 손꼽아 기다릴 수밖에 없었다. 어느 날 아침에 가게 문을 열고 가스 불을 켜려는데 또 전화가 왔다. 법원 회생위원이라고 했다. 이런 저런 이유로 금지명령을 내리기 어렵다는 말을 전하는 게 아닌가. 순간 전화기 들고 땅바닥에 주저앉았다. 지금 가스불 켜고 있는데, 이거 안 되면 불 켤 필요도 없으니 제발 한번만 살려달라 매달리고 사정했다. 알았으니 일단 기다려보란다. 드디어 금지명령이 떨어졌다. 더 이상의 채권추심 독촉 전화는 오지 않았다. 드디어 살 것 같았다.

얼마 후 아내가 회생위원 면담을 위해 법원에 출석했다. 전날부터 실수하면 큰일 난다며 내가 단단히 주의를 줬다. 결국 예상 질문지를 만들어 아내와 연습했다. 어떻게든 봐달라 사정하라는 말도 잊지 않았다. 그 뒤에 나 역시 면담날짜가 잡혔다.

아내와 달리 빚의 규모가 훨씬 컸던 나는, 외부의 회생위원과의 면담이었다. 법원에서 업무가 너무 많은 탓에 회생위원을 외부 변호사 등에게 맡긴 탓이다. 전날, 사전 답사를 갔다. 혹시라도 길 헤매다 제 시간에 도착 못 할까봐서였다. 약속 당일, 다행히 제 시간에 변호사 사무실에 도착했다. 나도 모르게 온몸이 떨리고 있었다. 서류를 한 장 한 장 넘겨보던 변호사가 입을 열었다. 여기까지 오느라 수고했단다. 네, 고맙습니다 하면 될 것을, 아닙니다, 어제 답사해서 오늘은 쉽게 찾아왔습니다라고 말해버렸다. 동문서답을 한 내가 참 바보 같았다. 나의 재정 상태를 증명해야 하는 소명 자료가 넘쳐났다. 얼마 안 남은 가게 보증금과 폐차 직전의 자동차 그리고 내 명의로 된 집이 내 전 재산이라고 했다. 가게 보증금도 반이나 까먹었다. 건물주의 인감을 첨부해 남은 보증금에 대한 소명이 필요했다. 집에 관한 것도 마찬가지였다. 시세확인서라는 걸 인근 부동산 세 군데서 발급받아 소명해야 했다. 시세와 기 대출에 대한 차액이 내 재산이란다. 자동차 시세확인서도 받았다.

　다음은 판사 면담이었다. TV법정 드라마 한 장면 찍는 줄 알았다. 나와 같은 처지의 사람들이 줄줄이 서서 대기했다. 판사님 말로는 내가 식당을 운영하는 사람이라 제일 먼저 면담을 잡아줬단다. 나름 배려차원이었다. "아들이 알바를 하시는군요."라고 물었다. 대학도 못 보냈다, 제발 선처 부탁한다고 대답했다. 그런데 의외의 말을 하신다. 직원 월급은 이렇게 많이 주면서 어떻게 아들 알바비는 이것밖에 안 되냐는 거다. 파산이라도 하게 되면 길거리에 나앉을 텐데 아들을 직원으로 써야 하는 거 아니냐 했다. 당시 아들은 고등학교 졸업 후 호프집에서 아르바이트를 하고 있었다. 순간 눈물이 앞을 가렸다. 어떻게 키운 자식인데, 어렵다고 우리 가게 와서 일하라고 강요하겠는가. "판사님은 자식이 없습니까?" 따지듯 물었다. 다 큰 자식, 부모가 시킨다고 말 듣냐, 요즘 어떤 자식이 부모 말을 그렇게 잘 듣느냐며 호소하려는데, 나도 모르게 울컥해 목소리가 커졌다. 장사하느라 자식들에게 소홀했다는 자책도 한몫한 것이다. 자료로 소명했지만, 여기서 잘못되면 우리는 길거리로 나앉아야 된다, 우리 가족 모두 뿔뿔이 흩어져야 한다, 판사님도 가정이 있겠지만 나 역시 지켜야 할 가정이 있다. 이 가정을 지키고 재기할 수 있도록 법의 테두리 내에서 한번만 기회를 달라고 매달렸다. 이대로는 절대 집으로 돌아갈 수 없다고 떼도 썼다. 보다 못한 여성 사무원이 내게 한마디 했다. 바쁜 분이라 먼저 면담하게 해줬더니 뒷사람은 너무 생각 안 하다는 거였다. 보통 면담 시간이 5분인데 나한테는 20분이나 줬단다.

  그렇게 끝이 났냐 하면 아니었다. 몇 개월 뒤 개시결정 나고 첫 번째 불입액을 납부했다. 그제야 변제계획 정식 인가가 났다. 5년간 매달 일정일에 납부해야 한다. 그렇게 개인회생 제도로 나는 다시 일어설 수 있었다. 5년 동안 그 큰 빚을 다 갚았고, 2017년 6월 면책결정을 받게 된 것이다.

2장
설움 많던 어린 시절

"바위 위에 올려놔도 잘 살 놈여."
없이 살아도 제삿날과 명절은 푸지게
보리밥과 감자, 옥수수가 주식이던 시절
4계절 반찬과 아부지께 배운 밥상머리 예절
물리도록 먹던 칼국수, 수제비, 죽
"내 소풍 안 갈란다."
상걸이는 유치원도 다녔다는데

"바위 위에 올려놔도 잘 살 놈여."

흔히들 영덕하면 바닷가, 영덕대게를 먼저 생각한다. 하지만 나는 바다가 아닌 산 밑에 살았다. 내가 태어난 곳 영덕군 지품면 속곡리는 영덕군의 9개 읍면 중 유일한 내륙 두 곳 (지품면, 달산면)중에서도 제일 오지였다. 골이 깊고 좁아 속곡이란 지명이 생겼다는 얘기도 있었다. 면 소재지에서 10리(4Km), 꼬불꼬불 산토끼길 따라 오르막내리막하다, 돌다리를 열 세 번은 건너야 우리 동네에 겨우 도착할 수 있다. 동네에 오기 전 위치한 아랫마을과 내가 살던 안마을을 합해 하속이라 불렀다. 또 5리를 더 올라가면 윤촌마을(중간마을)이 있었는데 이곳에는 내가 다니던 분교가 있었다. 여기를 중속이라 불렀다. 거기서 또 5리를 올라가면 기왓집 마을, 당마을 등 세 개의 마을이 더 있었다. 여기를 상속이라 불렀다. 내가 초등학교에 다닐 때만해도 대략 칠팔십호에 인구 수 500명은 되었던 걸로 안다. 보통 한집 가족이 6~7명 이상은 되었으니, 대략 500명이 맞는 셈이다. 나는 잘 모르지만 어른들 이야기로는 사라호 태풍 전까지만 해도 100 가구 이상 살았단다.

마을 풍경은 초등학교 들어가서 처음 그림 그릴 때처럼, 산 밑에 초가집이 다문다문 있고 그 앞에 물이 흐르는 산수화 같았다. 집들이 한군데 몰려있는 것도 아니고, 이쪽에 두어 집, 저쪽에 서너 집 있었다. 많아야 한군데 열 집이었다. 하속은 차씨, 윤씨, 신씨, 김씨, 중속은 파평윤씨 소정공파 집성촌이었다. 상속은 평산신씨 집성촌이다. 나는 파평윤가 판도공파다.

정낭다리 부틀에서 태어나, 똥갑이

내 생일은 1966년 음력 12월 25일, 구정 5일 전이다. 당시 겨울바람은 산골 똥바람으로 살을 에는 듯했단다. 하기야, 앞뒤 전부 산으로 둘러쌓였으니 말해 뭣하겠는가. 바람도 못 막아주는 허름한 오두막집에서 8남매 중 막내로 태어났다. 어매가 마흔 둘이었고 아부지 오십 셋에 나를 임신하셨다. 자식 일곱도 제대로 못 먹이고 못 입히는데, 또 애가 들어선 게 남사스럽고 창피해 유산되길 바라셨단다. 높은데서 뛰어내려도 보고, 주먹으로 배를 때려 봐도 애가 안 죽어 낳은 게 바로 나다.

아부지가 3대 독자인데다 시어른은커녕 남들 흔한 친척도 없었다. 그러다보니 자식 여덟을 낳을 때마다 아부지가 전부 다 탯줄 자르고 미역국도 끓여주셨단다.

내가 태어나는 날 아침, 어매는 배가 살살 아파와 화장실에 가셨다. 재래식 화장실인 정낭다리 옆 부틀(빈공간)이 내가 태어난 곳이다. 훗날 뒷집 상걸이 할매가 내게 전해주신 얘기다.

"느그 어매가 정낭에서 '재근아(열 살 많은 둘째형) 재근아 걸레 가져 온나.'허고 큰 소리로 부르더마는 쪼매있으니 애기 우는 소리가 나더라. 그래 알았지. 재근 어매 얼라 낳은지."

그 추운 겨울에 바깥에서 그것도 정낭에서 애를 낳았으니 얼마나 추웠을까. 걸레로 대충 훔친 다음 안고 들어와 물 끓여 씻겼단다. 아부지는 서둘러 미역국을 끓이셨고. 상걸이 할매가 그러셨다.

"느그 어매가 니 놓은 날, 개울가서 그 얼음 물에 손발 씻고 참 억척이더라."

따뜻한 물로 씻고 따뜻한 방에서 하는 몸조리는 꿈도 못 꾸었을 거다. 고만고만한 자식들의 땟거리와 비바람 피하는 게 걱정인데, 몸조리는 무슨 호사냐 하셨겠지. 우리 형제, 자매는 모두 여덟 명이었다. 육이오 때 외갓집에 맡기고 온 큰 누나는 나중에 남의 집 식모 겸 수양딸로 갔다고 했다. 한 명은 어릴 때 좋은 곳으로 갔다. 그래서 나는 5남 1녀가 전부인 줄 알고 자랐다. 형제들 모두 재자 돌림이었다. 내 이름도 아부지가 지으셨단다.

"그냥 재갑이라 해라."

화장실에서 태어났다 해서 내 별명은 똥갑이, 정낭 부틀이었다. 완전 놀림감이었다. 초등학교 3학년 때, 4년 선배인 중학생 누나가

"똥갑아, 똥갑아."하고 놀리길래,

"야, 이 가시나야." 라고 욕한 뒤 튀었다.

그때 그 누나가 주먹보다 더 큰 돌로 내 머리를 내리쳤다. 그때 머리가

피범벅됐다. 철철 흐르는 피를 손바닥으로 누르고 집으로 뛰어왔다. 어매가 된장 한술을 바르더니, 난닝구 쪼가리로 싸매줘서 다시 학교에 갈 수 있었다. 병원 치료 안 받아도 별 탈 없었다. 하긴 어매가 나를 벤 채 높은 데서 뛰어내려도 안 죽었는데 뭘. 그 추운 겨울에 문도 없던 화장실에서 태어났는데도 안 얼어죽었잖은가. 그러고 보면 내가 명줄이 길긴 긴가보다. 어릴 때 내가 자주 들었던 말이 있다.

"재갑이는 바위 위에 올려놔도 잘 살아갈 놈여."

빚만큼 무서운 것도 없더라

내가 7살 때 큰형님이 장가를 갔다. 그동안 형님은 줄줄이 딸린 동생들 먹여살리느라, 학교 근처는 가보지도 못했다. 어릴 때 서당 조금 다닌 게 전부였다. 당시 서당 훈장이던 상걸이 할배가

"저런 천재가 없다."며 무척 아까워하셨단다. 아랫마을 김 반장님이 형수될 분과 중매를 했다. 형수의 학력은 중졸, 영덕군청 교환원이셨다. 당시 대단한 스펙이었다.

선 한 번 보고, 약혼하고 결혼하던 시절이었다. 그래도 맏아들이라고 없는 집에서 신식 결혼식을 올렸다. 당시 아부지가 무리하신 거다. 금반지, 금목걸이에 양복, 양장에 결혼식 비용까지 전부 빚내서 치렀다. 하긴 그렇게 할 수밖에 없었겠지. 형님도 중졸 학력에 울산에서 볼펜 공장 다니는 회사원이라 속였으니 말이다.

지금도 그때의 일이 뚜렷이 기억난다. 이제는 칠순이 넘은 형수님도 가끔 그 얘기를 하신다. 속아 시집와보니, 까까머리 시동생들 줄줄이 달

려 있었다고. 막내인 나는 방에 들어오라 해도 쑥스러워 한쪽에 쪼그려 앉아만 있더라고 말이다.

 방이 두 개밖에 없던 집이다. 형님 부부가 작은 방을 쓰고, 어매, 아부지와 우리 형제들 총 여섯이 안방에서 잤다. 결혼 후에 형님 부부는 청송군 진보면 뱀바위골이라는 곳으로 황무지 개간을 위해 이사 갔다. 가뜩이나 궁색한 살림살이에 큰 형님 결혼시키느라 늘어난 빚으로 집안은 더 어려워졌다.

 내가 열세 살 때 빚소동이 일어나기도 했다. 그때 아부지의 하나뿐인 혈육 고모를 생전 처음 봤다. 우리 어매보다 나이가 더 많아 보이는 고모는 내 눈에 할매였다. 그날 저녁이었다. 아랫마을에서 할매 한 분이 와 난리를 쳤다. 빌린 돈 10만 원 안 돌려주면, 이 집에서 한발짝도 못 나간다며 방안에 드러누웠다. 먹고 죽으려고 농약병을 가져왔다며 엄포를 놨다. 야심한 밤까지 할매는 돌아가지 않았다. 내가 어떻게 모은 돈인데, 그 돈을 안 주냐며 고래고래 소리 질렀다. 오늘은 아무리 이러셔도 돈 나올 데가 없으니, 집에 돌아가 계시면 꼭 갚겠다고 아부지가 신신당부했다. 씨알도 안 먹히는 눈치였다.

 어수선한 가운데 나는 까무룩 잠이 들었다. 아침에 눈떠보니 다행히 할매는 돌아가고 없었다. 고모는 우리 집에 몇 십 년 만에 오셨다고 했다. 당시 3부 이자라는 게 있었다. 한 달에 원금의 3%를 갚아야 하는 거니, 일 년이면 36%다. 우리는 산에 불 질러 산전 일구는 화전민이라, 아부지 돌아가실 때까지 논밭 한 뙈기도 없었다. 남의 제사 차려주고, 벌초 해주는 대가로 약간의 땅을 빌릴 수 있는 게 전부였다. 농토가 워낙 귀하다보니, 집 가까운데 소작도 얻질 못했다. 사정이 이러하니, 한번 빚지면 좀처럼 헤어나질 못한다. 흉년이라도 들면, 쌀이건 보리건 무조건 사먹어야 한다. 그래서 동네 빚잔치하는 집이 많았다. 얼마 내놓고 죽이려면 죽여라는 식이었다. 그 방법밖엔 없었다. 그 얼마마저도 없어 우리는 빚잔치도 못했다. 어릴 때 자살 소동 벌인 할매 사건을 통해 알게 되었다. 빚이 얼마나 무서운 거라는 걸.

없이 살아도 제삿날과 명절은 푸지게

일 년 내내 기다려지는 날이 있었다. 추석, 설, 생일, 소풍가는 날, 운동회. 그 중에서도 설날을 손꼽아 기다렸다. 나는 할배, 할매 얼굴은 직접 본 적도 없다. 내가 갓난아기 때, 어매 등에 업힌 채로 외할배 장례식에 다녀왔다고 한다. 얼굴 한 번 본 적 없는 외할매는 나 초등학교 때 돌아가셨다. 외가가 강릉이다보니 너무 멀어 왕래 없이 살았던 거다. 외할배 장례식도 어매 혼자만 다녀오셨다. 친가 쪽 역시 삼촌도, 사촌도 오촌도 육촌도 없었다. 그나마 칠촌 아재가 제일 가까운 친척이었다.

그러니 우리 형제가 전부인 줄 알고 살았다. 큰형님 살림 차려 나가고 다른 형님들도 모두 객지로 나갔다. 내가 초등학교 1학년 때 누나도 시집갔다.

서울 간 히야 오는 날

그러다 일 년에 두 번, 명절에는 우리 집에 다 모였다. 명절 며칠 전부터 뜬 눈으로 지새곤 했다. 어매는 깨지고 금간 흙벽 말끔하게 메우고, 기왓장 깨서 가루 낸 다음 볏짚으로 수세미 만들어, 놋그릇을 반짝반짝 광내는 등 며칠 전부터 분주하셨다. 섣달 그믐날 되면 나는 아침밥도 먹는 둥 마는 둥 하고 신안 정류장으로 달려나갔다. 큰 형님이 타고 오는 버스는 파란 완행버스였다. 서울 간 셋째 형과 넷째 형은 빨간색 직행버스였다. 큰 형님이 오는 건 솔직히 별로 안 반갑다. 서울 간 셋째 형이 제일 기다려졌다. 과자 종합선물세트도 사오는 형은 언제나 서울살이 얘기를 들려주었다. 추운데 상회(지금의 슈퍼 이름은 다 **상회라고 써있었다.) 안으로 들어가 난로라도 쬐면 좋으련만, 나는 바깥에서 벌벌 떨며 형이 오기만을 기다렸다. 드디어 서울물을 먹어서인지 얼굴이 뽀얘진 셋째 형이 도착했다.

"히야."

신난 나는 형에게 매달린다. 형은 상회에서 빳빳한 새 돈으로 소주 됫병 두 병을 구입했다. 아부지가 좋아하시는 거다. 나는 그런 형이 자랑스러웠다. 부자 같았다. 과자종합선물세트는 내가 들고, 아부지 것 어매 것 선물 양손 가득 들고 앞서거니 뒤서거니 하며 형하고 집으로 가는 길이 그렇게 신날 수 없었다.

"어매~. 서울 간 히야 왔다!"

큰소리로 내가 말하면, 부엌에서 설음식 준비하던 어매가 한걸음에 달려나왔다. 이놈 자슥, 객지에서 얼마나 고생많냐며 형을 붙들고 막 우신다. 히야는 그런 어매를 달래며 괜찮다를 반복한다.

"서울서 흰쌀밥 묵고 내 호강한다."

나는 형의 말을 찰떡같이 믿었다. 어린 나이에 객지에 나간 형이 어째 호강할 수 있었을까.

다들 모인 형제는 밤새 도란도란 서울 이야기를 나눴다. 큰형님 내외와 조카 그리고 아부지, 어매가 다 함께 안방에서 잤다. 나머지 형님들과 나는 작은방에서 잠들었다.

우리집에는 설날에도 떡국을 안 끓였다. 육수도 못 내고, 고명 같은 거를 어매는 할 줄 몰랐다. 아니, 해본 적이 없었다. 명절에 쌀밥 먹을 수 있는 것도 감지덕지였다. 일 년에 쌀로만 지은 밥을 먹는 건 명절과 제삿날뿐이었다. 남들 하는 오꼬시나 감주는 엄두도 못냈다. 그래도 아부지는 제사는 잘 모셔야 한다면서 생선이나 과일은 무조건 실하고 좋은 걸로만 사라하셨다. 고등어, 명태, 가재미, 돔베기 찌고, 가재미전, 두부전, 고구마전, 고등어산적 부치고, 고사리, 도라지 볶고, 명태와 무, 두부 넣고 탕을 끓였다. 과일, 포, 술 외에 우리가 푸짐하게 먹을 수 있는 건 고구마전, 고사리와 냉이에 콩가루 묻혀 찜한 게 전부였다. 찜은 제사상에는 안올리고 술안주나 간식용이었다. 제사 지내기 전부터 부엌에 들락날락하며 계속 주어먹었다. 어쨌든 평소보다 푸짐한 날이었다.

제사 지내고나면 세배를 다녔다. 절한다고 얼른 엎드렸다 일어나며 "설 잘 쉿닌기요." 하면 그게 세배였다. 여기저기 할배, 할매네 세배가면 오꼬시에 감주도 얻어먹고 세뱃돈도 몇 십 원씩 받았다. 얻어먹는 감주는 꿀맛이었고 오꼬시는 입안에서 사르르 녹았다. 연휴 끝머리, 형들이 채비를 하고 나서면 쫄레쫄레 따라나섰다. 골짜기 넘어 고향 왔던 사람들이 양손에 보따리 들고 다시 직행버스, 완행버스에 올랐다. 형들도 그

버스에 올랐다. 다음 추석에 또 온다고 손가락 걸고 약속했지만, 그래도 나는 허전했다. 신나서 뛰어가던 마중 때와 달리 시무룩한 표정으로 집으로 터덜터덜 돌아왔다. 그렇게 명절의 끝은 허무했다.

명절 때보다 더 푸짐했던, 시제

옛날에는 명절 말고 음력 10월 보름이 되면, 산소에 시제를 지냈다. 시제 때가 되면 명절보다 더 거창하게 제사 준비를 했다. 일반 제사보다 상이 더 풍성했는데, 떡만 해도 다섯 종류나 됐다. 절편, 시루떡, 인절미, 경단 총 네 가지를 떡틀이 부서질 만큼 가득 담는다. 그 위에 쌀가루로 전을 굽는데, 가운데는 대추 썰어 얹고, 미나리나 파란 이파리로 모양을 냈다. 그걸로 맨 위를 장식하는 거다. 신안에는 떡방앗간이 없었다. 대신 각 가정에서 솜씨를 부렸다. 어매는 떡할 줄 몰랐다. 어매와 아부지는 쌀자루 머리에 이고, 나무를 짊어지고 아랫마을 김반장님 댁으로 갔다. 그 집은 떡시루며 온갖 필요한 도구들이 다 갖추어져 있었다. 아지매 솜씨 역시 못하는 게 없을 만큼 좋았다. 그 아지매가 떡을 해주면, 다음에 우리 아부지가 그 집안일을 해주는 식의 품앗이었다.

아부지는 반장님과 25도짜리 금복주 소주 한 잔 하시고 이런저런 얘기 나누며, 떡이 다될 때까지 계셨다. 그 집은 동네 주막이었다. 이 사람 저 사람 지나가다 들러 술 한 잔씩 마시는 곳이었기 때문이다. 사람들이 올 때마다 한잔씩 나눠드신 아부지는 저녁 때가 되면 술이 거나해지셨다. 나는 넓은 주막집에서 아랫마을 아이들과 신나게 뛰어놀았다. 다섯 종류의 떡은 해가 뉘엿뉘엿 질 때가 돼야 다 만들어졌다. 어매가 떡을 이고, 나는 불 붙인 짚단불을 들고 앞장섰다. 술 취한 아부지가 넘어질까 길 안내를 하는 거다. 돌다리 건너 올 때면, 아부지, 어매 더 잘 보이라고 짚불을 낮게 들었다. 돌다리 밑에서 버들치가 불빛 보고 놀라 화다닥 달아나는 게 눈에 훤히 보였다.

마을 앞에 제공이 있던 파평윤씨 소정공파는 옛날에 끗발 좀 있었나보다. 아랫마을 뒷산에 산소가 크게 있었고 비석도 세 개나 됐다. 시제날이 되면 오전부터 그 집안 자제들이 양복을 갖춰 입고 모였다. 어린 나는 우리 조상님 묘인 줄 알고 그분들 따라 절하고 제사지냈다.

제사 전, 아부지는 떡 시루 등 제사에 필요한 음식들을 형들과 나눠 지게로 지고 갔다. 그 뒤를 그 집안 자제들이 뒷짐 지고 따라갔는데, 어린 나도 술 주전자 들고 갔던 기억이 난다. 물론 벌초는 미리 깨끗이 해둬야 했다. 우리 집에는 논이 한마지기 반, 작은 밭뙈기 몇, 감나무 한 그루 정도가 있었는데, 그게 다 우리 게 아니었다. 시제 준비에 벌초하는 조건으로 빌려 쓰는 거였다. 여하튼 떡 상자 짊어지고 가는 행렬이 눈에 보이면 동네 애들 횡재하는 날이었다. 누구네 할 것 없이 아이들 대여섯은 기본으로 따라붙었다.

시제 지낼 동안 뒤에 뻘쭘하게 서있으면, 떡이나 과일은 무조건 따라온 아이들 몫이었다. 요즘이야 비닐이나 종이가 흔하지만, 그때는 맨손에 받거나 쓰고 간 모자에 받아 가져오곤 했다. 내가 일곱 살 때인가, 떡을 받아오려고 상속까지 무려 10리를 걷고 높다란 산길을 올라갔던 적도 있다.

처음 맛본 돼지 고깃국

　내가 열 살 전까지 속곡에 사람들이 제법 살았다. 그래서 마을 잔치도 종종 열렸고 집안 제사도 꽤 많았다. 평산신씨 집성촌인 상속에는 양반, 상놈 따지는 유교 문화가 그때도 남아있었다. 속곡 자체가 드문드문 집이 흩어져있었지만, 상을 당하거나 잔치 제사에는 다들 단합이 잘 되었다. 품앗이로 일손을 나누는 일은 흔했다. 특히 상가에는 온 동네 사람들이 출동해 거의 5일장을 치렀다. 어매는 잘 사는 집에서 상을 당하면, 부엌일 해주러 많이 다녔다. 요즘은 가사 도우미 일당이 10만 원씩 되지만 그때는 그렇지도 않았다. 하루 종일 다리가 퉁퉁 붓게 일해도 겉보리 조금 얻어오는 게 전부였다. 당시 속곡은 이유는 모르겠지만 돼지 키우는 사람이 없었다. 어느 날 면소재지에서 돼지를 사서 리어카에 싣고 장정 예닐곱 명이 끙끙대며 끌고 가는 걸 봤다. 그 장정들은 비탈진 산도 끌고 갈 정예의 용사처럼 보였다. 아랫마을 부잣집 할배의 첫 제사 때도 돼지 잡는 걸 봤다. 칼로 돼지 목을 따자 돼지가 고래고래 소리를 질렀고 핏물이 철철 흘러내리는 게 신기하면서도 무서웠다. 돼지고기는 뭉텅뭉텅 썰어 가마솥에 넣고 무랑 두부 넣고 양파, 대파 썰어 넣어 시뻘건 국밥식으로 끓였다. 털이 숭숭 난 고깃덩이가 가마솥에 둥둥 떠오르면, 동네 아이들이 쭉 둘러서서 구경하곤했다. 그 쪽은 파전도 쪽파 말고 대파를 썼다. 가마솥 뚜껑 뒤집어 놓고 기왓장 두 개를 마주보게 세워놓고 마당 한켠에 야외주방을 만들어냈다. 그야말로 침이 꿀꺽 넘어가는 광경이 아닐 수 없었다.

　하루는 어매가 남의 잔칫집에 일하러 갔는데, 내가 또 따라갔다. 구경꾼 아이들 사이에서 어매, 어매하고 부르자, 부엌에서 어매가 나왔다. 어매는 돼지고깃국이 맛있게 끓고 있는 솥에서 고기를 듬뿍 건져 놋대접에 담은 후, 쌀밥을 말아 내게 내밀었다. 사람들 안 보이는데서 얼른 먹고 오라 했다. 잽싸게 들고 굴뚝 옆 장작더미 뒤로 숨었다. 며칠 굶은 사람처럼 허겁지겁 먹었다. 기름 둥둥 뜬 고깃국에 쌀밥 먹고 나니 남부러울 게 없다 싶었다. 다음날 설사를 두 번이나 하면서 그 생각은 사라졌지만 말이다. 어릴 때 상갓집이나 잔칫집 구경은 늘 재미나는 일이었다.

보리밥과 감자, 옥수수가 주식이던 시절

보리밥, 참 눈물 나는 단어다. 어매는 보리 두어 대 얻기 위해 남의 집에서 종일 허드렛일 해야 했다. 큰 형님은 세경으로 받기 위해 어린 나이에 남의 집 머슴을 살았다. 먹을 게 귀하고 일거리는 넘치던 때라, 돈으로 품삯 받았다는 소리는 거의 들질 못했다.

가난의 상징, 꽁보리밥

요즘은 보리밥을 별미로 먹지만, 그때는 주식이었다. 그마저도 부족해 배불리 먹기 힘들었다. 보리씨 파종은 벼 수확 후, 겨울 되기 전 10월말이나 11월 초에 했다. 당시 퇴비는 농사에서 귀하디귀한 존재였다. 그래서 집집마다 큰 거름자리가 있었다. 봄이면 영풀이라는 풀을 베서 똥물도 붓고, 요강에 모은 오줌도 붓고, 애들이 싼 똥, 개똥, 닭똥 같은 것들을 다 넣어 1년 동안 발효시킨다.

발효된 퇴비는 까맣게 변해 부들부들한 게 만져보면 촉감도 좋다. 그게 요즘 얘기하는 유기농 거름이다. 그 퇴비를 바소구리(싸리나무로 엮어 지게 위에 고정해 흙이나 퇴비를 운반할 때 쓰던 도구)에 담아 지고 가서 파종 후 골고루 뿌린다.

한겨울, 땅이 얼어 부풀어 오를 때 보리밟기란 걸 했다. 보리씨가 땅에서 뜨지 말라고 단단하게 밟아두는 것이다. 봄이 되고 파란 보리싹이 올라와 제법 자라면, '머잖아 햇보리밥 먹을 수 있겠네.' 라고 생각했다. 그때, 묵은 보리 떨어지고 햇보리 나오기 전까지를 보릿고개라고 하는 것 같았다. 옛 속담에 방귀질 나자 보리양식 떨어진다는 말이 있는데, 이 또한 그때 생긴 말일 거다. 보리가 익으면 까칠까칠한데 기다란 보리가시가 몸에 잘 달라붙었다. 따끔한 게 몸 속으로 파고드는 성질이 있었다. 그럴 때면 어른들은 "불으라는 돈은 안 붙고 애먼 게 자꾸 붙어 성가시네." 라시며 툴툴거렸다. 잘못하다 목에 걸리면 그날은 하루 종일 보리가시와 실랑이해야 했다. 기침이 끊이질 않았기 때문이다.

보리타작은 마당에서 했다. 보릿단을 새끼에 묶어 내리치면 이삭이 떨어지는데, 그걸 도리깨로 때린다. 그러면 알이 우수수 떨어지는데, 이걸 키질해 알곡을 얻어내는 작업을 거쳐야 한다. 보리쌀은 찬물에 팍팍 치대는데, 이때 나온 물은 소죽 끓일 때 썼다. 또 가마솥에 살짝 삶아 30분 정도 놔두면, 보리쌀이 그 물을 다 빨아들인다. 소쿠리에 건져 쌀과 섞어서 보리밥할 때 썼다. 쌀과 보리의 비율에 따라 그 집이 얼마나 부자인지, 얼마나 가난한지 알 수 있었다. 우리집은 말할 것도 없이 꽁보리밥이었다. 가마솥 한켠에 조금 얹어놓은 쌀은 아부지 몫이었다. 뜸이 덜 들거나 질어서 물이 질질한 보리밥 먹는 건 참 곤욕이었다. 다행히 아침에 질었던 보리밥이 점심 때가 되면 고슬고슬해졌다. 끼니마다 밥하는 집은 없었다. 아침 먹고 남은 걸 퍼두었다 점심에 또 먹는 식이었다. 겨울에는 양은 그릇에 담아 아랫목 이불 속에 넣어두었다. 여름에는 박 바가지에 퍼, 시렁 위에 얹어놓곤 했다. 박 바가지에 담긴 보리밥에 고추장을 넣고 비벼먹으면, 바가지가 고추장물로 뻘겋게 물들었다. 설거지 여러 번 해서 며칠 지나야 없어질 만큼 오래갔다.

다양한 변신의 귀재, 감자와 옥수수

우리가 한창 자랄 때는 산전에 감자농사를 많이 지었다. 한꺼번에 스무 가마니를 캘 때도 있었다. 작년인가 장사에 필요한 감자 한 상자 20Kg짜리를 14만 원에 구입했다. 그때는 감자가 그런 대우를 받지 못했다. 그저 우리집처럼 가난한 집에서 배곯지 않기 위해 산전이나 황무지에 일구던 작물이었다. 말 그대로 구황작물이었던 거다.

보리밥과 같은 비율로 감자를 넣으면 양이 대폭 늘어났다. 그걸 나무 주걱으로 짓이겨 섞은 다음 밥을 폈다. 누구 밥그릇에 더 큰 감자 덩어리가 들어갔냐를 두고 형제들끼리 싸우기도 했다. 채 썰어 감자떡도 자주해먹었다. 요즘이야 그게 무슨 떡이냐 하겠지만, 그때는 간식 아닌 땟거리였다. 대야에 채썬 감자와 밀가루, 소금, 사카린을 넣어 버무린 후, 가마솥 채반 위에 쪄냈다. 감자떡이든, 밀가루 떡이든 떡 하는 날에는 부엌에 들어가, 어매 옆에서 다 되기만을 손꼽아 기다렸다. 기다리다 화장실이라도 다녀올라치면, 부엌에 다시 못 들어갔다. 화장실 다녀오면 부정 타서 떡이 설익고 잘 안 된다는 이유였다. 쉽게 말해 김샌다는 뜻이다. 결국 바깥에서 쭈그리고 앉아 다 될 때까지 기다리는 수밖에 도리가 없다. 넉넉하게 찐 감자떡은 저녁 식사로도 먹고, 남으면 밤참으로, 다음 날 산, 들일 나갈 때 새참으로도 싸갔다. 따로 반찬이 필요 없는 든든한 한 끼 거리였던 거다.

감자는 겨울에 땅속에 저장해 두었다가, 이른 봄 싹이 나기 전 감자눈이라는 곳을 오려서 심었다. 여기서도 퇴비가 톡톡한 역할을 했다. 쟁기질 해 밭에 고랑을 만든 다음, 일정한 간격으로 감자눈 심고 흙을 덮는다. 한참 후 싹이 올라오고 잎도 쑥쑥 자란다. 꽃이 피고, 열매 맺어, 감자 수확철이 되면 여름이 찾아온다는 의미였다. 줄기를 뽑아 올리고 호미로 감자 캐는 일은 참 재미났다. 땅 속에서 어째 이런 보물들이 줄줄이 나올까 싶을 만큼 참 많이도 나왔다. 굵은 놈, 중간 크기 놈, 자잘한 놈 뭐 하나 버릴 게 없었다. 올감자라고 제철보다 일찍 캐는 감자는 껍질 깔 필요도 없다. 물 부은 대야에 담아 장화 신은 발로 슬슬 밟기만 해도 다 벗겨졌다. 그걸 새 물에 한번 헹구기만 하면 끝이다. 제철 감자 껍질은 숟가락으로 슥슥 긁으면 됐다. 시들해진 감자껍질은 칼로 벗긴다. 감자껍질도 버리지 않고 모았다 소먹이로 주면 잘 먹었다.

여하튼 감자는 밥에도 넣어먹고, 된장찌개 끓일 때도 넣고, 볶음반찬으로도 먹고 다양하게 요리조리 잘 쓰였다.

요리법도 쉬웠다. 껍질 벗긴 감자를 가마솥에 물 붓고 사카린 넣어 삶는다. 물기가 줄어들면 약한 불로 뜸 들인다. 나중에 자작자작 소리 나면, 불을 싹 뺀다. 그러면 솥 밑바닥에 닿은 부분은 발긋하게 눌어붙는데, 그게 더 맛있다. 그걸 감자누룽지라 불렀는데, 서로 먹으려고 난리도 아니었다. 그냥도 먹고 호박잎쪄서 고추장에 쌈싸서도 먹는다. 그게 저녁이다.

햇감자뿐 아니라 작년에 수확한 걸 저장했다 먹기도 했다. 썩은 감자는 완전히 푹 썩도록 며칠씩 우물물에 담궈 두면, 녹말성분이 싹 가라앉는다. 그때 깨끗한 물 붓고 녹말만 가라앉혀 감자떡을 만들었다. 썩은 감자에서 어떻게 이런 맛이 날까 싶을 만큼 쫄깃쫄깃했다. 그걸 반죽해 강낭콩이나 삶은 팥 넣어 송편도 했다. 손가락 자국 세 개 남도록 꾹꾹 눌러 만든 감자송편은 지금도 가끔씩 생각난다. 요즘 시중에서 파는 것과는 비교도 안 되게 맛있었다.

옥수수 또한 감자만큼 흔하던 먹을거리였다. 아무데나 심어도 잘 자랐다. 열매는 사람이 먹고, 껍질은 소먹이로 사용했다. 옥수수 알맹이 먹고 난 다음 남은 대궁이는 말려서 싸리꼬챙이에 끼워 등긁이로 썼다. 집집마다 한두 개 씩은 꼭 있었다. 가려울 때 말 안 듣는 마누라보다 낫다는 말도 어른들이 자주 썼다.

원래 우리 동네는 자줏빛에 알이 자잘한 토종강냉이만 심었다. 그런데 재밌는 게 우리 어매 덕분에 강원도 강냉이를 심을 수 있게 된 거다. 어매의 고향이 강릉이라, 거기서 강냉이 씨를 가져온 것이다. 그때부터 온 동네에 어른 팔뚝만한 찰지고 맛난 강냉이가 자라기 시작했다. 감자랑 같이 삶거나, 알불에 구워 주식이나 간식으로 참 많이 먹었다. 처마 끝에 매달아 말려 뻥튀기로도 튀겨먹었다. 옛날에는 강냉이죽으로도 많이 먹었다 들었다. 이 역시 뭐 하나 버릴 것 없는 귀한 주식이자 간식이었다.

4계절 반찬과 아부지께 배운 밥상머리 예절

나 어릴 때, 웃어른들의 밥상은 사랑방에 단독으로 차렸다. 그런데 우리 집은 부엌 딸린 큰방에서 아부지와 같이 밥을 먹었다. 그때 밥상머리 예절이란 걸 배웠다.

요즘은 식탁에서 거의 말이 없다며, 가족 간의 대화 단절을 문제 삼는다. 하지만 내가 어릴 때는 밥상에서 말 많이 하면 복 나간다는 이유로 말을 거의 못하게 했다. 아부지와 나는 겸상을 했다. 막둥이라고 특별히 그랬던 것 같다.

아부지 남긴 밥은 막둥이인 내 몫

아부지는 밥 먹기 전에 꼭 물을 먼저 마시라고 하셨다. 뱃속에 '음식 들어옵니다.'란 신호를 보내는 거란다. 아무리 철없는 어린 애라도 반찬투정하면 인정사정없다. 바로 숟가락 내려놔야 한다. 밥 먹는 도중에 화장실 가는 것도 금물이다. 꼭 가야겠다면 남은 밥 더 먹을 생각 말아야 했다. 이 외에도 하지 말아야 할 것들이 많았다. 쩝쩝 소리 내는 것, 수저를 달그락거리며 상 위에 들었다 놨다 하는 것, 밥 다 먹었다고 밥그릇 바닥 긁는 소리 내는 것, 배 터져 죽겠네란 소리 하는 것, 다 안 되었다.

밥 다 먹고 난 다음에도 역시 물 한 잔 마시는 거라 하셨다. "완전히 다 먹었습니다." 란 신호를 위에 보내는 거란다. 아부지는 항상 소식하고 절식하셨다. 한 숟가락 더 먹고 싶을 때 수저를 내려놓으셨다. 그래서 밥을 늘 조금씩 남기셨다. 그나마 쌀알이 섞인 유일한 밥이 아부지 것이었는데, 남기면 그건 제일 어린 내 몫이었다. 내 얼굴엔 당연히 화색이 돌았고, 다른 형제들은 부러워 입맛만 다셨다. 아부지는 채식하셨다. 하긴 뭐, 고기 먹을 형편이 못 되었으니 저절로 그리 된 것일 거다. 소식, 절식, 채식이 장수의 비결 아니셨나 싶다.

한편 어매는 아부지와 달랐다. 형제들이 다 같이 살 때는 눌은밥, 식은밥, 흘린밥 등이 어매 몫이었다. 밥 먹다 몇 번이나 일어서는 건 기본이었는데, 가마솥의 누룽지와 숭늉까지 가져와야 어매도 앉아 마저 밥 먹을 수 있었다.

부엌에는 큰 가마솥이 두 개 있었다. 왼쪽 게 더 컸는데, 주로 소죽 끓이거나 메주 쑬 때 같이 양 많은 용도로 사용했다. 오른쪽 것은 기름기 반질반질한 솥으로 밥 짓는 용도다. 아부지 말씀으로 수십 년 동안 사용한 거란다. 가마솥은 그냥 두면 녹이 스니까, 솔잎 같은 걸로 수시로 닦고, 들기름 발라 길을 들여온 거였다.

국이나 찌개는 아궁이 속 알불 위에 끓이는데, 우리 동네에서 뚝배기 사용하는 집은 없었다. 양은 냄비에 거의 국이든 찌개든 다 끓였다. 국은 장날에 먹는 생선무국을 제외하고는 사계절 제철나물로 끓였다. 콩나물은 명절 전후나 아니면 간간히 방 안에서 시루에 물 줘 키우기도 했는데, 콩나물국, 무침, 콩나물밥, 김치콩나물죽, 다양하게 해먹곤 했다. 지금 사먹는 콩나물 먹다 그 시절 맛 떠올리면 솔직히 젓가락 내려놓고 싶다. 겨울이 가까워지면 무나 시래기가 흔했다. 무 채국, 무 된장찌개, 시래기된장찌개, 콩가루시래기된장국 등 거의 매끼에 이 두 가지는 빠지지 않았다.

　밥은 아부지 드실 건 따로 폈지만, 다른 형제들은 넓은 그릇에 퍼서 빙 둘러 앉아 같이 먹었다. 밥과 국을 빼면, 반찬은 김치, 고추장, 장아찌 정도였다. 장날이 되면 여기에 생선구이 하나 정도 추가되는 정도일까. 그마저도 안 굶고 먹는 게 다행이니, 늘 감사한 마음으로 먹으라고 아부지는 말씀하셨다.

장아찌 같은 반찬 농사

　산골이다 보니 장아찌가 많았다. 추운 겨울, 눈이 많이 쌓여 마을 자체가 고립되거나, 갑작스레 손님이 찾아올 때, 장아찌만한 반찬도 없다. 집집마다 장 단지에 여러 종류의 장아찌들을 담궈 두었다. 더덕, 고추, 마늘쫑, 달래, 박잎, 산초잎, 진저리, 미역귀 등등 산에서 나는 것, 바다에서 나는 것 가리지 않고 만들었다. 무나 콩잎은 된장에다 박아두었다. 하여튼 저장해 먹을 수 있는 모든 것들은 죄다 장아찌로 만드는 듯했다. 어린 내 입에도 장아찌는 입맛 돋우는 음식인 걸로 기억한다. 특히 더덕이나 고추, 마늘쫑 장아찌는 지금 생각해도 군침 돈다.
　장아찌 외에 메밀묵, 도토리묵도 직접 만들어먹었다. 소주병에 담아 귀하게 모셔둔 참기름 과 진간장 넣어 묵 간장도 만든다. 볶아 빻은 깨소금에 칼자루로 마늘 빻고, 대파 쫑쫑 썰어 고춧가루랑 섞어 되직하게 만들면 끝내줬다. 요즘 아무리 좋은 재료로 그 맛을 흉내내보려 해도 잘 안 된다. 귀한 멸치 몇 마리 넣고 끓인 육수에 김치, 메밀묵 넣고 양념장 얹어 묵사발로도 먹었다. 김 가루를 얹으면 금상첨화겠지만 우리 집에는 그런 게 없었다. 그래도 시원하고 맛났다.

겨울이 되면, 집집마다 몇 단지씩 만들어 김장을 묻어두었다. 그게 큰 겨울 농사라고 했다. 배추 김치 안에는 무를 반씩 잘라 함께 넣었다. 무채를 썰어 말렸다가 곤짠지라는 무김치 하는 집도 많았다. 동치미는 부엌 안에 묻어놓은 항아리에 담았다.

무는 겨우내 땅 속에 묻어뒀다. 맨 밑에 볏짚을 깔고, 양쪽으로 볏짚 기둥을 세운다. 그 안에 무를 저장하는 거다. 위에는 나무를 서까래처럼 걸치고 다시 볏짚을 두둑하게 덮어두었다. 그리고는 흙을 쌓아 단단하게 두드린 후, 빙 둘러 빗물길을 낸다. 한쪽에 짚단을 말아 끼워 문을 만든 다음, 다시 흙을 덮어 야물게 단도리한다. 한겨울에는 말아 끼운 짚단을 빼고 무를 꺼내 먹었다. 이때 다시 막을 때가 중요하다. 어설프게 막았다가는 영락없이 무에 바람이 들어버린다. 바람 든 무는 아무 짝에도 쓸모가 없다. 지금도 마트에서 무를 랩에 씌워 파는 것도 바람들지 말라고 그런 거다. 잘 보관한 무는 겨우내 생채도 해 먹고, 국이나 찌개용으로도 야물게 썼다.

열 반찬 안 부럽던 어매표 청국장

어매표 청국장은 진짜 명품이었다. 콩을 삶아 삼베나 면 자루에 넣어 비닐로 싸고, 두꺼운 이불로 또 덮어야 한다. 그걸 며칠 밤을 뒤집어가며 아랫목에 띄운 것 같다. 그러면 콩이 황물엿 묻혀놓은 것처럼 진이 직직 늘어난다. 그걸 적당히 콩 쪼가리 남아 있게 빻는다. 가마솥에 노릇하게 볶은 콩도 따로 빻았다. 이 또한 볶은 콩가루를 만들기 위함이 아니므로 적당히 빻아야 한다. 띄운 콩 빻은 것과 빻은 콩가루에 굵은 소금 적당히, 간마늘, 고춧가루 적당히 그리고 물. 이게 청국장 재료의 전부였다.

여기서 중요한 건 뭐든 '적당히.'였던 것 같다.

　물에 개어두면, 처음엔 묽은 듯하다 콩과 고춧가루가 물을 서서히 빨아먹으면서 적당한 농도가 된다. 그러면 다 된 거다. 때깔도 노르스름한 게 간은 삼삼해 바로 쌈장용으로도 쓰고, 되직하게 끓여 밥 비벼먹기도 했다. 다른 반찬 없이도 이게 밥도둑이었다. 이 맛을 본 사람들은 누구라도 감탄사를 내뱉었다. 특히 우리 매형은 "장모님 표 청국장이면 열 반찬 안 부럽습니다." 라며 밥 두 그릇씩 뚝딱 비워냈다.

　찌개용으로 끓일 때 무를 넣든, 시래기를 넣든 다 맛있다. 안 먹어본 사람은 모를 거다. 요리할 때 우리 집에서는 일반 된장보다 이걸 더 많이 넣었다. 청국장도 다 먹는 철이 있었다. 일반된장은 묵은 게 맛있다하지만, 구정 지나면 처마 밑 고드름 떨어지듯 그 맛이 떨어졌다.

　이런 저런 시골 표 반찬과 국, 찌개로 4계절을 났다. 식사는 절대 남기면 안 됐다. 다 먹은 다음, 밥숟가락 내려놓고 자리에 그대로 앉아있으면 또 혼났다. 잽싸게 일어서 꼭 일곱 걸음 이상 걸어 자리 이동해야 했다. 이걸 '식후 제 칠보.'라고 했다. 맛있게 먹는 것도 중요했지만, 다 먹고 나서의 예절도 중요한 거라, 꼭 지켜야 했다.

물리도록 먹던 칼국수, 수제비, 죽

우리 형제들 누구하나 칼국수나 수제비, 죽을 좋아하지 않는다. 어릴 때 하도 먹어 질려 그렇다. 아침은 보리밥에 감자 많이 섞은 걸 주로 먹었다. 아침은 그리 빨리 먹지 않았다. 그러면 점심 때까지 배곯기 때문이다. 아침에 지어둔 밥으로 점심까지 먹었는데, 이러면 거의 점심 때 밥양이 모자랐다. 아쉬운 표정을 지어도 소용없었다.

"돌아서면 저녁인데, 대충 먹고 저녁 많이해서 실컷 먹자"

어매가 혼내셨다. 우리 집에는 벽시계가 하나 있었는데, 어매는 시계를 볼 줄 모르셨다. 당연히 글도 모르는 까막눈이셨다. 벽시계가 12시에는 12번을 치고, 1시에는 한 번, 2시에는 두 번을 쳤다. 이러면 소리만 듣고도 시간을 알 것 같지만, 그렇지가 않다. 매 30분마다 또 한 번씩 울리기 때문이다. 그래서 어매에게는 이 시계가 무용지물이었다. 어매에게 점심시간은 해가 처마 밑에 '요만큼.', 마당에 그림자가 '요만큼.' 있을 때셨다. 그런데 해는 일분씩 길어졌다 또 일분씩 짧아지지 않는가. 그러니 이것도 애매하다. 그저 아부지가 "밥 차려라." 하면 그게 점심 때다.

점심은 식은 밥에 막 딴 고추나 마늘을 고추장에 찍어 먹곤 했다. 특별히 국 끓이는 건 아니고, 대충 먹는다. 다행이 아침에 먹다 남은 국이 있으면 데워 먹는 게 전부다. 그도 아니면, 여름에는 오이냉국을 해먹었다. 이건 아주 간단하다. 나뭇볏가리 옆에 심어둔 오이 몇 개 따서 채 썬 다음, 항아리에 있는 간장 붓고 찬물 부으면 끝이다. 이 또한 깔끔하게 먹을 만했다. 원재료가 워낙 맛있어서 그런 것 같다. 오이는 푸릇하고 연한 게 요즘 하우스에서 재배한 것과는 비교가 안 된다.

저녁은 제법 빠른 시간에 먹었다. 해 져 호롱불 켜기 전에 먹었다. 여름에는 모기들이 날뛰기 전에 후딱 먹었다. 좀 늦어져 모깃불 피워놓고 먹으면, 매워진 눈 비비느라 제대로 뭘 먹지도 못한다. 산골이라 겨울이면 해가 더 빨리지는 탓에 다섯 시도 안 돼 저녁을 먹었던 것 같다.

먹기 싫어 울기도 한 주식들

이때 주로 먹던 게 국수, 수제비, 죽이었다. 아부지는 밀가루 떡을 별로 안 좋아하셨는데, 나나 어매, 다른 형제들은 떡을 좋아했다. 아부지는 떡 하는 건 살림 망치는 일이라며 한소리하셨다. 밀가루 떡을 한번 할 양이면, 국수 다섯 번도 더 해먹을 수 있다는 거다. 칼국수할 때면, 아부지는 창고에 있는 무겁고 넓은 안반(소나무 쪼개 대패로 밀어 만든 큰 도마)과 홍두깨를 꺼내주셨다. 국수는 얇게 썰어야 맛있는 법이라며 무쇠 부엌칼도 숫돌에 손수 가신다.

어매는 식구가 많다보니, 제법 많은 양의 밀가루를 푸셨다. 여기에 생콩가루와 소금 섞어 반죽을 하신다. 방바닥에 나일론 보자기 깔고 밀가루 포대기 자른 것도 깐다. 오래 치대 매끈해지면, 그 안반에 올려 홍두깨로 늘리고 말아서 당기고 풀고 가루 뿌리고를 여러 번 아니 수십 번 이상씩 해야 한다. 가루가 덩어리 되었다 또 둥그런 넙데기가 되어가는 모습은 참, 신기해보였다. 어디 안 가고 어매 옆에 꼭 붙어서 구경한 이유다. 다 늘린 밀가루 반죽이 이때는 방바닥의 반을 차지했다. 그걸 또 마른 가루 뿌려 썰기 좋게 돌돌 말았다. 배가 불룩 나온 무쇠칼은 요즘으로 치면 칼국수용은 아니다. 하지만 그때는 용도별로 칼이 따로 있을 리 없다. 그거 하나로 토끼 뼈도 자르고, 고등어 대가리도 자르고, 무도 자르고 아주 전천후용이었다. 칼로 자를 때 똑똑 떨어져야 면발 길이가 길어지는데, 그 칼로는 어림없다. 자꾸 끄트머리가 사선으로 썰렸다. 어매 잘못이 아니라 순전히 칼날 잘못이다.

"어매, 쪼매마, 됐다, 됐다!"

국수 썰고 난 꽁다리를 많이 남겨달라는 나의 보챔이었다. 국수 자투리는 내가 들고, 알불 있는 부엌으로 갔다. 석쇠에 얹어 구우면 밀가루 반죽에 구멍이 뽕뽕 올라오면서 노릇하게 구워진다. 비주얼이 완전 다르지만 화덕피자 비슷하달까. 여하튼 그때는 그게 그렇게 고소할 수 없었다.

면발 준비가 되면, 아부지는 가마솥에 물 받아 불을 지펴놓으셨다. 아부지가 좋아하는 국수다보니, 더 적극적이셨다. 멸치도 우리집은 귀했다. 다시마, 김 같은 건 아예 구경도 못했다. 대신 감자 통통 썰어 넣고 여름이면 애호박 넣어 고추장 풀어서도 끓였다. 그래도 여기에 묵 찍어 먹던 그 양념장 넣으면 맛이 또 달랐다. 아부지는 밥은 반 그릇만 잡수셨지만, 칼국수는 큰 대접으로 한 그릇 다 드셨다. 시원하고 구수하다며 땀 흘려가며 드셨다. 나는 그 칼국수가 싫어, 안 먹는다며 질질 짜기도 했다. 그만큼 자주 먹어 물렸기 때문이다.

수제비도 마찬가지로 너무 먹어 쳐다보기도 싫다. 가마솥에 하나 가득 끓여 먹고 남는 건 큰 그릇 두 어 개에 퍼놨다. 밀가루 음식은 먹고 돌아서면 배고프단 말이 있다. 진짜 소화가 빨리 되는지, 저녁 마실 갔다 오면 배가 출출했다. 이미 그때는 굳어서 칼국수나 수제비가 한 덩이가 되어 있다. 형제들 다 같이 살 때는 숟가락으로 뚝뚝 떠 서로 먹겠다 난리였다. 마파람에 게 눈 감추듯 금세 없어졌다. 배고픔 앞에서는 장사 없나보다.

죽도 요즘은 영양식이다 뭐다 해 가격도 비싸다. 하지만 나는 먹기 싫다. 죽도록 많이 먹은 기억에 질릴 대로 질려서다.

죽은 종류도 다양했다. 흰죽(쌀로 끓인 죽), 콩죽(쌀과 콩가루 넣어 끓인 죽), 시래기죽(쌀과 삶은 시래기), 묵나물죽(말린 산나물과 쌀), 김치콩나물죽(김장김치와 콩나물 쌀), 팥죽(팥과 밀가루수제비) 등등. 이것들을 간식이나 별미로 먹으면 맛나지만 저녁마다 먹으면 안 질릴 사람 없을 거다.

국수든, 죽이든 뜨겁기는 왜 그리 또 뜨겁던지. 아부지 말로 뜨거운 죽은 가운데부터 퍼먹으면 바로 입 덴단다. 먹기도 싫은 걸 입까지 데면 참 기분 나쁘고 눈물 났다. 아부지 앞이라 성질도 못 내고 꾹 참고 삼켜야 했다. 그릇 가장자리부터 살살 돌아가며 떠먹어야 하는 거란다.

죽에 먹을 마땅한 반찬이 어디 있겠는가. 손바닥만한 무 한 조각 젓가락에 꽂아 돌려베어물면, 죽 한 그릇 먹도록 그게 반찬이다. 흰죽은 따로 간 안 하니, 간장을 따로 담아냈다. 흰죽은 떠서 밖에 두었다 서리 맞춰 먹으면 그게 보약이라는 말도 많이 했다. 나도 그렇게 보약 많이 먹었다.

우리 형제들 중 누구 하나 자라서 국수, 수제비, 죽을 돈 주고 사먹은 이 없을 거다.

라면, 밀가루떡만 먹고 살았으면

호박범벅도 겨울이면 자주 먹었다. 속 파내고 삶은 늙은 호박 안에, 밀가루수제비, 삶은 강낭콩 넣어 만들었다. 이 또한 뜨거울 때보다 식었을 때가 더 맛났다. 그릇에 퍼놓고 가운데 금이 쩍쩍 갈라질 때 먹으면 달짝지근하고 맛났다. 요즘은 애피타이저나 간식으로 먹지만 나 어릴 때는 이것도 한끼용 식사였다.

라면은 그때 귀했다. 라면 종류는 삼양라면, 소고기라면 두 가지 정도였다. 처음 나왔을 때 동네형님들끼리 내기했는데, 이긴 분이 그걸 한꺼번에 25개나 먹었다했다. 얼마나 배고프게 살았으면 그런 내기를 다 했을까 싶다. 그때 라면 맛은 지금과 비교할 수 없을 만큼 맛있었다. 귀했기 때문에 그런 거겠지만 말이다. 우리집은 라면도 양을 늘려야한다고, 납작국수나 소면을 섞어 끓였다. 스프가 부족하니, 고추장 풀어 간했다. 제발 그냥 라면 만 넣은 라면다운 라면 먹어보는 게 소원이었다. 누군가는 그게 요즘말로 잔치국수 아니냐하는데, 그런 차원의 요리가 아니었다. 소면 삶아서 그 뜨거운 걸, 이고 산에서 내려오는 우물물있는 곳까지 어매가 가셨다. 100m는 되는 거리다. 그 동안 당연히 면이 퉁퉁 불겠지. 그걸 씻어 소쿠리에 사리 친 후 또 이고 내려오신다. 여기에 되직한 산골표 양념간장 한 숟갈 퍼얹고 육수 아닌, 길어 온 산 물 붓는데 그게 어떻게 잔치국수이겠는가. 안 잔치 국수다.

아부지는 불거나 말거나, 밥보다 국수가 더 좋다하셨다. 그나마 막 삶은 건 양념장맛으로 먹을 만했다. 반찬도 김치만 있으면 됐다. 밭에 일하러 갈 때, 모내기 때 등 새참으로도 가져갔다. 물은 따로 안 챙겨도 아무

물이나 다 1급수였다. 그냥 떠다 부으면 국수 한 그릇 됐다. 잘 먹는 사람은 세 그릇, 네 그릇도 먹었다. 그렇게 먹으면 오줌도 자주 마렵고 배도 금세 꺼졌다. 그런 날, 마침 아부지가 저녁 마실 나가고 안 계시면, 어매랑 밀가루 떡을 자주 해먹었다. 칼국수 해먹는 양의 다섯 배 밀가루가 들어가 살림 말아먹는다는 그 밀가루 떡 말이다. 막걸리 넣어 하면 색깔이 노르스름한 술떡이 되고, 베이킹파우더 넣으면 하얀 떡 됐다. 반죽해서 뜨듯한 데 한참 두면, 통통하게 부풀어올랐다. 여기에 삶은 강낭콩 박아서, 채반 위에 보 깐 다음 가마솥에 찌면 술빵이 됐다. 요즘 차 밀리는 도로에서 흔하게 파는 그 술빵 말이다. 공을 좀 들여 삶은 팥 으깨 넣고 찐빵도 많이 만들어먹었다. 최고의 별식이었다. 한번 찌면 족히 이삼일은 아부지 몰래 먹을 수 있었다. 어린 날 참 행복한 기억들이다.

어매표 2탄 동동주

살림살이가 그리 어렵고 땟거리 부족해도, 술은 꼭 담궜다. 아부지가 좋아하셨기 때문이다. 당시에는 가정에서 술 못 담그게 정부에서 엄히 단속했었다. "밀조주는 만들지도 말고, 팔지도 말고 먹지도 말라." 는 표어도 있었다. 세무서 담당 직원이 쇠꼬챙이 들고 직접 단속 나온 걸 내 눈으로 봤다. 아마 여덟 살 즈음이었을 거다. 겁에 잔뜩 질려 어매 옆에 찰싹 붙어있었다.

쇠꼬챙이로 거름자리도 쿡쿡 쑤시고, 나무볏가리, 심지어 이불 개놓은 곳도 뒤졌다. 무슨 압수수색 나온 사람들 마냥 온 집안을 발칵 뒤집고 갔다. 이미 어매는 안 들키려고 누룩을 뒷산 대나무 밭에 감춘 뒤였는데, 헛수고지. 누룩은 밀을 빻아 물에 반죽해 동그란 대접이나 그릇 같은데 넣고, 발로 밟아 만든 후 말렸다. 쌀이나 기장을 섞기도 하고, 보리도 넣어 고슬고슬하게 밥을 쪄낸다. 그 찐 밥과 누룩을 적정 비율로 항아리에 담고 물 부어, 좁쌀처럼 생긴 술약을 넣었다. 아랫목에 잘 모셔 이불을 여러 겹 덮어 2~3일 놔뒀다. 여름철, 겨울철 온도나 습도에 따라 시간이 달랐던 걸로 기억한다. 뽀글뽀글 소리가 며칠간 나며 발효되는 과정이 지나면, 어매는 성냥불을 켜 항아리 안에 넣어보셨다. 안에서 불이 꺼지면 아직 덜 된 거고, 불 안 꺼지면 발효가 다 되어 걸러야 할 때가 된 거다.

 아부지는 당신이 좋아하는 먹을거리 만들 때는 어매를 곧잘 도와주시곤 했다. 큰 다라에 삼발이 나무 대고 그 위에 고운 채를 얹은 후, 거르는 걸 직접 하셨다. 바로 걸려 물 안 섞으면 전백이 또는 전술이 됐다. 독하고 뻑뻑한 술이다. 그래서 물 섞어 무거리를 짜며 체에서 술을 내린다. 이렇게 거른 술을 아부지는 단숨에 한잔 들이키셨다. "거, 참 술 잘 됐다." 하실 땐 기분 좋아보이셨다. 나도 그 맛 참 궁금하다며 입맛 다시면, 어매가 사카린 넣어 조금 주셨다. 어매는 술을 입에도 못 대셨지만, 술맛 하나는 좋게 내기로 소문 자자했다. 다른 건 몰라도 술 담그는 거랑 청국장 만드는 기술은 동네에서도 인정했다. 놈이네는 부자였는데, 그래서인지 일 년 내내 놈이 할매가 놈이 할배 술은 안 떨어뜨리게 해준다 하셨다. 그 할매는 인정이 많아, 애든 어른이든 그 집 가면 맨입으로 절대 보내지 않으셨다. 아부지도 그 댁 들르면 꼭 술 한두 잔 대접받고 오셨다. 그 술 대접이 고맙긴 하지만, 그래도 아부지는 어매가 만든 술이 더 맛있다, 맛있다 하셨다.

"내 소풍 안 갈란다."

　분교에서 학교 다니며 4학년이 지나 5학년이 되었다. 5학년부터는 신안에 있는 본교에 다녔다. 무려 10리, 4km를 걸어가야 했다. 책보 들고 고무신 신고 분교 다니다 처음으로 검정 운동화와 가방을 샀다. 그런데 도시락이 문제였다. 분교 다닐 때는 형들 쓰던 찌그러진 것도 불만 없이 썼는데, 본교라면 말이 달라진다. 내가 징징거리자 어매가 노란색 양은 도시락을 새로 사주었다. 도시락 반찬은 주로 고추장에 미역귀 아니면 멸치. 또는 노가리 볶음이었다. 그것도 아니면 볶은 콩가루를 밥 위에 얹어, 밥과 비벼먹었다. 어떤 애들은 반찬이 후지다고, 밥 한 숟갈 뜬 다음 다시 뚜껑을 닫았다 열어 먹고 그랬다. 그때 혼분식을 하라며 도시락 검사가 한창이었다. 나는 걱정 없었다. 정부미 쌀 조금에 보리와 감자까지 섞었으니, 혼분식 대회 나가면 대상 감이었다.

　초등학교 6학년 봄 소풍 때였다. 집에 쌀이 떨어졌는지, 어매가 감자 넣은 보리밥을 싸주신 거다. 큰일났다. 나는 소풍 안 간다며 울고불고 떼를 썼다. 어쩔 수 없이 어매가 나를 데리고 아랫마을 김반장님 댁엘 갔다. 빈 도시락에 쌀밥을 담아준 덕에 소풍 갈 수 있었다. 소풍 가서 보란 듯 뚜껑 열고 밥 먹었다. 며칠 전에 사다 놓은 환타랑 같이 먹으니 그렇게 맛날 수 없었다. 김밥 싸오는 애들은 드물었다. 가을 소풍 때는 밤이

나 고구마도 쪄갔다. 하지만 봄에는 그마저도 없으니 밀가루에 사카린 적당히 넣어 반죽한 다음 넓적하게 쪄냈다. 보리밥 지은 가마솥 위에 얹어 찐 거라 보리밥알이 드문드문 묻어 있었다. 밀가루 반데기(틀)라고 불린 이걸 가져가기도 했다.

찔찔 짠 덕에 간 수학여행

수학여행은 더 어려웠다. 나도 분명 갈 수 없는 형편이었는데, 가고 싶다고 또 질질 짰다. 그래서 겨우 갈 수 있었다. 당일 날 새벽에 출발한다고 해서, 당시 아부지가 면장님이셨던 친구 집에서 자기로 했다. 전날 저녁밥을 차려주신 친구 엄마가 그렇게 고마울 수 없었다. 생전 처음 보는 산해진미가 한 상 가득했다. 젓가락으로 집는 것마다 그렇게 맛날 수 없었다. 과자와 김밥, 찐계란까지 준비해주셨다. 김밥은 그때 처음 먹어봤다. 다음날 저 많은 음식 먹을 생각에, 거의 뜬 눈으로 지샜던 기억이 난다.

아침 일찍부터 학교 운동장에 빨간색 관광버스가 두 대가 정차해있었다. 한쪽은 의자 두 개, 한쪽은 의자가 세 개인 요즘 보기 힘든 구조의 관광버스였다. 두근두근 뛰는 심장을 움켜쥐고 출발했다. 안동댐을 거쳐 대구 달성공원, 과학관, 경주 불국사를 구경하자 밤이 되었다. 깜깜한 밤중에 차를 타고 오는데, 선생님이 저쪽을 보라고 가리키신다. 빨간 불빛이 반짝거렸다. 포항제철이었다. 굴뚝 개수를 세보라신다. 참 많았다. 오다보니 시커먼 동해바다가 넘실거렸다. 고향이 영덕이지만 그때까지도 엎어지면 코 닿을 거리에 있는 바다 한 번 구경 못하고 자란 나였다. 하도 신기해 눈만 껌벅거렸다.

상걸이는 유치원도 다녔다는데

내가 태어난 다음 해에, 뒷집에서는 상걸이가 태어났다. 상걸이네 집은 늘 부러움의 대상이었다. 상걸이 아부지와 어매는 젊었고 모든 게 신식인데다 살림살이도 넉넉했다.

상걸이는 6학년에 올라가자마자 영덕읍으로 유학을 갔다. 상걸이보다 내가 한 살 많으니까, 나는 중학생이 된 거다. 지품중학교에 입학했다. 중학교에 입학한 형이 없었으니, 당연히 물려 입을 교복도 없었다. 3년 동안 옷이 작아져 못 입게 되면 안 되니, 큼지막하게 교복을 맞췄다. 드디어 우리 오형제 중에 첫 중학생이 생긴 것이다.

당시 상걸이 아부지는 새마을 지도자셨다. 훗날 알게 된 이야기지만, 상걸이는 부산에서 유치원도 다녔단다. 나는 유치원이 뭐하는 데인지도 몰랐다. 상걸이가 한동안 안 보였던 때가 있었는데, 그때 할매, 할배가 사시던 부산에 머물며 유치원에 다닌 것이다.

상걸이네 집에 가면, 원기소라는 영양제 병이있었다. 상걸이 어매가 늘 상걸이에게 그걸 먹였다. 호기심에 나도 두어 개 슬쩍 훔쳐 먹었던 기억이 난다. 맛이 조금 비렸다.

끼니도 못 챙기는데 보이스카우트가 웬 말

영덕읍으로 유학 간 상걸이는 보이스카우트가 되어 나타났다. 주말에 집에 오더니, 앞가슴과 어깨에 배지와 마크를 단 제복을 입고 자랑했다. 허리춤에는 매듭 진 흰색 노끈을 차고 다녔다. 그건 뭐냐니까 기다렸다는 듯이 말해주었다.

"위급할 때 밧줄 풀어던져 사람 구하는 생명줄이제."

검지와 가운데 손가락을 펴고 나머지는 쥔 채 경례를 하는데, 구호가 '준비.'라고 했다. 텐트 치고 야영도 한단다. 안 되는 일인 줄 알지만, 아부지께 기어들어가는 목소리로 말해보았다.

"보이스...."

끼니도 제대로 못 챙기는 집에서, 보이스가 웬 말일까. 아부지는 그게 뭐냐고 물으셨다. 뱁새가 황새 따라가려다 가랑이 찢어진다고 뭐라 하셨다. 하는 수 없이 나는 나일론줄을 매듭지어 허리춤에 차고 다녔다. 짝퉁 생명줄이었다. 혹시 모를 위급상황에 대비해야 한다고 다짐하면서 말이다.

중학생이 된 상걸이는 태권도장에 다닌다고 했다. 또 부러웠다. 나도 상걸이 따라 발차기한다고 공중에 헛발질 연습하고 별짓 다한 거 생각하면 웃음이 난다.

성적은 좋았지만 갈 수 없었던 고등학교

　내가 중학생이 되던 즈음, 학생 수가 넘쳐났던 것 같다. 지품, 오천, 낙평 원전 네 초등학교에서 학생들이 모여들었다. 1학년 1,2반은 남학생, 3,4반은 여학생이었다. 남자가 더 많아 일부는 3반에서 여학생들과 함께 공부했다. 한 반에 80명이 넘었다. 우리 반은 83번까지 있었다. 전교생은 900명이 넘었다. 등교 시간이면 좁은 진입로가 발 디딜틈도 없다. 완행버스에 짐짝처럼 실려 와서 창문으로 뛰어내리는 학생, 자전거 타고 오는 학생, 걸어오는 학생 등 새카만 물결이 면소재지 신안을 덮었다.

　중학생 때 나는 한꺼번에 상을 세 개나 받기도 했다. 성적우수상, 교내 글짓기 대회 시 부문 차하상, 일기 잘 쓴 상. 교내 방송에서 직접 시낭송도 했다. 제목은 '돌아서 이십 리 길.'이었을 거다. 보리밥 먹고 도시락 싸서 왕복 이십 리를 공부하러 다닌다는 내용이었다. 중학교 1학년 때 담임 선생님이 모범 학생 다섯 명을 호명하는데, 거기에 내 이름도 있었다.

　당시 시골에 인구가 너무 많은데 비해 농토가 부족하다며, 도시 이주 정책을 정부에서 시행하고 있었다. 내 기억에 한 가구당 백여 만 원 정도 지원해주며 도심으로 이주하도록 권유했다. 그때 마을 전체 인구 중 반 이상이 이사 갔다. 젊고 머리 깨인 사람들은 전부 다 나갔다. 아부지는 나이도 많은데, 집도 절도 없이 객지 나가 뭐하냐고 하셨다. 굶어죽기 딱 십상이라고, 쓰러져가는 집이라도 내 집 있는 곳이 낫다고도 하셨다. 맞는 말이지만 나가서 죽으나 산골에서 죽으나 죽는 건 매한가지 같았다. 중학교 2학년 때 생활기록부에는 "1등도 가능한 학생이니, 노력하세요." 라고 적혀있었다. 하지만 아부지는 이 무렵 부쩍 내게 자주 말씀하셨다. 고등학교는 도저히 형편상 못 보내니 중학교만 졸업하라고 말이다. 맥이 탁 풀렸다. 나는 이미 체념하고 있었다. 공부가 하기 싫었다. 어차피 공부 열심히 해서 등수 올리면 뭐하나, 고등학교도 못 가는데. 누구 하나 나에게 다른 길이 있다고 말해주지 않았다. 재수나, 검정고시 같은 방법 말이다.

아부지는 입버릇처럼 말씀하셨다. 영덕 농고 나와 봐야 면서기밖에 못하는데, 그럴 바에는 농사짓는 게 낫다고. 면서기는 지금의 9급 공무원이다. 나는 못 올라갈 나무는 아예 안 쳐다보는 게 낫겠다 싶었다.

"빚만 2백만 원이 넘는다."

아부지가 자주 내뱉으시는 이 말도 내 어깨를 짓눌렀다. 아부지 나이 칠순이 다 되어가고 있었다. 초등학교밖에 안 나와도 자수성가해 논 몇 마지기 사고 소 사고 한 모범 청년 얘기를 들었다. 나보다 3년 선배 형 이야기였다.

중3이 되자, 친구들이 머리 싸매고 공부하기 시작했다. 나는 아예 책을 덮었다. 그래도 상위권은 유지했다. 장래희망, 꿈같은 것도 거창할 필요 없었다. 내 꿈은 목장주였다. 다들 진짜냐고 웃었다. 진짜였다.

우리 집은 소를 키웠어도 우리 게 아니었다. 남의 소를 대신 키워줬는데 주로 황소였다. 황소 주인이 1백만원인가 주고 송아지를 사서 우리 집에 맡기곤 했다. 그러면 일 년 동안 대신 키워주는 거다. 아부지는 소 키우는 일에 온 정성을 다 기울이셨다. 날이 새기도 전, 새벽부터 일어나 소죽 끓이고, 톱날 달린 빗으로 여기저기 긁어주고, 날 추워지면 볏짚으로 직접 삼정 만들어 이불처럼 덮어주셨다. 소꼴도 영양가 많은 걸로만 골라 베어와 보리겨 같은 걸 섞어 영양만점 소죽을 만드셨다. 나도 여름이면 개울가로 소 먹일 풀 뜯으러 다니는 게 일과였다. 나뿐 아니라 온 가족이 소 키우는 일에 매달렸다.

그렇게 키운 소를 팔 때는 소 주인 입회 하여야 한다. 100만 원에 산 송아지가 만약 1년 후 130 만원에 팔렸다 가정하면 주인이 115만 원을 챙겨갔고, 우리는 겨우 15만 원 받았다. 일 년 동안 애지중지 키운 결과가 겨우 15만 원이었던 거다. 그래도 귀한 현금이 어디냐며, 아부지는 그렇게 정성을 쏟으시는 거였다.

나는 그때 우리 소를 키우면 얼마나 좋을까 생각했다. 그게 어린 나의 소원이었다. 빚이라도 지면, 들어올 현금이 없으니 헤어나질 못했다. 엎친 데 덮친 격으로, 그 해 농사까지 흉작이면, 쌀이든 보리든 다 사먹어야 한다.

어차피 고등학교도 못 갈 만큼 가난했다. 빚내서 간들 영덕 농고 졸업해 면서기밖에 못할 바에는 확실히 진로를 정하는 게 좋았다. 친구들은 대구, 안동, 포항으로 입학 시험 치른다고 떠났다.

교감선생님이 나보고 아부지 모시고 오란다. 학교에서 장학금을 줄 테니 고등학교 보내라고 아부지를 설득하셨다. 아부지는 "나이도 많고, 형편도 어렵고, 육성회에서 주는 장학금만으로는 도저히 고등학교 보낼 형편이 안 된다."며 거절했다. 안 되는 건 안 되는 거였다.

3장
맨발의 청춘

열일곱살에 시작한 돈벌이
"이억만 리 타국 땅에서 얼마나 고생이 많은가"
목장주의 꿈은커녕 빚만 270만 원
보리밥으로 다져진 깡다구를 보여주마
배신감이란 쓴 맛
2만원 들고 서울 가는 날, 어매도 울고 아부지도 울고
열관리기능사 자격증과 치킨
중졸 촌놈, 스물한살 기관장 되어 금의환향
선녀와 나무꾼
취사병으로 인생이 180도 달라질 줄야

열일곱살에 시작한 돈벌이

중학교 졸업식이 있던 다음날부터, 지게 지고 산에 올라가 나무를 했다. 맘 독하게 먹기로 했다. 어차피 고등학교는 못 갔으니 농촌에서 돈 벌어야겠다고 다짐하며 서러움을 진정시켰다.

다들 객지로 나가야 돈을 번다고 말했다. 정비공장, 배터리 가게, 가방공장에 취직하든 하다못해 목욕탕 심부름꾼으로라도 가라고 했다. 시골에 있어봐야 장가도 못가고, 농사지어봐야 돈도 안 된다면서. 그런데 왠지 나는 싫었다. 아부지, 어매는 글도 모르신다. 누가 편지를 써와도 읽어줄 사람이 없다. 어매는 겁이 많아 전구도 못 간다. 연로한 부모님을 두고 떠나는 게 편치 않았다. 아부지, 어매 있는 고향에서, 보란 듯이 부자가 되어보고 싶었다. 아랫마을에 사는 그 형님처럼 나도 자수성가해 번듯한 목장주인이 되리라 다짐했다.

3월 입학시즌에 동네 할매들과 함께 신안장에 가다 철수(가명)랑 마주쳤다. 교련복을 차려입은 철수가 입학식 마치고 책 받아들고 오는 길이었다. 기분이 묘했다. 옥수수 들고 뻥튀기 하러 간 나와 철수 사이에 큰 벽이 생긴 것 같았다. 철수는 농업고등학교 축산과에 입학한 거다.

고등학교 공부를 포기했는데도 밤새 그 교련복이 아른거렸다. 그날 이후 그 옷과 닮은 형의 예비군복은 나의 유니폼이 되다시피 했다. 유니폼을 입고 철수네 집을 시도 때도 없이 드나들었다. 철수가 보는 고등학교 1학년 국어책을 달달 외웠다. 축산 관련 책은 철수보다 내가 더 봤다. 비록 고등학교는 못 갔지만 기필코 성공해 아부지 빚부터 다 갚으리라, 그리고 푸른 초원에 수백 마리 소들이 뛰어노는 목장의 주인이 되리라 생각하니 가슴이 뛰었다.

그런데 목장주인도 돈이 있어야 되질 않겠는가. 그래, 무엇보다 초기자본을 마련해야 했다. 고추농사나 마늘 농사는 돈이 안 된다. 담배 농사가 답이었다. 마침 담배 옮겨 심을 철이 다가오고 있었다.

하지만 그 전 해에 예약을 안 해둔 탓에 씨도, 모종도 없었다. 이제 어떻게 해야 하나. 방법이 없으면 나올 때까지 찾으면 된다. 나는 부자와 목장주인을 주문처럼 외우며 방법을 찾기로 했다. 자전거를 타고 며칠을 돌아다녔다. 담배 모종 구하기 위해서였다. 청송군 진보면 신촌리까지 다니며, 담배 모종 남은 거 있냐고 안 물어본 집이 없다. 왕복 140리가 넘는 거리를 자전거로 달리는데 전혀 힘들다는 생각도 안했다. 안 되면 되게 하자. 지금 생각해보면 열일곱살 애가 깡다구도 참 좋았다. 그래서인가. 결국 방법을 찾아냈다. 신안리 줄포라는 곳에 한 어르신이 모종 신청을 했다가 몸이 편찮아져 담배농사를 포기하고 계셨던 거다. 나는 빌린 돈으로 담배모종을 사다 경운기에 여러 번 실어 날랐다. 결국 내 생애 첫 담배농사를 지을 수 있었다. 담배포를 들고 감정원 옆에 찰싹 붙어 잘 봐달라고 사정사정했다.

"잘 봐주소, 돈 없어 고등학교 못 갔십니더."

이 얘기를 100번은 한 거 같다. 한 포, 한 포 도장 찍을 때마다 얘기하고 또 얘기했다.

그때 처음 쥔 현금 그대로 아부지 다 드렸다. 그때부터 날품팔이, 막노동이건 돈 될 만한 건 다 했다. 5천원이든 1만 원이든 버는 대로 전부 다 아부지 드렸다.

한번은 농고 다니는 철수한테 부탁해 병아리 10마리를 구입했다. 방 안에서 박스안에다 전등을 달고 병아리를 넣었다. 사료 구해 먹이며 잘 키웠는데 다섯 마리나 죽었다. 뉴켓슬 병에 걸린 거다. 백신을 사다 사료에 섞어 먹여 그나마 다섯 마리는 살렸다. 다섯 마리가 따끈따끈한 알을 낳았다. 계란이 귀해 계란요리는 부잣집에서 먹었지만, 아부지에게 간간이 날계란도 드릴 수 있게 됐다. 금방 낳은 따끈따끈한 날계란의 앞뒤부분을 이빨로 구멍을 내어, 쪽 뻘아드시고는 몸보신됐다고 하셨다.

그리고 나머지는 모아서 장날에 내다 팔았다. 그 돈도 아부지 전부 갖다 드렸다. 친구가 토끼 새끼 한 쌍을 줬다. 토끼는 임신 기간이 한 달이었는데, 한번에 여러 마리씩 낳았다. 새끼를 낳았을 때 귀엽고 예쁘다고 만지거나 보면, 토끼가 제 새끼를 다 물어 죽인다. 그래서 필히 검은 천으로 가려줘야 했다. 그걸 모르고 자꾸 들여다봤다가 새끼 여럿 잃었다. 고기가 귀하던 때라 키워서 아부지랑 몇 차례 잡아먹었다. 개도 샀다. 3만 원 주고 강아지를 샀는데, 그 다음해에 새끼 낳아 팔려고 했더니 시세가 3천 원이라 했다. 손해만 봤다고 쓴맛 다시던 중 또 다른 데로 시선이 갔다.

초기자본 0원, 자연석 채취

자연석 채취였다. 개울이나 돌이 많은 곳에는 외지인들이 많이 몰리는 걸 발견했다. 자연석 애호가들이었다. 그날부터 괜찮다 싶은 돌은 주어다 집에 보관했다. 맨들맨들한 검은색 돌은 오석이라 하는데, 큰 것보다, 잘고 단단하며 가운데 구멍이 나거나 흰 점이 있으면 고가라는 말을 들었다. 그래, 초기 자본 0원으로 힘 안 들여 돈 벌 수 있는 길이구나 싶었다. 농사일이나 막노동보다 훨씬 나았다. 아니 나은 정도가 아니었다. 그걸로 그 전보다 훨씬 많은 돈을 아부지께 갖다 드렸다. 아부지는 찜찜해 하셨다. 나쁜 짓해서 돈 버는 건 안 된다 하셨다. 지천에 널린 돌 주워 수석 애호가에게 파는 일이니, 부정한 돈이 아니라고 나는 생각했다. 등산 모자 쓰고 배낭 멘 차림으로 곡괭이 들고 개울가에 어슬렁거리는 외지인은 백이면 백 내 고객이었다. 슬슬 접근해 말을 걸었다.

"좋은 수석 몇 점 있는데, 가서 안 보실라요?"

그러면 무조건 좋다고들 했다. 처음에는 별로인 돌부터 보여주며 흥정하다, 진짜 괜찮은 게 있다며 나중에 좋은 물건을 내보였다. 이건 좀 많이 받아야 하는 거라며 가격 흥정을 다시 했다. 원가 제로에 받는 만큼 남는 장사였다. 그때부터 장사가 재밌다는 걸 느꼈다. 그렇지만 그것도 수요와 공급의 법칙이 존재했다. 냇가에 있는 돌을 죄다 주어다 놔도, 늘 구매자가 나타나는 건 아니었다. 사겠다는 사람이 점점 뜸해졌다. 결국 다른 일을 찾았다. 농촌지도소에 가서 신품종이던 참깨 씨를 구해다 심었다. 직원에게 참깨 농사에 대해 이것저것 궁금한 걸 물었다. 농사 공법도 전해들었다.

이게 다 열일곱살 때 일어난 일이다. 동네에서는 그때부터 나보고 애 늙은이라고 불렀다. 리어카도 못 올라오는 산비탈에 집이 있었기 때문에 모든 건 지게로 옮겼다. 그래도 돈 버는 일이라 생각하면 전혀 힘든 줄 몰랐다.

"이억만 리 타국 땅에서 얼마나 고생이 많은가"

내가 초등학교 1학년 때 누나가 시집갔다. 누나의 최종학력은 초등학교 3학년. 큰 형님 결혼한 다음 해에 누나가 시집갔으니, 살림살이가 얼마나 곤궁했을지 알만하다. 그해 겨울에 누나의 결혼식이 있었는데, 아부지와 큰 형님 내외만 결혼식에 참석했다.

고참도 때려눕힌 깡다구의 매형

매형은 초등학교만 졸업하신 분인데, 분위기부터 남달랐다. 깡마른 체구인데도 눈에서 불이 번쩍 나는 게 예사롭지 않았다. 우리는 매형이라 안 부르고 새 형님이라고 불렀다. 안동댐 공사할 때 전기 공사를 하셨던 분이다. 거기다 해병대 225기라고 했다. 다들 군대 얘기에는 허풍이 많이 들어갔다고 하지만, 나는 우리 매형 얘기는 100% 다 믿는다.

학력은 낮지만 필체도 수려한데다 머리가 좋아 해병대 때도 행정병을 하셨다. 태권도 2단이었는데, 군대 휴식 시간에 시키는 거 많이 있다. 대련 말이다. 그런데 여기서 고참을 이기는 건 반칙이다. 당시 태권도 4단인 고참과 쫄병인 매형을 대련시킨 거다.

"지는 놈은 그날 죽는 날이라 하는 기다."

그날을 회상하던 매형은 정신이 아뜩했다 하셨다. 1대 1 대련이니 분명 한 명은 질 텐데, 이럴 거면시키질 말아야지, 속으로 투덜댔지만 별수 있겠는가. 이기고 싶어도 단수 차이가 많이 나는데다 고참이니, 여러모로 불리한 게임이었다.

"고참이라고 봐주면 더 죽이겠다 그러대."

시작과 동시에 4단 고참의 발차기에 매형이 꼬꾸라졌단다. 경기는 계속 속행. 에라 모르겠다, 재공격이 들어오는 틈에 살짝 비켜서, 고참을 옆차기와 돌려차기로 실신시켜버렸단다. 맞아 죽으나 졌다고 죽으나 이래저래 죽을 바엔 차라리 고참 때려눕힌 다음, 얻어터지는 게 나을 것 같았던 거다. 그때 난리가 났단다. 2단이 4단을, 그것도 쫄병이 고참을 그리 했으니 뒷일은 안 봐도 훤하다. 그런데 이게 웬걸, 그 뒤로 군 생활이 수월해지셨단다. 매형의 해병대이야기를 여러번 듣고 부터 나도 깡다구를 길러야겠다고 다짐을 하곤 했다.

외화벌이 위해 7년간 타국살이

매형은 결혼 후 타국으로 돈 벌러 떠나셨다. 갓난아이 둘과 누나는 안동에 셋방 얻어 살게 한 뒤, 네팔까지 돈 벌로 가신 거다. 총 7년 동안 두 번 가셨다. 네팔 쿠레카니 발전소와 사우디 주베일 신항만 공사에서 외화벌이한 산업역군이셨다. 휴가 올 때 처남인 나를 위해 스위스산 황금색 '라도.' 시계를 사오셨다. 중학교 다닐 때 하루도 빠짐없이 보물처럼 차고 다녔다.

 매형은 장인어른인 아부지께 그 먼 땅에서 편지를 부치셨다. 내가 아부지께 읽어드리면 아부지는 답장을 쓰라 하셨다. 당신이 불러주시면 내가 받아 적었다.

 "ㅇㅇ서방 보게나. 이억만 리 타국 땅에서 얼매나 고생이 많은가. 이곳의 처자는 조금도 걱정 말고 부디 몸 성히 잘 있다오게."

 아부지는 글은 몰랐지만, 지금 생각해보면 꽤 유려한 문장을 구사하셨던 것 같다.

 당시 나는 방학만 되면 누나 집으로 놀러갔다. 연탄불 위에서 지은 쌀밥 먹으며, 조카들이랑 놀다 오곤 했다. 누나는 반찬값 아낀다고 콩나물과 어묵, 김치 반찬 딱 세 개만 했었다. 뜨개질에 인형 눈알 부치는 일, 목걸이 알 끼우는 일 등의 부업으로 알뜰하게 돈을 모았다. 매형이 부쳐오는 돈도 차곡차곡 모아 집도 사고 살림도 늘려나갔다. 어느 날 누나 집 벽에 붙여진 표창장 두 개를 발견했다. 토목, 건축 개발 전문업체인 삼부토건 회장의 직인이 찍힌 상장이었다.

 '위 사람은 근면성실하고 타의 모범이 되어…'

 근로자의 날, 모범 근로자에게 주는 표창장을 매형이 받은 거다. 네팔과 사우디 두 군데에서 다 받았다. 누나는 그걸 액자에 넣어 벽에 걸어두고 남편에 대한 그리움을 삭히고 있었던 거다. 나는 표창장에 쓰여진 문구를 읽고 또 읽으며 매형 생각을 많이 했다. 한창 중동 외화벌이 붐이 일던 시절이었다. 남편이 피땀 흘려 벌어온 돈을 잘 모으는 집도 있었지만 춤바람에 가정 파탄 나는 일도 허다했다. 아무리 세상이 어지러워도 모범 근로자 상을 받는 매형처럼 나도 타의 모범이 되는 사람이 되어야겠다고 다짐했다.

7년의 외화벌이를 마친 후 돌아온 매형. 매형은 다시 택시운전사로, 누나는 은행 청소며 은행 구내 식당일로 두 아이의 뒷바라지에 헌신하셨다. 매형의 좋은 머리를 닮은 두 아들들은 모범적이고 성실하게 자라주었다. 큰 조카는 서울에서 약사로 일한다. 둘째 조카는 지방에서 치과를 개원한 의사다. 조카며느리 역시 전국 치과 전문의 시험에서 수석 합격할 만큼 머리가 좋다. 두 사람 다 박사학위를 딴 원장이다.

두 아들 공부시키느라, 부부는 집 전세 놓고 물도 제대로 안 나오는 농막 같은 곳에서 생활하셨다. 약대, 치대 보내느라 고생 참 많이 하셨다. 하지만 부모의 헌신적이고 모범적인 모습 덕에 두 아들은 세상 둘도 없는 효자가 되었다. 둘 다 성공해 부모님 집 지어주고, 수 천 만 원짜리 캠핑카 사주고, 매해 산삼이다 뭐다 지극정성으로 챙긴다.

중학교 때부터 지금까지 매형을 보면서 모범적인 삶이란 어떤 건지 배웠다. 요즘 멘토란 말을 많이 쓰는데, 유명인사까지 거론할 필요 없이 내 멘토는 줄곧 매형이었다.

목장주의 꿈은커녕 빚만 270만 원

　큰형님은 나보다 나이가 21살이나 많다. 황무지 개간을 위해 결혼 후 먼 곳으로 떠나 고생이란 고생은 다 했다. 몇 년을 농사에 헌신했지만 별다른 성과가 없자, 면소재지에 단칸방을 얻어 이사하셨다. 막노동부터 멸치 팔고 미역 팔고 고추 장사며, 뻥튀기 장사 등 별의별 일을 다 했다.

　형님이 살던 곳은 청송군 진보면이었는데, 진보 장날에 큰 장이 들어섰다. 그 지역은 고추 농사를 많이 지었다. 내가 열여덟 살 때, 고추 값이 폭등한데다 장사운도 풀려서 석달 만에 칠백만원을 버셨다. 그 돈으로 고래등 같은 기와집을 사셨단다.

연령정정신청 해프닝

　집수리해야 한다며 나더러 좀 도와달라는 전갈이 왔다. 일주일 동안 땅도 파고 화장실도 새로 짓는 등 열심히 도왔다. 어린 나이에 잔꾀도 안 부리고, 열심히 일하는 나를 형님은 좋게 보신 것 같다. 당시 형님은 운전 면허증이 없어, 다른 분과 동업을 하고 있었다.

"거기서 힘들게 농사짓지 말고, 나랑 장사나 하자."

형님의 제안에 나 역시 솔깃했다. 촌에 있으면 장가도 못 간다는 말을 하도 들었더니 내심 겁이 났던 터다. 당장 진보면에 있는 운전면허 학원으로 달려갔다. 상담하면 다음날 바로 등록되는 줄 알았다. 그런데 만 18세가 넘어야 가능하단다. 원래 열여덟 살이었는데 호적에 늦게 올린 탓에 내후년은 되어야 했다. 그날 바로 영덕읍 법원 근처의 대서소로 갔다. 뿔테 안경을 쓴 할배들 몇 분이 장기 두고 있다가, 나 같은 사람이 오면 서류를 대필해주는 곳이다. 아예 어매 뱃속에서 생기지도 않았을 65년 12월 25일로 나이 정정신청을 했다. 실제는 66년생이지만, 호적 나이가 67년 12월 25일 생이니, 법률 용어로 하면 사문서 위조 같은 죄에 해당될 거다. 어쨌거나 이를 위해 서류를 열세 통이나 준비했다. 영덕에 있는 대형병원에서 나이를 입증할 수 있는 치아 사진도 찍었다. 내가 태어났을 때 옆에서 아이 받아줬다고 거짓 증언할 두 명의 할매들에게 인감도장까지 받았다. 있지도 않는 내용을 만들어 서류 위조한 거다. 얼마 후 법원에서 우편물이 왔다. 연령정정신청은 특별한 사유 없음으로 기각한다는 내용의 통지서였다. 지금 생각해보면 당연한 결과다. 열여덟 살 애가 간도 컸다. 고추장사 해프닝은 그렇게 막을 내렸다. 그 후 형님은 직접 면허를 땄다.

소값 폭락으로 쪽박 차고

그동안 내가 번 돈으로 한우 암소 한 마리를 샀다. 드디어 내 소가 생긴 거다. 나는 영덕읍에 나가 시멘트 벽돌을 사서 비싼 운임주고 트럭에 실어왔다. 산에서 서까래용 나무를 마련해 함석지붕도 올렸다. 직접 내

손으로 세 마리가 들어갈 수 있는 우사를 지은 것이다. 빨리 돈 벌어 두 마리 더 사 채울 계획이었다. 마침 그 무렵, 정부에서 농민 살리기 정책 일환으로, 호주산 '헤어포드'라는 얼룩이 육우를 구입해 키울 수 있도록 저리 융자 혜택을 주고 있었다. 이때다 싶어 나도 신청해 세 마리를 구입할 수 있었다. 그렇게 총 네 마리의 소 주인이 된 것이다.

한우는 코뚜레를 뚫어 줄을 매서 길러도 아무런 문제가 없었다. 그런데 이 외래종들은 덩치 크고 힘은 장사라, 얌전히 있질 못했다. 집 앞 공터에 울타리를 치고 따로 기를 수밖에 없었다. 그런데 그 큰 덩치들이 멀쩡히 서있다가는 수시로 바닥에 나뒹구는 게 아닌가. 간질병인지 코를 질질 흘리며 자빠지는 거다. 여행독이 남았는지, 고향 호주에 대한 향수병이 생긴 건지 하도 비실비실해 그때마다 수의사를 불렀다. 어렵게 돈 벌어 안 쓰고, 안 먹고 모은 피 같은 내 돈이 치료비로 다 나갔다. 원래 모든 동물은 코가 촉촉해야 하는데, 소들의 코가 마르고 갈라지고 있었다. 한우와 달리 볏짚도 잘 안 먹었다. 비싼 사료 값에 약값에 돈이 탈탈 털렸다. 그렇게 1년을 버텼다.

소 값이 폭락했다. 한우는 본전의 반도 못 건졌다. 외래종은 완전 헐값에 넘겼다. 목장주의 꿈은커녕 완전 쪽박 찬 거다. 융자 받은 270만 원과 이자는 고스란히 빚으로 남았다. 당장 갚진 않아도 됐지만, 1년에 두 번씩 이자는 꼬박 내야했다.

보리밥으로 다져진 깡다구를 보여주마

당시 어리지만 나는 한 깡다구 했다. 한번은 동네 형과 남의 집 일하러 갔을 때였다. 축사 짓는 일이라 둘이서 2.5톤 트럭에 삽으로 모래를 실어주는 일이었다. 한 차 실어주고 나면 한 두 시간은 기다려야 갔던 차가 되돌아왔다. 기다리는 시간이 지루했다. 그 형은 나보다 여섯 살 위였는데, 농사로 잔뼈가 굵고 다부진 근육의 쌀가마니 같은 형이었다. 마침 TV에서 프로 씨름이 한창이었던 때다. 심심하던 차에 "한 판 하시죠. 형님." 했더니 안 하겠단다. 사실 그 형에 비하면 나는 햇병아리 수준이었다. 그런데도 형이 거절하니 괜한 오기가 발동했다. 내가 이기면 어쩔 거냐며 형을 살살 약 올리기 시작했다.

니 이겼다 해라

"그래, 인마, 한 번 해준다."

하더니 나를 번쩍 들어 올려 모래판에 냅다 꽂았다. 오기가 생겨 한 판 더 하자 했다. 그러자, 이번에는 아까보다 더 세게 내리꽂았다. 그렇게 스물세 판 동안, 나는 내리 스물 두 판이나 패대기쳐졌다. 원래 내 성정 자체가 남한테 지는 걸 싫어한다. 어떻게든 한 판이라도 이겨보려고 쌀가마니같은 형한테 덤벼본 거다. 당연히 연패로 체력은 바닥나고 입에는 게거품을 물고 있었다. 그런데 스물세 번째에 반전이 일어났다.

"에이 새끼, 니 이겼다 해라."

하면서 형이 나를 번쩍 드는 척 하더니 뒤로 주저앉은 거였다. 나는 만세를 불렀다. 그때 세상이건 운동이건 준비 없이 무턱대고 덤비면 안 된다는 걸 깨달았다. 그 당시 민속 씨름이 출범되고 이만기 선수가 천하장사로 이름을 날릴 때였다. 덩치도 그리 크지 않은 이만기 선수가 인간 기중기 이봉걸도 이기고 이준희도 이기면서 완전무적으로 승승장구했다. 이만기는 이봉걸과의 경기에서 몸을 옆으로 살짝 비껴 눈 깜짝할 사이에 상대를 제압했다. 기술을 쓴 거다. 그전까지는 주로 덩치 큰 선수가 이기는 판이라 별 재미가 없었다. 그런데 이만기가 등장하면서 씨름 관람이 재밌어졌다. 힘쓰는 것보다 기술이 훨씬 낫다는 생각이 절로 들었다. 나를 모래판에 스물두 번이나 내리꽂은 형을 이길 비책이 뭔지 그날부터 연구했다. 분명 내가 스물두 판이나 연패한 데는 이유가 있을 거다. 요즘 같았으면 스마트폰으로 찍어 원인 분석했을 텐데 아쉽다. 손상주 선수는 작은 덩치임에도 손기술이 좋았다. 그의 비기를 보니 오금당기기였다. 상대방의 오른쪽 다리를 잽싸게 낚아채고, 오른 어깨로 밀면서 무게중심을 잡고 있던 상대의 왼다리를, 내 오른발로 걸어 넘어뜨리는 기술이다. 바로 그거였다. 이 기술은 상대방을 모래판에 내리꽂는 것보다 강하다. 지는 사람의 등허리가 땅바닥에 닿으면서 이기는 사람의 무게까지 감당해야 한다. 뭐라 변명의 여지가 없는 완승인 것이다. 그 후 오금당기기와 함께 기존의 내 기술이었던 들배지기를 필살기로 준비했다. 들배지기는 씨름에서 상대편의 살바를 잡고 배 높이까지 들어 올린 뒤, 몸을 살짝 돌리면서 상대편을 넘어뜨리는 기술이었다. 분명히 써먹을 날이 있을 거라 기대하면서 말이다.

씨름으로 포상 휴가 받고

훗날 내가 군대에 입대한 후 기회는 찾아왔다. 대대 체육대회가 열린다는 거였다. 때는 취사병 말년 고참 때였다.

취사장 부근에 모래판이 있었다. 그때가 88올림픽 시즌이라 여가 시간이면 레슬링 연습하며, 당시 유행어였던 빠떼루를 외치곤 했다. 주의, 경고 등의 뜻으로 원래 발음은 파테르다. 레슬링 경기 중계 때 해설을 맡은 김영준 해설 위원이 "빠떼루를 줘야 합니다."란 말을 하면서 인기를 얻었었다. 시작 전부터 양팔과 다리를 벌리고 땅바닥에 바싹 달라붙어 있다, 그리고 시작과 함께 상대를 들어매칠 때, 이 말을 사용했었다. 체력 소모가 엄청났지만 우리는 참 많이도 했다. 한창 힘이 좋을 때니 당연한 일이었다. 늘 하는 놈들의 기술은 쉽게 노출되어, 나중에는 별 효과도 없었다. 반면 나는 달랐다. 취사장은 외진 곳에 있었기 때문에 나는 그들과 어울릴 기회가 별로 없었다. 당연히 내 기술은 노출이 안 된 상태였다.

덩치 큰 후임이 자기가 나가겠다 설레발 치자, "넌 내년에 나가 인마." 하며 내가 들어주지 않았다. 대신 말년 고참인 내가 1등해서 포상휴가 한 번 갈 셈이었다. 대대원은 350명이 넘었다. 그 중 씨름은 경기 중의 꽃이었다. 기동중대, 화기소대, 본부 등에서 힘깨나 쓴다는 놈들이 총출동했다. 심판은 취사장 직속인 보급 장교였다. 예선에서 일곱 명을 이겨야 본선 진출이 가능했다.

  예선 첫 판부터 만만찮다. 박상병 이놈은 대대에서 키가 제일 큰데다 몸무게도 100kg이 넘는 거구였다. 다행이 경기는 단판 게임이었다. 내 기술은 열여덟 살 때 연마한 필살기 두 개, 그리고 그 외 몇 가지 잡기술이 있었다. 하지만 나보다 덩치가 월등히 큰 상대를 들배지기로 이기는 건 어렵다. 그래, 오금당기기다. 호각 소리와 동시에 둘이 포개졌다. 거구의 배위에 내가 있었다.

"우와."

  박수소리와 함성이 터져 나왔다. 다음은 OP에 근무하는 말년 병장인데 나이가 이십대 후반이었다. 과거에 나랑 붙었던 쌀가마니 형이랑 비슷했다. 순간 스물두 판을 내리 꽂힌 기억이 떠올랐다. 힘으로는 안 될 것 같았다. 먼저 공격하고 들어오는 상대를 잡채기로 제압했다. 잡채기는 상대편을 들려고 할 때 쓰는 기술이다. 이때 상대편이 넘어지지 않으려고 밑으로 중심을 잡는다. 그러면 상대편의 다리 샅바와 허리 샅바를 왼쪽으로 당겨 넘기는 거다. 다음은 김 일병이었고, 그 다음은 내 동기들이었는데, 나오는 족족 내리꽂았다. 상대에 따라 오금당기기와 들배지기, 잡채기를 바꿔 썼다. 그렇게 일곱 명을 이기고 결승전에 올랐다.

  결승전에서 맞붙은 상대는 완전 쫄병이었다. 그런데 이놈 딱 봐도 만만치 않아보였다. 덩치도 나보다 훨씬 큰데다 어깨도 쩍 벌어지고 다부진 근육질인게, 누가 봐도 운동깨나 한 놈이었다. 알고 보니 대대 체육대회 축구 최우수 선수에 육상, 테니스 등 만능 스포츠맨 소리 듣던 놈이었다. 시작 호루라기 소리 울리자마자 내가 당했다. 결승전은 세 판이었는데 두 번째 판도 어이없이 내가 자빠졌다. 7명을 제패할 때의 기세는 온데간데없어지고 말았다.

2등이었지만, 말년이라는 이유로 포상 휴가 며칠 받을 수 있었다. 세상은 내가 최고인 듯 해도 항상 나보다 더 잘난 사람이 있다는 걸 염두에 두고 살아야 했다. 그래도 동네 쌀가마니 형한테 깡다구로 덤비고 기술 연마한 노력이 없었다면 결승진출 같은 영광은 누릴 수 없었을 거다. 그날 내가 나에게 큰 박수를 쳐줬다. 앞으로 살면서 깡다구와 기술, 이 두 가지는 꼭 잃지 말자는 다짐도 했다.

무모한 마라톤으로 얻은 교훈

열여덟 살의 나는 혈기왕성하고 기운이 뻗쳤다. 뭐든 다 해보고 싶었다. 그 무렵 맨발의 영광이라는 드라마가 방영 중이었다. 일제강점기 때 손기정, 남승룡 마라톤 선수가 맨발로 올림픽을 제패하던 모습을 담은 드라마였다.

마침 그때 내가 다닌 초등학교에서 운동회가 열렸다. 한번 열릴 때마다 동네 사람들이 다 몰리는 면민 체육대회 수준이었다. 나는 마라톤 대회에 출전하기로 결심했다. 나도 마라톤으로 인생 드라마 한편 찍고 싶었던 거다. 아무런 준비도 없이 추리닝에 운동화 신고 혈기만으로 무모하게 덤볐다. 면내에서 덩치 큰 형님들과 고등학교 육상부 애들까지, 뜀박질 좀 한다는 사내들은 전부 다 모여들었다. 단축 마라톤 10킬로미터였다. 나도 손기정, 남승룡 선수처럼 되지 말란 법 없다. 그래, 그 첫 번째 관문이 바로 오늘인 거다. 여기서 이겨야 면 대표로 군민, 도민 체육대회도 나가고 국가대표도 되질 않겠는가. 혈기왕성하고 무모한 열여덟 윤재갑은 총소리와 함께 몇 백 미터를 전력질주했다.

  1킬로미터까지는 선두에 있었다. 그때부터 옆구리도 쑤시고 다리도 아프고 죽을 맛이었다. 점점 앞 선수와 격차가 멀어졌다. 내 몸인데, 내 생각대로 안 움직였다. 다리엔 쥐가 나 뛰다 걷다를 반복해야 했다. 반환점은 1Km나 더 남아있었다. 그때 고등학교 마라톤 선수로, 경부역전 마라톤에서 경상북도 군 단위 우승을 거머쥔 내 친구 문기가 선두로 달리는 게 보였다. 나는 죽을 맛인데 이놈은 하나도 안 피곤해보였다. 한참 뒤에 2,3위 그룹의 건각들 10여명이 그 뒤를 이었다. 나는 이를 악물고 걷고 뛰고 해서 겨우 반환점에 도착할 수 있었다. 행사진행요원들은 이미 철수 준비 중이었다. 사정사정해서 겨우 팔뚝에 도장 찍을 수 있었다. 눈물이 절로 났다. 눈물에 가려져 선두는커녕 내 바로 앞 선수 등조차도 보이지 않았다. 그렇게 쩔룩거리다 포기할까 생각했다. 그런데 여기서 포기하면 부자의 꿈은 물론 윤재갑은 아무 것도 아닌 게 되었다. 그래, 힘을 내자. 감자 섞은 보리밥으로 키워온 깡다구가 어떤 건지 보여주자. 시상식은 다 끝나고 이미 다른 경기가 시작되는 중이었다. 운동장 트랙을 어떻게 뛰었을까? 보리밥 먹던 힘 다해 있는 힘껏 내달렸다.

  운동장에 있던 사람들이 웅성웅성거렸다. 본부석에 있던 면장님, 육성회장님, 관내 기관장님 등 관중들이 기립박수를 치기 시작했다. 열여덟 살 돈독 오른 촌놈의 깡다구에 운동회가 난리난 거다. 시상식은 이미 끝났지만, 나도 골인한 거다. 양은세숫대야를 상품으로 받고, 사람들과 악수하며, 대단하다는 칭찬과 덕담을 받는 등 내 인생 통틀어 최고로 큰 박수를 받았다.

이후 삼일 동안 오줌색이 샛노랬다. 입맛도 없는 데다 다리가 아파 거동도 힘들었다. 인생에서 결코 만만한 건 없구나, 그래도 절대 포기하면 안 되는 거란 교훈을 얻었다. 나에게는 그 어떤 경험보다 값졌다.

배신감이란 쓴 맛

당시 자연산 송이를 채취해 꽤 많은 돈을 벌었다. 그런데 송이는 아무나 채취할 수 있는 게 아니다. 시골 사람들 중에도 산의 기운을 타고 난 사람은 따로 있어 보였다. 바닷가에서도 고기 잘 잡는 사람들이 따로 있듯 말이다.

동네 형님이 송이 버섯산을 경매로 임대받게 되었다. 상속에서도 한참 더 들어가 산길로 30분을 올라가서 헬기장도 지나야 있는 산이었다. 송이 나는 기간은 추석을 전후해 그리 길지 않았다. 나는 일당을 받기로 하고 형님네 송이 산지기로 일했다. 그맘때가 되면 송이산마다 텐트를 치고 장정들이 지키는 일이 많았다. 심지어 사냥개도 동원되곤 했다. 단기간에 산골 송이 채취 기술자들이 큰 돈 만지는 때였다.

추수 전이라 농사철로 치면 한가할 때다. 경주에서 일하러 왔다는 형이랑 내가 한 조가 되었다. 산이 어찌나 험준한지, 꼭대기에 서면 아무것도 안 보였다. 아름드리나무와 하늘, 구름, 바람 한 조각밖에는.

텐트 대용 갑바를 치고 형과 나는 잠자리를 만들었다. 바닥에 비닐을 깔아 습기가 올라오는 걸 막았다. 본부에는 형님 내외가 있었다. 우리가 있는 곳에서 한 시간은 족히 걸리는 거리였다. 하루 삼시 세끼는 전부

본부로 가서 먹었다.

"밥 먹어라~."

본부서 형님이 부르는 소리가 우리 있는 곳에 희미하게 퍼졌다. 그래도 귀신같이 알아듣고 냅다 뛰었다. 그렇게 뛰어가면 15분 만에 도착했다.

보름동안 야밤에 송이 지켰는데

일주일이 지났다. 그런데 송이 소식이 영 안 들렸다. 송이 흉년이었던 거다. 경주에서 원정 왔던 형은 송이가 많다는 다른 산으로 갔다. 그 산꼭대기에서 나 혼자 덩그러니 남게 됐다. 멧돼지며 산짐승이 수시로 출몰하는 으스스한 곳이었다. 팔뚝보다 굵은 참나무 작대기를 뾰족하게 깎았다. 밤에 호신용 무기로 옆에 두고 자기로 한 거다. 보통의 깡다구로는 그곳에서 잠자기 힘들었다. 게다가 물 한 번 길어오려면 몇 백 미터는 되는 절벽을 따라 내려가야 했다. 그래야 겨우 말통에 하나 받아올 수 있었다. 졸졸 흐르는 샘물은 식수로만 쓰고, 목욕도 못하고 세수만 겨우 했다.

그렇게 보름을 산 속에서 텐트 생활했다. 밤낮으로 소나무 가지 위에 트렌지스터 라디오를 올려놓고 볼륨을 높였다. 외부 침입자들이 오지 못하게 늘 경계한 거다. 다행인지 불행인지 송이 흉작으로 조기 철수하게 되었다. 그런데 송이가 흉작이든 풍작이든 일꾼들 일당은 줘야 하는 게 아닌가. 이 형님 내외가 자기들이 완전 적자났다며, 보름치 일당을 못 주겠다고 하는 거다. 내가 보름 동안 산꼭대기에서 공포와 외로움에 떨던 생각을 하니 이가 갈렸다. 현찰 대신 마늘을 주겠단다. 값이 폭락해 팔수도 없는 마늘이었다. 이거라도 안 받으려면 말고. 완전 야바위꾼이 따로 없었다.

 울며 겨자먹기로 마늘을 받아왔다. 어매가 그 마늘을 이고 영덕장으로 팔러 다니느라 고생 많이 하셨다. 화가 나신 아부지가 당장 따지러 가자며 앞장서시는 걸 겨우 말렸다. 나라고 안 그러고 싶었겠냐만, 열 살이나 더 많은 형님에게 깡다구로 대들 수는 없었다. 하지만 그때 느낀 인간적 배신감은 이루 말할 수 없었다.

2만원 들고 서울 가는 날, 어매도 울고 아부지도 울고

상걸이 아부지는 새마을 지도자셨다. 농민신문과 새마을 신문이 그 집에 배달되었다. 아마도 정부에서 전국의 동장과 새마을 지도자에게 무료로 배포하는 것 같았다. 농업과 축산업 전반에 관한 선진기술 지도는 물론 성공 사례 같은 유익한 내용들이 많았다. 나는 상걸이 집에 들러 신문을 꼬박꼬박 읽으며 유용한 지식들을 습득했다. 그날도 신문을 들쳐보다 새로운 광고 하나를 보게 되었다. 그 광고로 내 인생이 크게 바뀌게 될 줄 그때는 몰랐다.

'열관리 기능사 2급 자격증 취득.'
앞으로는 기술자가 우대받는 세상이라는 문구와 함께 학력, 나이 제한 없고 취업 100% 보장이라고 써있었다. 각 빌딩, 건물마다 무조건 냉난방을 총괄하는 자격증 소유자는 필수다. 그러니 장래 유망 기술자격증이라는 거였다. 대문짝만한 기능사 자격증 취득 학원 광고와 달리 뒷면 작은 귀퉁이에는 공무원 준비 학원 광고가 실려 있었다. 그곳은 거들떠도 안 봤다. 바로 편지를 보냈다.

"저는 영덕군 지품면 속곡에서…"

열관리 학원 안내서가 집으로 날아왔다. 마음이 흔들렸다. 중학교 졸업식 다음날부터 나무 지게 지고, 3년간 죽도록 일만 했다. 남의 소 빌려 논밭도 쟁기로 갈고, 공사판에 나가 막노동도 했다. 남들 다 사는 오토바이도 안 사고, 고등학교 다니는 친구들이 수학여행 가서 설악산 흔들바위 앞에서 찍은 사진 보여줄 때도 복받치는 눈물도 참았다. 3년 동안 궂은 일 해 번 돈 중 10원 짜리 한 푼 안 쓰고 전부 아부지 드렸다. 아부지 빚 200만 원도 내 손으로 갚았다. 고등학교 안 보내줬다고 부모 원망해 본 적 한번도 없다.

하지만 세상은 무조건 참고 견딘다고 성공하는 게 아니란 걸 알았다. 소 값 폭락으로 떠안은 270만 원이라는 정부 융자금, 송이버섯 채취 때 받은 인간적 배신감 같은 일들이 나를 힘들게 했다. 속곡은 이제 내가 있어야 할 곳이 아닌 것 같았다.

속곡을 떠나다

"아부지, 서울 가서 꼭 성공해 오겠십니다."

아부지에게 큰 절을 올렸다. 어매가 보리 안 섞인 쌀밥을 고봉으로 해주셨다. 그걸 먹고 나갈 채비를 하는데, 두 분이 우신다. 옷 보따리 하나 들고 나가면서 자꾸만 뒤를 돌아보게 된다. 눈물 훔치던 어매가 어여 가라고 손짓했다. 돈 벌어 성공해 오겠다는 다짐으로 나는 손을 흔들었다. 신안까지 가는 내내 눈물이 멈추질 않았다.

1985년 1월 19일 신안 정류장에서 아침 일찍 직행버스에 몸을 실었다. 주머니에는 단 돈 2만 원이 전부였다. 청춘을 등에 메고 꿈을 등불 삼아 또 다른 세상에 도전해보는 거다. 안동 터미널에서 서울 마장동 가는 경기 여객 고속버스로 갈아탔다. 중간 휴게소에 들러 단팥빵과 베지밀로 깔딱 요기를 했다. 말 그대로 눈물 젖은 빵이었다. 오후 늦게서야 마장동 터미널에 도착할 수 있었다.

사람이 바글바글한 터미널 한켠에 익숙한 모습이 들어왔다. 지게꾼이었다. 농사짓다 올라온 것 같았다. 농사와 관련된 사람은 이제 쳐다도 보기 싫었다. 70번 버스를 타고 성남에 사는 넷째 형 집으로 향했다. 타고 내리는 사람들의 차림새나 머리 모양이 나와는 달랐다. 내 행색이 마치 북한에서 온 탈북자처럼 느껴졌다. 눈이 오고 난 후라 그런지 바닥도 질펀대고 버스 안이 지저분했다. 빵모자 쓴 안내양이 문을 탕탕 두드리며 오라이를 외쳤다. 창밖으로 보이는 가락시장의 공사는 마무리 중인 것 같았다. 드디어 성남에 도착했다. 형들은 아무 것도 모를 어린 나이에 피붙이 하나 없는 객지로 나와 얼마나 숱한 고생을 했을까. 그래도 나는 나았다. 열아홉 살까지 아부지, 어매 밑에서 교육 받으며 함께 있었잖은가. 게다가 중학교라도 졸업했고, 무엇보다 나이에 걸맞지 않은 세상 경험을 속곡에서 충분히 했다. 나는 새로운 생활이 전혀 겁나지도 무섭지도 않았다.

아부지가 일러준 가르침 10가지

서울 가기 전날, 아부지가 내게 전해주신 세상 가르침이 있었다. 아부지는 그날 많은 말씀을 하셨는데, 지금껏 내가 새겨듣고 실천하는 일들이다. 살아보니 뭐 하나 버릴 것 없는 명언들이셨다.

 1. 빨리 가려고 남의 농작물 밟고 가지 마라.
 -내 이익을 위해 남에게 해 끼치지 마라. 가축을 길러도 남의 농작물에 해 안 입히게 잘 관리해야 한다.

 2. 내가 안 좋은 걸 먹을지언정 남에게는 제일 좋은 걸 줘라.
 -안 주면 욕 안 얻어먹을 걸 주고도 욕먹는 일 생긴다.

 3. 받을 거보다 줄 것부터 챙겨라
 -줄 때는 항상 약속 날짜보다 하루, 이틀 먼저 줘라. 신용이 생명이다. 받을 때는 감사하게 받고 줄 때는 기분 좋게 줘라.

 4. 친구 집에 가서는 항상 부모님께 먼저 인사드려라.
 -아무리 친구가 보고 싶었어도 친구부터 찾지 마라. 부모님께 큰 절부터 올리고 친구 만나라.

 5. 항상 먼저 인사 하고, 볼 때마다 인사해라
 - 어린이건 어른이건 먼저 대접받으려 말고, 봤으면 먼저 인사하라. 열 번을 봐도 볼 때마다 인사하라.

 6. 자수성가하라.
 -부모한테 물려받은 건 재산이 아니다. 제 손으로 벌어야 돈 귀한 줄 안다.

7. 술 먹고 실수하지 말라.

-좋은 음식 먹고 실수하는 순간 폐인된다. 잔 수 헤아리며 술 마시고, 다 마신 다음에는 걸음걸이 조심하라.

8. 남의 것 귀한 줄 알라.

-짚 한 단도 남의 건 탐하면 안 된다. 빌려 쓴 농기구는 꼭 깨끗이 씻어 돌려주되 주인에게 감사인사 올려라. 설령 내일 다시 써야 한다 해도 일단 드렸다 다시 빌려라.

9. 남을 해코지 말라.

-때린 놈은 쪼그려 자고 맞은 놈은 다리 펴고 잔다.

10. 바른 길 걸으며 바른 생활하라.

-정도를 걷다보면 내 대에서는 아니더라도 자식 대에서 좋은 일 생긴다. 그것도 안 되면 손자 대에서 반드시 잘 된다. 그러니 덕을 쌓으며 살아라.

열관리기능사 자격증과 치킨

이틀 동안 형수가 해주는 밥을 먹었더니 슬슬 눈치가 보였다. 아무리 친형이라지만 월세 사는 형편 뻔했다. 다음날, 서울 사는 셋째 형이 왔다.

"뭐 해보고 싶은데?"

나는 막노동이라도 해서 학원비 벌고 싶다고 말했다. 열관리 학원 다녀 기술자가 되겠다고 말이다. 형이 대답했다.

"니 속곡서 그래 고생하고 서울까지 왔는데 노가다하면 쓰나. 기다려 봐라."

큰 형님한테 전화해서 학원비 좀 보태달라고 얘기할 참이라 했다. 큰 형님은 고등학교도 못 간 막내 동생이 아부지 빚도 다 갚아주고, 돈 2만 원 들고 서울 갔다는 말에 가슴 아파하셨다. 바로 학원비 20만원 보내줄 테니, 공부 열심히 하라고 하셨다.

학원비 해결은 됐지만 잠잘 곳이 문제였다. 셋째 형은 서울 구의동에서 월세 6만 원 하는 방에 살고 있었다. 여인숙을 개조해 만든 방 하나에 연탄 아궁이, 그리고 공용복도와 공용화장실 겸 세면대를 쓰는 곳이었다. 거기서 어린 조카 둘과 형수 네 식구가 살고 있었다. 아무래도 거기는 내가 얹혀 살 수 없을 것 같았다. 성남 형 역시 단칸방이니, 더 나을 것도 없었다. 그런데 다행히 옛날 구옥이다 보니 거미줄 쳐진 다락방이 하나 있었다. 형과 형수가 그곳을 깨끗이 청소해준 덕에 거기서 머물기로 했다.

그해 겨울은 유난히 추웠다. 그래도 전기장판 같은 건 꿈도 못 꿨다. 사실 그런 건 중요하지 않았다. 다락이든 어디든 눈 비 피할 수 있는 곳이 있다는 것에 감사했다. 바닥에 이불 깔고 하나 덮고 윗목에 요강을 두었다.

책 한 권 달달 외울 만큼 독하게

다음날 구로동에 있는 열관리사 자격증 취득학원에 갔다. 29일 뒤 시험이 있던 터라, 특강을 듣던지, 아니면 기다렸다가 3개월 정규반을 등록하던지 해야 했다. 내가 그리 여유 있는 형편도 아닌데, 3개월을 기다릴 수는 없었다. 바로 특강 등록을 했다.

드디어 공부 시작이었다. 우등상도 탔던 머리 아니던가. 3년 동안 쉬지 않고 불도저같이 일했고 기쁨도 좌절도 배신도 맛 본 나다. 맨땅에 헤딩이라면 누구보다 많이 해봤다. 학원 강의실은 450명은 족히 수용할 만큼 엄청난 크기였다. 잘 나가던 강사가 마이크 들고 열변을 토하고 있었다. 호기롭게 맨 앞자리에 앉았다. 그리고 두 주먹 불끈 쥐었다.

'니그들 다 죽었어, 나 인간 윤재갑이여.'

다른 수강생들은 거의 공고 졸업생 아니면 전문대학 졸업생 같았다.

딱 보아하니 나이도 내가 제일 어린 듯했다. 제대하고 서른 넘어 온 이도 꽤 있었다. 아무튼 다들 예비 보일러맨들이었다. 중졸 학력은 나뿐인 것 같았다. 강의는 두 시간씩 이어졌다. 오전 10시 강의를 들으려면 성남에서 8시에는 출발해야 했다. 형수가 해주는 아침밥을 먹고, 성남에서 구의역가는 버스를 탔다. 거기서 지하철 2호선을 갈아타고 신도림역으로 가서 인천 가는 국철을 또 갈아타고 구로역으로 가야 했다. 차비는 매일 아침 형수님이 주셨다. 왕복차비 하고 나면 딱 100원이 남았다.

학원 끝나면 12시, 성남에 오면 2시였다. 배가 고픈 정도가 아니라 꼬르륵 소리가 딴 사람한테까지 들릴 정도였다. 그래도 이게 어딘가. 낯선 서울 한복판에 몸 누일 형 집도 있고, 유명 기술 학원에 다니게 된 거다. 한 일주일 동안은 머리가 안 돌아갔다. 두꺼운 기술 서적은 중학교 졸업장이 전부인 내가 볼 수 있는 수준이 아니었다. 화학에 물리에, 공업용 전자계산기가 필수일 만큼 어려웠다. 책 두께 역시 29일 동안 끝낼 양이 아니었다. 하지만 해야 했다. 16절지 두꺼운 노트 한 권과 모나미 볼펜 한 자루를 샀다. 볼펜 심만 따로 한뭉치 더 샀다. 샤프도 샀다. 먼저 샤프로 읽고 쓰면서 공부한다. 그 위에 볼펜으로 한 번 더 쓴다. 밥 먹는 시간 빼고 밤 12시 넘어서까지 공부했다. 도중에 소변 마려우면 요강에 볼 일을 봤다. 이불을 뒤집어쓰고 자고 일어나면 요강의 오줌에 살얼음이 끼어있는 날씨였다.

일주일쯤 지나자 머리에 뭔가 스멀스멀 들어왔다. 드디어 공부머리가 터진 거다. 쓰고 외우고 풀고, 강의실에 가면 강사의 말 하나하나가 내 입에서 중얼중얼 나올 만큼 공부했다. 구정을 보름 앞 둔 시점이었다. 설 명절에 고향 갔다 제사만 지내고 다시 올라왔다. 그날 저녁에도 특강이 있었다. 형이 입던 골덴 마이를 걸쳐 입고 고향 다녀오는 길이었다. 멋내다 얼어죽는다는 말이 실감날 만큼 추웠다. 해가 저물어 갈쯤이었는데, 이 부딪히는 소리가 덜덜덜 나고 있었다. 손도 꽁꽁 얼었지만, 일부러 기술 서적을 손에 들고 다녔다. 나 이제 중졸에 농사짓는 촌놈 아니라는 걸 사람들에게 알리고 싶었다. 장래가 100% 보장되는 기술 학원생이다. 나 좀 봐줘, 이런 맘이었다.

1차 너끈히 합격하고 2차 물먹고

드디어 시험일이 다가왔다. 기술 시험은 거의 일요일에 공고에서 치러졌다. 셋째형과 같이 남산 부근에 있는 공고로 갔다. 80점이면 합격인데, 92점을 맞았다. 3개월 코스 정규반에서도 합격률이 30% 넘지 못하는 어려운 시험이었다. 그 시험을 29일짜리 특강 만으로 당당히 1차에 합격한 거다. 바로 2차 접수했다. 머리 싸매고 다시 죽기 살기로 공부했다.

어느 날 차비하고 남은 돈으로 학원 매점에서 컵라면이란 걸 샀다. 난생 처음 맛보는 거였다. 남들이 하는 것처럼 뜨거운 물을 받아 부었다. 배가 고파 눈알이 뒤집힐 판이라, 덮어두고 기다렸다 먹으라는 문구는 읽지도 못했다. 바로 나무젓가락을 들었다, 라면 한 덩어리가 통째로 잡혔다. 입에 넣어 씹으니 바삭바삭 소리가 나면서 다 부서졌다. 원래 그렇게 먹는 건 줄 알고 다 씹어 삼켰다. 국물도 후루룩 다 마셨다. 누가 이런 걸 만들었냐며 속으로 구시렁거리며 돈 아깝다 후회했다.

어느 날은 학원 마치고 남은 차비 100원으로 호떡이란 걸 사먹었다.

이 역시 생전 처음 맛 보는 거였다. 전철 내려 성남 갈 버스로 갈아타기 위해 쭉 올라가면, 역 입구에서 팔고 있었다. 한 개에 50원, 100원이면 두 개였다. 두 개를 먹고도 하나가 더 먹고 싶어 침이 넘어왔지만 참았다. 한동안 매일 먹었다. 둘이 먹다 하나 죽어도 모를 만큼 맛났다.

어느 날 구의동에 있는 형네 집에 간다고, 구의역에서 내렸다. 그 맛난 호떡 좀 몇 개 더 사먹어 볼 요량으로 잔머리를 굴렸다.

지하철 표 사용한 걸 다시 사용해볼 셈이었다. 그때는 집게 같은 걸로 꾹 집어 구멍을 내줬다. 전날 사용한 걸 안 버리고, 다락방에서 구멍 난 조각을 풀로 붙였다. 다음 날, 그 표를 얼른 내고 구의역 계단을 뛰어내려오는데 뒤에서 역무원이 '학생.' 하고 소리쳤다. 꼼짝없이 잡혔다. 지하철 표 값의 몇 십 배를 물어야 한다고 했다. 책 산다고 안주머니 깊이 넣고 다녔던 1만3천 원을 결국 건네야 했다. 큰일 났다. 2차 실기 시험을 보려면 책을 사야 하는데 말이다. 어쩔 수 없이 셋째 형을 찾아갔다. 형은 기사식당에서 세차 일을 하고 있었다. 고무장갑 낀 손으로 스펀지에 퐁퐁 묻혀 양동이에 풀어 세차하는 형을 보자, 차마 돈 이야기가 안 나왔다. 기어들어가는 소리로 겨우 사정 얘기를 하니 형이 물었다.

"얼매고?"

1만3천원이라고 하니, 꼬깃꼬깃한 천 원짜리 열세 장을 내밀었다. 세차 한 대하면 받는 돈이 500원이라고 했다. 스물여섯 대 세차한 돈을 받아온 거다. 형에게 신세까지 졌으니 2차 시험도 꼭 합격해야 했다. 나는 강사처럼 강의할 정도로 공부를 했다. 그 두꺼운 책을 다 씹어 먹겠다는 마음으로 독기 품었다. 그런데 행운의 여신은 내 편이 아니었다. 그 해

시험 난이도에 강사도 머리를 내저었다. 그 많은 수험생 중 합격했다는 소리를 못 들었다. 나 역시 그 중 한명이었다.

그러나 나는 포기 같은 거 몰랐다. 다음 시험 때까지 시간이 꽤 있었다. 이제 누구한테 손 벌리는 것도 창피했다. 학원비고 용돈이고 전부 내가 벌기로 했다. 건물 벽 타일 공사 현장에 보조로 갔다. 준공일을 맞춰야 해 철야 작업한다고 했다. 지게라면 자신 있었지만, 질통 지고 3층, 4층 올라다녀야 했다. 시멘트와 모래 섞은 걸 지고 철제 난간을 오르내리는 일은 위험했다. 지금이야 안전제일 주의지만 그때는 그렇지도 않았다. 발이라도 헛디디면 대형사고 감이었다. 뜬 눈으로 밤을 새니, 아침에 코에서 뜨끈한 게 흘렀다. 코피였다. 젊은 나이에 코피가 대수겠냐 했다. 돈은 며칠 있다 받으러 오면 주겠다고 했다. 그런데, 약속된 날짜에 가니, 공사대금을 받은 업주가 날랐다는 게 아닌가. 눈앞이 아찔해졌다. 시골에서 당한 배신감에 치를 떨며 올라온 서울이었다. 그런데 여기서 또 같은 일을 당한 거라 생각하니 울분이 터졌다. 이후 몇 번을 찾아갔지만 끝내 받지 못했다. 서울이 무서운 곳이란 걸 실감했다. 결국 집수리에 술집 철거 현장 따라 다니며 닥치는 대로 일해, 학원비와 용돈을 벌었다. 구의역 밑 리어카에서 해삼과 멍게, 소주 파는 장사도 셋째 형과 같이 했다.

치킨이란 게 이런 거구나

나는 그때까지 치킨을 먹어본 적이 없었다. 치킨이 뭔가, 닭고기 자체가 엄청 귀했다. 속곡에 있을 때는 부잣집 제사 때나 통째로 찐 닭 보면서 군침만 흘렸었다. 우리 집에서는 딱 한 번 매형 오신 날 먹어봤다. 가마솥에 닭을 삶은 다음 고기를 쭉쭉 찢었다. 불린 쌀을 고기와 함께 넣어 죽처럼 끓여, 소금으로 간해 먹었다. 토종닭 한 마리를 열대여섯 명이 먹었던 것 같다. 그러니 일인당 고기 몇 점도 안 됐다. 그래도 그날이 몸 보신하는 날이었다. 고기 먹었다고, 왠지 얼굴에 기름이 잘잘 흐르는 것 같아 만족스러웠다.

형이 어느 날 공부만 하면 머리 아프다고 나더러 자전거 타로 바람 좀 쐬고 오라했다. 그러면서 한마디 덧붙였다.

"치킨 한 마리 사온나."

그날 처음 치킨이란 단어를 들었다. 녹이 꽤 쓴 삼천리 자전거 페달을 부푼 가슴으로 밟았다. 모란 시장 가기 전에 치킨가게가 있었다. 가마솥 안에서 식용유가 부글부글거리자, 금세 반죽한 닭 한마리를 빠뜨려 노릇하게 튀겨냈다. 망으로 건져 기름기 툭툭 털어 낸 다음, 봉지에 담아줬다. 채친 양배추에 미국 고추장인 케찹도 꾹꾹 짜줬다. 그걸 들고 올 때는 자전거 페달을 더 세게 밟았다.

처음 먹어보는 치킨은 말이 필요 없었다. 이런 걸 먹기 위해 돈을 버는구나 싶었다. 형이 내게 맥주를 건넸다. 이제 나도 술 마실 나이니 먹어도 된다 그랬다.

"자격증 따기 전까지는 절대 술 같은 거 안 먹는다."

나는 술 대신 코카콜라 한 잔을 원샷했다. 세상 부러울 게 없는 날이었다.

중졸 촌놈, 스물한살 기관장 되어 금의환향

다시 도전한 2차 시험에 합격했다. 열관리기능사 2급 자격증을 마포에 있는 직업 훈련 관리 공단에 가서 받았다. 날아갈 듯 기뻤다. 나도 이제 당당한 국가 기술 자격증 소지자라고 마음속으로 크게 외쳤다. 하지만 자격증 따면 전원 취업 시켜준다는 학원 광고는 새빨간 거짓말이었다. 열관리기능사 2급 자격증을 땄지만 취업할 곳이 없었다. 셋째 형이 포장마차 할 때였다. 포장마차 손님에게 부탁해 겨우 일자리를 구할 수 있었다. 다행히 숙식 제공이 되는 곳이었다. 기관실이라는 곳이다. 건물의 지하에는 여지없이 보일러실이라는 게 있다. 대형 보일러가 거기 있다. 전기실, 냉동기 같은 기계들은 지하 2층이나 3층에 대개 있다.

훌륭한 사수 밑에서 일하게 된 행운

나의 사수인 기관장은 대단한 분이었다. 내가 스무살 때, 마흔 다섯의 베테랑이셨는데 실향민으로 거의 천재 수준이었다. 독학으로 경기고등학교를 졸업하고 연세대학교에 합격했지만 돈이 없어 학업을 포기하셨다. 당시 TV에서 프로야구 중계가 될 때면 야구용어를 영어로 써가며 심판이나 규칙을 내게 알려주셨다. 종이에 그림까지 그려가면서 설명할 정도로 열성적이셨다. 유명 정치인이나 이름 깨나 알려진 사람들이 매스컴에 등장하면 저 놈은 내 후배고, 저 놈은 내 동기라는 말도 참 많이 했다. 이런 분이 사수라는 게 자랑스러웠다. 우리는 늘 직원식당에서 함께 밥을 먹었다. 스텐 공기 하나로는 간의 기별도 안 갔다. 내가 아쉬운 표정을 보이자 식당 아주머니가 한 주걱 더 퍼주려는데 기관장님이 그러신다.

"머리 나쁜 놈들이 밥을 많이 먹는다네."

농담인지 진담인지 모르겠지만 그 분 말이니, 따르는 게 맞다고 믿었다. 결국 배불러 더는 못 먹는다며 마다했다. 그러고 나서 혼자 몰래 구멍가게로 가 호빵에 바나나우유를 사먹곤 했다.

취직한 지 열흘이 지났을까? 비상이 걸렸다. 기관장님이 당뇨합병증으로 쓰러지신 거다. 보름 동안 병원에 입원하셔야 했다. 나는 기계며 전기며 그 어떤 것도 파악이 안 된 상태였다. 자격증만 땄지 실전에서는 햇병아리나 마찬가지였던 거다. 내가 일하던 건물은 보일러가 24시간 가동하기 때문에, 늘 기술자가 상주해야 했다. 보름동안 거의 새우잠 자며, 죽을 욕을 봤다. 하지만 무사히도 나는 그 일을 잘 해냈다. 그 모습을 보고 건물주가 나를 신뢰하기 시작했다. 막 들어온 스무 살 초짜가 그것도 혼자서, 마흔 다섯의 베테랑 기관장 역할까지 해낸 걸 봤기 때문이다. 그 분이 그러셨다. 빨리 배워서 기관장 하라고.

이후 퇴원하신 기관장님께 이것저것 가르침을 많이 받았다. 퇴근 후에도 그곳에서 먹고 자던 나는, 건물 도면을 보며 몇 시간씩 공부하곤 했다. 새로운 것을 알아갈수록 재미있었다. 방바닥 동파이프에 물이 새면 시멘트를 다 뜯어 기어이 물새는 곳을 찾아냈다. 그리고 어떻게든 고쳐냈다. 보일러실은 전기며 상하수도, 전화 심지어 양변기가 막혀도 뜯어 고쳐야 했다. 한번은 막힌 양변기를 뜯었는데 아무리 봐도 원인을 알 수가 없었다. 결국 양변기를 뒤집어 놓고, 배수구를 해체해 안에 있던 이물질을 끄집어내기로 했다. 사기 재질인 양변기의 자를 위치를 확인하고 휘발유를 묻힌 굵은실에 불을 부쳐 자를 위치에 대고 있으면 변기에 열이 가해졌다. 굵은 실의 불을 끈 후 찬물을 부으니 짝 하고 양변기가 갈라졌다. 안에서 쌍화탕 병이 나왔다. 원인 분석을 안 하고 그냥 넘어가면 다음에 똑같은 일이 발생해도 오리무중이라고 기관장님이 말씀하셨다. 맞는 말이었다. 나는 그 분의 수제자가 되기로 작정하고, 시키는 건 무조건 다 했다. 그분은 내게 이런 일 하기엔 머리가 아깝다며 안쓰러움 묻은 칭찬을 해주셨다.

그 후 기관장님의 배려로, 일하는 중에 위험물취급기능사 2급과 방화관리자 자격증 학원을 다닐 수 있었다. 모든 시험에 1, 2차 낙방 없이 바로 자격증을 손에 넣었다.

서울 가기 참 잘했다

취직 후 1년이 지났을 때, 기관장님이 회사를 관두게 되셨다. 회사에서는 나더러 기관장을 하라 했다. 대우는 사수와 같았다. 그렇게 스물한 살에 기관장이 되었다. 월급도 꽤 많이 받았다.

기관장이 되고 얼마 후에 고향엘 내려갔다. 서울 물 좀 먹었다고, 얼굴에 기름이 올랐을 때다. 소주 뒷병짜리랑 5천 원짜리 솔담배 한 보루, 그리고 돼지고기 한 근, 어매 드실 사탕 큰 걸로 한 봉지를 샀다. 양손 무겁게 들고 괜히 주변을 두리번거렸다. 혹시 동창이라도 만나면 서울 물 먹는다고 자랑하고 싶어서였다. 신안에는 여전히 낯익은 얼굴의 택시 기사님들이 손님을 기다리고 있었다.

"재갑이, 서울 갔다더니 얼굴이 훤해졌구만."

서울에서 뭐하냐고 묻길래 기다렸다는 듯, 자격증 따서 기관장 되었다고 말했다.

"자네, 속곡에 있을 때부터 뭐가 되도 될 줄 알았지. 산골에 있을 사람은 아니었어."

입에 침이 마르도록 칭찬을 해준다. 혼자 그것도 대낮에 택시 뒷자리에 타서, 칭찬세례를 받으니 기분이 우쭐했다.

아부지께 큰 절을 올렸다. 돼지고기 굽고, 소주를 잔에 따라드렸다. 그때 진짜 서울 가길 잘 했다는 생각이 절로 들었다. 아부지는 벌써 이른이 넘으신 지 오래였다.

선녀와 나무꾼

　강남의 역삼동 국기원 옆에는 국립도서관이 있었다. 그 바로 밑에는 대형 영어 학원이었다. 캄캄한 새벽, 보일러실에서 기계를 가동하고 난 다음 나가보면, 가로등 불빛 아래 엄청난 인원들이 수백미터씩 줄을 서 있곤 했다. 도서관과 영어학원에 가기 위한 줄이었다. 저 사람들 모두 깜깜한 새벽부터 공부에 열을 올리는데, 나도 뒤처지면 안 되겠다는 생각이 들었다. 자격증 몇 개에 인생을 걸 수는 없었다. 그래, 검정고시 준비해 방통대에 입학하는 거다. 수십만 원씩 하는 교재와 카세트 테이프를 구입하기로 하고, 계약금을 냈다.

지금의 아내를 만나다

　그런데 그때 예상치 못한 인연을 만나게 될 줄야. 당시 회사 직원 식당의 주방장이셨던 지금의 장모님이 날 눈여겨보셨던 거다. 성실한데다 월급도 많이 받는 나를 미래 사윗감으로 찍어두셨다는 걸 나중에 알게 되었다. 지금의 아내는 당시 고등학교 3학년이었다. 장인어른이 일찍 세상을 뜨셔서 남동생하고 장모님하고만 단출하게 살고 있었다.

"오빠 동생하면서 편하게 만나보게."

그때 내 나이 스물두 살, 봄이었다. 겨울이 유난히 춥더니 이렇게 따뜻한 날이 오려고 그랬나보다. 촌놈이 서울 와서 자격증 따 취직한 이후에도 일만 하느라 여자 구경도 못해봤다. 만나자 마자 눈이 번쩍 뜨였다. 선녀를 만난 나무꾼이 이런 심정이었겠구나 싶었다. 게다가 상대는 고등학교 3학년생이었다. 착하고 성실하게 사니까 하늘이 나한테 진짜 선녀를 내려준 것만 같았다. 여러 번 볼 필요도 없이 첫눈에 반해버렸다. 고급 레스토랑에 가서 칼질도 하고, 영화도 보고 여의도 광장에서 자전거도 탔다. 구름 위를 걷는 기분이란 게 이런 거구나 싶었다. 검정고시 교재와 비디오테이프는 계약금만 날리게 되었다. 공부가 머릿속에 들어올 리 없었다.

아내를 만나기 전 해에 신체검사를 했었다. 1등급이었다. 하지만 중졸 학력은 현역입영 대상자가 아니다. 게다가 고향인 영덕 지역은 동해안 취약지구라, 지역 방위란 명목으로 지원병 아니면 거의 방위병으로 군 복무했다. 입영 날짜는 1987년 8월 7일 한여름이었다.

회사의 넓은 주차장에 전 직원이 다 모였다. 불 피워 한식 주방장님이 직접 돼지갈비 양념 재워 구운 고기로 환송을 받았다. 2년 반 동안 서울살이하는 동안 늘어난 짐이 큰 가방으로 네 개나 되었다. 호적 생일이 늦어 친구들보다 입영 날짜가 한참 늦었다. 벌써 제대한 친구도 있었다. 나도 더는 지체할 수 없는 상황이었다. 고향으로 먼저 내려갔다 며칠 후에 입대해야 했다. 하지만 발걸음이 쉽게 떨어지질 않았다. 생전 처음으로 여자 친구란 게 생겼다. 게다가 고3이다. 맘이 영 놓이질 않았다. 지금의 아내는 당시 나를 오빠라 불렀다. 그녀가 성남에서 안동까지 나를 배웅해주겠단다. 큰 가방 네 개를 나눠들고 모란터미널에서 안동행 버스를 탔다. 이제 몇 시간 후면 헤어져야 했다. 고속버스 안내양의 눈치가 따가울 만큼 우리는 소곤소곤 애정 섞인 말들을 주고받았다.

짐 보따리는 선데이 서울 잡지 파는 아지매한테 잡지 한 권 사고, 잠시 맡겼다. 그리고 터미널 앞 백반집에서 점심을 먹었다. 지금같으면 안동한우나 안동찜닭 같은 걸 먹었을 텐데, 그때는 그런 것도 없었고 사먹을 줄도 몰랐다. 그래도 오누이는 뭘 먹든 그저 둘이 함께란 사실이 즐겁고 좋았다. 동생에게 성남 가는 버스표를 사주고, 차에 다시 태웠다. 버스가 떠나갈 때까지 손을 백번도 넘게 흔들었던 것 같다. 영덕 가는 직행버스에 홀로 쓸쓸히 올랐다. 서울에서 가져온 보따리 네 개와 함께 나는 국방의 의무를 다하고자 고향으로 향한 거다.

취사병으로 인생이 180도 달라질 줄야

 몇몇 동네 친구들의 환송을 뒤로 하고, 머리 빡빡 밀고 훈련소에 입소했다. 무더위가 기승을 부렸다. 가뭄이 심해 연병장에는 흙먼지가 뿌옇게 올라오고 있었다. 탈진한다고 천일염 푼 소금물 한 바가지씩 들이키란다. 그것도 서로 먹겠다 줄을 서느라 동작 느린 사람은 한 번밖에 먹질 못했다. 한 내무반에 40명이 넘게 배치되었다. 동창도 있고 후배도 있었는데 개중에는 서울 유명 대학 재학생도 몇 됐다. 조교가 들어오더니 A4 5장 앞뒤로 '나의 성장기.'에 관한 주제로 글을 쓰란다. 옆을 보니 다른 놈들은 반 페이지도 못쓰고 어쩔 줄 몰라 한다. 나는 손가락을 푼 다음 5장 앞뒤 빽빽하게 채워 제일 먼저 제출했다. 조교가 그런 나를 쳐다봤다, 그의 표정이 말하고 있었다.

'이놈이 중졸이란 말이지?'

 글 좀 쓴 덕에 조교 행정 보조병으로 선풍기 바람 맞으며 훈련소 생활 편히 마칠 수 있었다.

 그런데 자대에 오니, 또 쓰라고 종이를 돌렸다. 결국 거기서 쓴 내 글이 중대장, 대대장에게까지 전해졌다. 대대에 소문이 났다. 윤재갑이 대체 누구냐면서 말이다. 윗분들이 읽어보고, 힘든 상황에서도 좌절하지 않고 열심히 살았다면서 앞으로도 그런 태도로 살면 성공할 거라는 격려를 해주셨다. 대대장님의 지시로 방위병 중 꿀보직이라는 취사병으로 근무할 수 있게 됐다. 지금의 윤재갑이 있게 된 결정적 계기가 그때 마련된 것이다. 그것도 아부지, 어매가 있는 고향에서 말이다.

윤재갑이 한 게 유난히 맛있다니

때는 제5공화국 말기였다. 노태우 전 대통령 선거다 뭐다 해서 부대에서는 툭하면 체육대회며 경노잔치를 열었다. 근무하는 동안 취사장에서 돼지를 다섯 마리는 더 잡은 것 같다. 말이 취사병이지, 사회에서 요리하던 요원은 거의 전무했다. 요리 초짜들만 모인 셈이다. 음식은커녕 돼지 한 번 잡아본 사람 없었다. 한번은 잡으려는 돼지가 도망가는 바람에 중대장님이 총으로 잡은 적도 있다. 병력 십여 명이 돼지를 나무로 누른 다음, 칼로 목을 따면 그야말로 돼지 멱따는 소리가 나곤 했다. 고기는 털을 민 다음 뭉텅뭉텅 썰어 대형 가마솥에 넣고 끓였다. 무랑, 두부, 대파, 마늘, 고춧가루 넣고 벌겋게 끓이는 경상도 돼지국밥 식이었다. 우리 동네 잔칫날 보던 그 고깃국이었다.

한번은 월남 갔다 오신 주임상사가 나보고 돼지머리를 누르란다. 할 줄 모른다 했더니, 삶은 다음 쌀자루에 담아 누르란다. 시키는 대로 했는데 영 아니었다. 원래는 뼈를 다 발라내고 살만 추려 누르는 게 맞았다. 주임상사도 뭘 모르고 지시한 거다. 우리가 누른 돼지 머리는 뼈와 살이 굳은 채로 엉켜 아무 것도 할 수 없었다. 그날 우리 모두 죄다 얻어터졌다.

예비군 동원훈련 한 번씩 할 때면, 천 명이 넘는 병력의 식사를 스무 명이 넘는 병력으로 준비한다. 고참이 된 이후, 그 병력을 통솔하며 대량 취사를 참 많이도 했다. 어떨 땐 한 끼에 쌀을 두 가마니 반씩 할 때도 있었다. 쌀 씻은 물만 허옇게 개울을 메우는데 아마 적군이 봤으면 지레 겁먹고 자결했을지도 모른다. 고정식, 이동식 대용량 취사 트레일러나 석유버너 등 기계들도 자주 만져야 했는데, 기술 자격증과 보일러실 경력이 많은 도움이 되었다. 게다가 취사병들은 웬일인지 내가 한 음식이 제일 맛있다했다. 간부들도 내 음식 맛을 칭찬했다. 분명 똑같은 재료와 양념으로 요리하는데, 왜 내가 한 음식만 맛있다 하는 걸까 신기하면서도 뿌듯했다. 그리고 이상한 희열이 생기면서 자꾸만 요리가 하고 싶어졌다. 내가 요리에 취미와 소질이 있었던 거다. 실제로 엄청난 양의 김치며 깍두기를 매일 담궜다. 군대는 양념이 부족했다. 배추가 비쌀땐, 대신 양배추로 담그고, 고춧가루가 부족하면 깍두기용 무 하나에, 고춧가루 두어 점씩 발라 허옇게 해보는 등 다양한 경험을 했다. 대량의 잡채, 볶음밥도 해보고, 밥은 찌는데, 경험이 쌓이니 손 안 대보고도 물을 맞출 수 있었다. 그렇게 18개월의 방위 복무를 마치고 1989년 2월 1일 소집 해제됐다.

4장
장사인생 1막

예비 장모님, 예비 신부와 큰일 벌이기
딸, 아들 낳고 고급승용차 타고
손 쓸 새도 없이 어퍼컷 맞고 완패
강남으로 가보자!
만두 배우던 수련생, 슈퍼맨분식 인수하다
자유로운 영혼의 배달원들 때문에 노심초사
주식으로 딱 '띠뱃'만 벌어야지
남의 가게 주방 보조로 새 출발
윤재갑양심칼국수로 재기 도전

예비 장모님, 예비 신부와 큰일 벌이기

제대하자마자 여동생이 있는 서울로 올라왔다. 그동안 심적 변화가 컸다. 기술자가 되기 위해 죽을힘 다해 공부했지만 이상하리만치 허전했다. 취사병으로 요리하며 느꼈던 손맛과 희열이 잊혀지질 않았다. 하지만 어렵사리 자격증 따고 어린 나이에 기관장이 되어 높은 연봉을 받던 자리 아닌가. 이제 와서 요리배우겠다고 남의 식당에 보조로 취직하는 건 누가 봐도 미친 짓이었다. 예비 장모님이 고3 여동생을 소개해준 것 역시 탄탄한 직장 때문이었고, 여동생 역시 내 직업을 자랑스러워했다. 어려운 살림에 나를 뒷바라지 해준 형님들에게도 차마 요리하고 싶단 말을 할 수 없었다.

재취업 전이므로 아르바이트 삼아 형이 하던 나전칠기 세공 일을 며칠만 해보겠다 했다. 그런데 그 또한 장시간 가만히 앉아 하는 일이라 힘들었다. 허리도 아프고 목도 결리고, 안 아픈 데가 없었다. 일당을 준다 했지만 미안하다는 말만 하고 3일 만에 관뒀다.

그때 즈음 입대 전에 일하던 회사에서 연락이 왔다. 파격 조건이었으니 안 갈 이유가 없었다. 하지만 왠지 맘이 자꾸 흔들렸다. 평생 월급쟁이로 더군다나 지하실에서 기계나 기름 만지며 사는 건 따분했다. 방위병 시절 그 많은 양의 요리를 해냈을 때의 짜릿함이 떠올랐다. 마음이 복잡해졌다.

그 시절, 업무상 기계나 전기 부품 구입 차, 세운상가나 동대문을 간간이 다녀오곤 했다. 그때 내 시선을 잡아끈 게 있었는데, 리어카에 파라솔이나 천막을 치고 파는 토스트 장사였다. 호기심에 한번 사먹어 봤는데 참 맛있었다. 어떤 곳은 한참을 줄서서 기다려야 먹을 수 있었다. 그 뒤부터 일부러 강남역 부근을 수시로 나가봤다. 출근길 아침, 수많은 사람들이 그 길을 스쳐갔다. 저들 중 아침 먹고 나온 이는 얼마나 될까. 시간 날 때마다 중앙시장 등을 돌아다니며 토스트 리어카를 맞추는데 돈이 얼마나 들지 견적을 내보았다. 보일러실에서 일하면서 투잡을 하면 어떨지 궁리했다. 그래, 내 밑에서 일하는 기사도 있겠다, 강남역 인근 중, 유동인구 대비 토스트 장사가 없는 곳에서 출근시간 두 세 시간만 바짝 장사를 해보는 거다.

기관사 관두고 토스트 장사로 새 출발

그때 내 나이 스물넷이었다. 마음이 자꾸 거기에 머물다 보니, 오래 전 새마을 신문을 보며 키웠던 열관리사라는 직업에 대한 열정은 서서히 식어가고 있었다. 그때 즈음 나를 장래 사위로 점찍으신 지금의 장모님은 분식집을 운영하고 계셨다. 직원 세 명의 월급을 주며 가리봉동에서 일 년째 장사해오고 있었던 거다. 하지만 빚으로 시작한 장사라 이자내고 월세랑 직원 월급 빼면 남는 것도 없다 하셨다. 결국 가게를 처분하시겠단다. 그때 곰곰이 생각했다. 새로운 기회일까, 무모한 도전일까. 답은 제법 빨리 나왔다. 뭐든 나 하기 나름 아니겠는가. 고정월급 받는 것보다, 내가 하고 싶은 요리로 대박이 난다면 분명 후회 없는 선택이 될 것이다. 예비 장모님과 동생에게 동의를 구했다. 결국 우리는 합심해 일 한번 크게 벌려보기로 했다. 당시 동생은 서울의 유명 백화점에서 근무 중이었다. 이참에 둘 다 직장 관두고 장사다운 장사 한번 해보자한 거다. 그렇게 둘 다 며칠 만에 새로운 인생을 위해 두 팔 걷어붙였다.

안정된 직장과 매월 들어오는 고액의 월급을 포기하고 야심차게 시작한 장사였다. 하지만 막상 뚜껑을 열어보니 난감했다. 메뉴가 40여 가지 넘었지만 내세울 건 하나도 없었다. 장모님의 주방장 경력이라 해봤자 직원식당과 얼마간의 분식집 주방 보조가 전부였다. 일단 월세라도 벌어볼 심산으로 눈여겨왔던 토스트 장사를 해보기로 했다. 보일러실에서 일하며 치밀하게 계획한 대로 해보는 거였다. 중앙시장에 가서 천막 단 리어카를 구입했다. 토스트 장사 용도라 하니, 알아서 가스시설까지 설치해줬다. 직접 거리로 나가기 전에 실전 연습이 필요했다. 계란 깨고, 양배추와 당근을 채 썬 후에 소금 뿌려 부친다. 마가린에 구운 식빵에 계란 부친 걸 끼워 넣는다. 마지막으로 설탕이나 케첩을 뿌리면 완성이다. 분식집 주방에서 하루에도 수십 번 이 과정을 연습했다.

드디어 새벽 다섯 시, 집에서 출발해 캄캄한 새벽에 리어카 끌고 강남역으로 나섰다. 강남역 목화예식장 쪽이었다. 전날 미리 챙겨둔 빵과 우유를 동생과 내가 나눠들고 나갔다. 그렇게 연습을 했는데도, 손님이 오자 손이 덜덜 떨렸다. 나는 굽고 동생은 포장하고 계산했다. 신기하게 손님들이 맛있다며 점점 줄을 서기 시작했다.

캄캄할 때 시작해, 정신없이 팔다보면 해가 떴는지조차 잊곤 했다. 준비해간 재료들은 거의 매일 동이 났다. 직장인들 출근 시간에 맞춰 한두 시간 정도 반짝 하는 장사였다. 비가 많이 내리는 날은 하루 쉬기도 했다. 그러면 다음날 어제 왜 장사 안 했냐며 단골들이 볼멘소리를 했다. 어제는 아침도 못 먹고 출근했다면서 말이다. 술파는 것도 아니고 아침 장사 반짝 하는 거라, 시비 붙을 일이 있을 거라곤 생각도 못했다. 그런데 간혹 공무원들이 몇 시까지 치워야한다고 주의를 줄 때도 있었다. 장사를 마치고 리어카 주차하는 일도 문제였다. 리어카를 주차하는 곳은 예전 회사의 주차장 한켠이었다. 사정해서 허락을 얻은 거였다. 그런데 문제는 경사가 너무 져서 내가 끌고 동생 혼자 밀어서는 절대 올라갈 수 없었다. 다행히 지나가는 행인들이 도와줬다. 부탁하면 젊은 사람들이 고생한다며 흔쾌히 밀어주곤 했다. 둘 다 젊었지만 새벽 장사는 체력적으로 힘들 수밖에 없었다. 하루는 어찌나 피곤했는지 지하철에서 곯아떨어져버렸다. 2호선 구로공단역에서 내려 버스로 갈아타야 하는데, 대림역까지 가버린 것이다. 한참 잠이 많을 나이였다. 새벽에 나온 오누이는 빵 냄새 풀풀 풍기며 지하철에서 서로 머리를 맞대고 매일 졸며 출퇴근했다. 그래도 힘든 만큼 결실은 있었다. 짧은 기간이었지만 제법 큰돈을 만졌다. 새벽 장사하고 가게에 돌아오면 오전 9시였다. 아침 먹고 다시 가게 장사를 시작했다. 눈코 뜰 새 없이 바쁘게 살았다.

우리는 가리봉동 곡예배달사

분식집도 본격적으로 홍보란 걸 하기로 했다. 스티커를 맞춰 인근 구로공단에 돌렸다. 오토바이로 배달도 시작했다. 얼마 안 가 배달 주문이 폭주했다. 그 즈음 토스트도 날개 돋힌 듯 팔렸다. 결국 두 가지를 동시에 하기에 버거웠다. 어쩔 수 없이 토스트 사업의 원대한 꿈을 두 달 만에 접어야 했다.

당시 나는 스물다섯이었고 동생은 스물 둘이었다. 가게에 달린 작은 방에서 동거 중이었으므로, 결혼식만 안 올렸지 사실상 부부나 마찬가지인 셈이었다. 그런데 호칭이 오빠다 보니, 동네에서는 오누인 줄 알았나 보다.

배달용 오토바이 뒤에 특수 제작한 짐칸을 만든 다음, 넓은 합판을 대고 밧줄을 걸치면 큼지막한 배달통 네 개를 실을 수 있었다. 당시 구로공단에서 한 번 주문이 들어오면 모든 메뉴 대량 주문이었다. 워낙 주문이 밀려드니 홀 손님 받는 게 힘들 정도였다. 어쩔 수 없이 가게 문 잠그고, 전화기 수화기 내려놓고 배달 나갔다. 이 역시 혼자 갈 수 없고 동생과 함께 날라야 했다. 뒤에 그릇 가득 싣고 왼손에 또 한 통 들고 오른손으로 핸들을 잡고, 앞에는 동생 태우고 출발했다. 앞뒤로 무거워도 시동 걸면 오토바이는 잘 달린다. 우리가 지나가면 동네 사람들이 다들 입 벌리고 쳐다봤다. 오토바이라 해봤자 얼마 크지도 않은데, 거기에 두 명 타고 한 짐 가득 싣고 쌩쌩 달리니 무슨 곡예사 같았을 거다. 곡예의 끝은 거기가 아니었다. 도착하면 나와 동생 모두 양손 가득 들고 5층까지 뛰어다닌 것도 거의 묘기 수준이었다.

빚 얻어 시작한 가게다보니 이자 갚고, 원금 갚느라 하루하루 정신없었다. 어떤 날은 너무 피곤해 피로회복제를 달고 살아야했지만 젊음은 큰 무기였다. 그렇게 고되어도 자고 나면 언제 그랬냐는 듯 거뜬했으니 말이다. 덕분에 소 키우다 진 빚 270만 원과 이자 모두 다 갚고, 면 소재지에 부모님 집 한 채도 사드릴 수 있었다. 첫 출발이 성공적이었던 셈이다.

라면 배달 단무지 사건

좋은 일만 있었던 건 아니다. 하루는 지금의 아내가 배달 갔다 울면서 돌아오는 게 아닌가. 장사 시작하고 얼마 안 됐을 때 얘기다. 식당 건물 3층에 배달 갔다 오더니 울면서 말했다.

"다시는 저기 배달 안 갈래, 오빠."

왜 그러냐 했더니, 라면 시킨 나이 먹은 아저씨가 막 화내더란다. 단무지 조금 가져왔다면서, 이걸 누구 코에 붙이라는 거냐며 삿대질에 반말로 소리까지 쳤다는 거다. 순간 내 얼굴이 벌게졌다. 단숨에 뛰어올라가 문을 확 열어 재꼈다.

"어떤 놈이야? 나와!"

큰 소리로 말하고 안을 둘러봤더니, 한쪽에 앉은 나이 든 인간 같았다. 그때 서른 조금 넘어 보이는 덩치 큰 남자가 벌떡 일어서더니 나를 밀치는 게 아닌가. 옆으로 휙 돌아 뿌리치며 말했다.

"당신한테는 볼일 없으니 비켜!"

그 덩치가 순간 휘청했다. 그 여새를 몰아 내가 더 소리를 높였다.

"어이, 사장이면 다야? 라면 사먹으려면 라면이나 사먹지, 남의 인격까지 사면 안 돼. 나이 먹으려면 곱게 먹어!"

이렇게 말하며 주먹으로 철제 책상을 세게 내리쳤다. 그 사장이 겁을 집어먹은 눈치였다. 젊은 덩치도 제지 못한 이 분식집 사장 놈한테 잘못하면 변 당하겠네 하는 표정이었다. 그때 장모님이 황급히 올라오셨다. 혹여 젊은 혈기의 예비 사위가 손님에게 손찌검하지는 않을까 걱정 되셨던 모양이다.

"윤 서방, 참게, 참아."

그래도 내가 아부지한테 교육 제대로 받은 사람인데, 설마 사람을 때리겠는가. 단지 본때만 보여줄 뿐이다. 어리다고, 여자라고 무시당하면 앞으로 장사를 어찌할 수 있겠는가. 그 이후로 그 사무실 배달은 절대 가지 않았다.

딸, 아들 낳고 고급승용차 타고

잘나가던 때에 복병 아닌 복병이 생겨버렸다. 아직 식도 안 올렸는데 동생 배가 불러온 거다. 우리 큰딸이 뱃속에서 무럭무럭 자라고 있었다. 그제야 주위사람들도 우리 사이를 의심했다. 어쩌겠는가. 원래 우리는 그런 사이였는걸. 입덧하지, 배는 불러오지 동생은 몸이 힘들었을 법도 한데 여전히 나를 따라 배달을 다녔다. 배가 더 부르기 전에 결혼식을 올려야 했다. 날짜를 잡고 가게에서 조금 떨어진 곳에 부엌 달린 자그마한 신혼집을 얻었다. 그때가 1991년이었는데, 보증금 500만 원에 월세 십 만 원짜리였다. 하루 번 돈으로 이불 사고, 또 하루 벌어 그릇 사고, TV, 장롱, 냉장고 다 그렇게 우리 힘으로 장만했다. 배달하다 결혼식장 예약하러 가고, 청첩장 찍고 정신없이 움직였지만 보람 있고 재미났다. 걱정은 동생이 입덧이 심해 제대로 먹질 못한다는 거였다 그나마 피자를 좋아했는데 지금처럼 피자가게가 흔치 않던 시절이었다. 아마 그때 강남 유명 레스토랑까지 달려가 나른 피자만 수십 판 됐을 거다. 가끔 냉면도 땡긴다고 했다. 그럴 때면 오토바이 타고 눈썹 휘날리며 백화점 푸드 코트까지 달렸다. 불기 전에 맛보게 하고 싶어 신호 무시하고 아찔한 곡예 운전도 여러번 했다. 그렇게 불러오는 배를 웨딩드레스 안에 잘 감추고 임신 7개월 차에 결혼식을 무사히 올릴 수 있었다.

딸까지 셋이서 올린 결혼식

그때는 신혼열차라는 게 있었다. 단체로 타고 경주에서 1박, 다음날 부산 거쳐 제주도까지 3박 4일로 다녀오는 코스였다. 경주에서는 한복 입고 돌아다닌 까닭에 동생이 임신 중인 줄 아무도 눈치 못했지만 제주도에서는 달랐다. 멜빵 청바지와 커플 티셔츠를 입었으니 말이다. 해녀가 바로 잡아 올린 해삼과 멍게에 낮술 몇 잔씩 단체로 돌리자 술이 거나하게 취했다. 그때 가이드가 비디오 촬영한다며 나더러 신부 안고 한 바퀴 턴 하라는 거다. 낮술 오른 상태에서 배부른 동생 안고 한 바퀴 돌기도 전에 벌러덩 뒤로 넘어지고 말았다. 일행들은 혹시 태아가 잘못 될까 우르르 몰려 난리법석 그런 아수라장이 없었다. 임산부 괜찮냐며 걱정일 때 동생이 아무 일 없었다는 듯 툭툭 털며 일어나 씩 웃었다. 우리가 누구인가. 가리봉동 곡예 배달팀 아닌가. 이까짓 것쯤 아무 것도 아니었다. 요란한 신혼여행 끝에 고향 영덕 부모님께 인사 갔다. 스무 살도 안 돼 돈 2만 원 들고 혈혈단신 떠났던 곳이다. 그런데 이제 돈 벌어서 색시와 뱃속의 아이까지 데리고 왔으니 절로 어깨가 으쓱해졌다. 부모님께 인사 마치고 동생을 데리고 면소재지로 놀러나갔다. 친구를 만날 참이었다. 마침 경기용 오토바이가 눈에 띄길래 친구에게 빌려달라고 했더니 흔쾌히 승낙해줬다. 거기서 동생을 뒤에 태우고 또 달렸다. 동생도 부끄러움 없이 배를 내밀고 앉아 내 허리를 끌어안았다.

"오빠만 믿으면 되는 기라, 우리가 누고, 가리봉동 곡예 배달팀아이가!"

혼자 떠났던 고향, 네 식구가 되어 방문

건강한 딸 낳고 2년 뒤에 우리는 아들도 낳았다. 아이들이 없을 때는 오토바이 하나로 두 사람 충분했는데, 이제는 그렇지 않았다. 네 식구 어디 한 번씩 이동하는 것도 쉽지 않고 무엇보다 명절날 시골 가는 일이 보통 아니었다. 결국 고민 끝에 승용차를 구입하기로 했다. 엑셀 중에서도 최고로 좋은 사양이던 TRX를 샀다. 조향보조장치인 파워핸들 등 이것저것 고급 옵션이 많았다.

드디어 설 명절, 휘발유 가득 채우니 1만 8천 원치 들어갔다. 아부지, 어매 선물을 바리바리 구입했다. 진하게 다린 개소주, 어매 옷, 영광굴비 등등 수십 만 원어치를 샀다. 사가고 싶은 건 원 없이 다 사자는 심산이었다. 그날 눈이 어마무시하게 내려, 타이어에 체인을 끼우고 달렸다. 문경새재는 꼭대기까지 올라가는데 차가 막혀 다섯 시간이나 걸렸다. 아침 7시에 출발했는데, 다음날 오후 한 시에 고향집에 도착했다. 18시간 동안 운전대를 잡고 있었지만 피곤하지 않았다. 딸 낳고 아들 낳고 고급 자가용 타고 아부지, 어매 계시는 내 고향 가는 길 아닌가, 우리 부부, 애들까지 곱게 한복 맞춰 입고, 아부지 어매 선물 바리바리 싣고 가는 길이었다.

자고 나니 고급 승용차 위에 눈이 한 뼘도 넘게 쌓여있었다. 팔순 넘으신 아부지가 직접 삽으로 눈을 치워주고 계셨다. 비싼 차 위에 눈 쌓이면 안 된다면서 부산떠신 거다. 덕분에 새 차의 지붕에 삽으로 긁힌 자국이 생겼지만 말이다.

손 쓸 새도 없이 어퍼컷 맞고 완패

첫 장사에서는 특별한 기술이 없었다. 대신 메뉴 수가 많았다. 순두부, 된장, 김치찌개, 오징어덮밥, 소세지볶음밥 등 밥 메뉴만 해도 십 몇 가지였다. 라면은 신라면, 떡라면 등 총 다섯 가지. 떡볶이는 라면떡볶이, 쫄면떡볶이, 김치떡볶이 등 여섯 가지나 됐다. 그때는 재료 상에서 면을 받아썼다. 만두는 시제품 냉동만두를 썼다. 여름에는 열무냉면을 개시했는데, 면발은 받아썼고, 국물만 직접 만들었다. 열무물김치를 제법 달짝지근하게 만들어 국물까지 사용했다. 일종의 물냉면인 셈이다. 콩국수는 소면 삶은 다음, 콩국물을 믹서에 갈아 부었다. 밥 종류는 가격이 1300원이었고 라면은 500원부터 시작했다. 메뉴가 많아도 만드는 법은 다 거기서 거기였다. 장모님이 김치를 비롯한 반찬이나 음식솜씨가 좋으셨다. 과거 에버랜드 직원식당을 비롯해 이곳저곳 식당일로 자식 키우신 분이다. 나 또한 군 취사병 때 어마무시한 양의 요리를 해낸 덕에 김장도 350포기씩, 알타리 50단씩 담는 일이 어렵지 않았다.

구로공단 아가씨들 입맛 사로잡은 비법

지금 생각해보면 주먹구구식으로 겁 없이 일했다. 그래도 그때부터 메뉴 개발과 음식연구에 대한 자각은 있었다. 제주도 신혼여행 때부터 나는 매의 눈으로 식당을 관찰했었다. 버스 수십 대에서 단체관광 온 신혼부부들이 우르르 대형식당으로 들어왔다. 당연히 나도 그들 중 하나였다. 뭐 눈엔 뭐만 보인다고, 과연 식당에서 어떤 방식으로 이 많은 손님들의 메뉴를 준비할지 궁금했다. 살짝 보니 우리 가게 전체평수보다 주방이 훨씬 컸다. 자잘한 가스불이 백여 개도 넘게 보였다. 가스레인지 위에서 보글보글 끓어오르는 수많은 뚝배기들이 사열받기 위해 연병장에 모인 군인들 같았다. 한 명이 순서대로 꽃게, 오징어, 바지락을 뚝배기 안에 넣었다. 그런 다음 현란한 솜씨로 가스불을 쫙 붙이고 나간다. 뚝배기들이 끓어오르면 이때는 큰 통에 담긴 파를 쫘악 뿌렸다. 얼마 뒤에 몇 명이서 받침대에 하나씩 담아 밖으로 날랐다. 혓바닥이 델 정도로 뜨거웠지만 해물을 넣은 국물 맛이 시원했다. 그때까지만 해도 된장찌개하면 , 국물용으로 바지락 두어 개 넣고 호박, 양파 같은 야채만 넣는 줄 알았다. 그런데 거기서 본 뚝배기는 완전 달랐다. 바지락은 물론 오징어, 홍합, 새우, 꽃게, 오만둥이에 콩나물까지 들어있었다. 가게에 와서 똑같이 해보았는데 웬걸, 대박메뉴가 됐다. 얼마 지나 우리 동네 백반집마다 해물된장찌개를 팔고 있었다.

구로공단에서 일하는 아가씨들은 주로 김치볶음밥과 소시지볶음밥을 배달시켰다. 당시 가수 변진섭이 부른 노래, '희망사항.'이 인기였는데 거기에 '김치볶음밥을 잘 만드는 여자'란 구절이 있어서 인기가 많았다. 잘 익은 김치를 송송 썰어 볶은 후 밥을 넣어 한 번 더 볶아 계란 후라이 얹고 깨 뿌리면 끝이다. 고기 같은 특별한 재료 없이 김치 하나만 있으면 맛 내기 좋은 메뉴. 당연히 원가도 얼마 안 들고, 찌개보다 배달하기도 쉬워 효자종목이었다. 소시지볶음밥이 잘 나는 걸 보고 여기서 한

단계 더 고급화시킨 게 게맛살볶음밥과 소고기볶음밥이었다. 볶음밥 소스가 특이했는데 내가 직접 개발했다. 양파를 갈아 겨자도 넣고 마늘 등의 재료로 만들어낸 거다. 이 소스로 볶은 메뉴들이 공단 아가씨들의 입맛을 사로잡아버렸다. 여로 모로 업그레이드된 메뉴라 가격도 당연히 비쌌다. 오므라이스는 손이 많이 가 일부러 가격을 올렸건만, 오히려 더 잘 팔렸다.

잘 나가다 복병 만나고

구로공단으로 곡예배달 나가면 현찰로 밥값을 챙겼다. 그야말로 돈 버는 재미가 쏠쏠하던 때였다. 그렇게 꽃길만 걸을 줄 알았다. 하지만 모든 건 변해갔다.

내가 장사하던 곳은 가리봉오거리에서 광명시 방향의 118번 버스정류장이다. 그 무시무시한 양의 배달거래처는 주로 2공단과 경부선국철 위를 지나는 수출의 다리 건너편의 3공단이었다. 하지만 그때가 90년대 초반이었으니 구로공단의 전성기도 기울고 있었다. 수출의 다리도 고가 육교공사에 들어가면서 그 많던 거래처를 가려면 먼 거리로 우회해야 했다. 당연히 배달 시간이 길어졌다. 눈비라도 오는 날이면 더 지체될 수밖에 없으니 당연히 단골들은 떨어져나갈 수밖에 없었다. 내 상황도 많이 변했다. 두 아이를 돌보며 장사하는 게 쉽지 않았다. 큰 딸은 순해서 업거나, 가게에 딸린 방에서 손에 게맛살 쥐어주고 보행기에 태워 놓고 장사하곤 했는데 아들은 좀 별났다. 한시도 얌전히 있질 않는 거다. 큰 놈 울고 작은 놈 떼쓰기 시작하면 장사에 집중하는 게 어려웠다. 결국 딸은 2공단에 있는 놀이방에 잠시 맡겼는데, 나중에 데리러 가면 말

수도 확 줄어있는 게 보기 안쓰럽고 미안했다. 애 보는 사람을 따로 구하는 게 낫겠다 싶던 참에 큰 일이 벌어졌다.

　바로 옆 가게에 손칼국집이 생긴 거다. 그것도 한 건물에 말이다. 여기 사장님은 잠도 안 자는 것 같았다. 밤 열두 시가 넘도록 홍두깨로 칼국수면을 민다. 결국 내 거래처와 단골들이 그쪽으로 향했다. 부랴부랴 재료상에 전화했다.

"나한테 칼국수 기술을 가르쳐주던지 다른 방도 좀 연구해줘요. 지금 망하게 생겼으니."

　급한 성격에 나도 홍두깨를 구입해 똑같이 밀어봤다. 시골에서 질리도록 먹어본 칼국수 아닌가. 그런데 면 만드는 게 이렇게 어려운 일인 줄 몰랐다. 어떨 땐 질질 늘어나다 또 어떨 땐 똑똑 끊어지기 일쑤였다. 실패할 때마다 재도전해봤지만 역시나 였다. 육수 내는 방법도 몰랐다. 그때 더 큰 일이 생겼다. 바로 문제의 만두집 등장이었다.

　경쟁자들이 몰려와도 끄떡없을 나만의 기술력이 있어야 했다. 결국 결단을 내릴 시간이 왔다. 무일푼에서 시작해 이 정도의 부와 안정된 가정을 꾸렸다. 막내아들이지만 시골 노부모님께 보란 듯 효도도 했다. 이 정도면 누가 봐도 성공한 사업가였다. 그런데 이렇게 비참하게 스러지는구나 생각하니 쓴물이 올라왔다. 하지만 현실을 받아들여야지 어쩌겠나. 어차피 어린 아이 둘 데리고 장사하는 게 무리구나 싶던 참이다. 우리는 가게를 내놓고 장모님이 아이들을 도맡아 봐주시기로 했다. 가게는 며칠 만에 매매되어 계약금 백만 원을 받았다. 장모님이 경기도 성남에 위치한 임대아파트에 입주하신 지 얼마 안 되었을 때였다.

경쟁 식당이며 아이들 문제로 고민이 많았지만 설마 이렇게 빨리 무너질 줄은 몰랐다. 크게 대단할 것도 없지만 신 메뉴도 개발했었고 누구보다 배달도 열심히 했다. 하지만 그게 전부가 아니란 걸 뼈저리게 느껴야 했다. 성 앞 쪽만 견고히 지키면 되는 줄 알았지, 옆이나 뒤는 신경도 안 썼다. 시대에 뒤떨어진 창과 칼만 갈고 닦았으니 대포 쏘고 기관총 든 적군을 어찌 막을 수 있겠는가.

평소 부지런한 걸로는 둘째라면 서러워할 나였기에 가게를 넘기고 나서도 쉰다는 건 상상할 수 없었다. 어처구니없이 쓰러졌다. 왜 쓰러졌는가. 이유를 분석하고 철저한 계획과 준비를 한 뒤 도전하는 게 맞았다. 직장생활 근거지이자 토스트 장사를 했던 강남역 부근이나 역삼역 쪽은 손바닥 들여다보듯 환했던지라 그쪽으로 진출하기로 맘먹었다. 몇 년 동안 오토바이로 곡예배달하며 쏠쏠한 재미를 봤지만 이제 더는 안 하고 싶었다. 나도 나지만 아내를 아끼고 싶었다. 음식 장사라는 게 하나에서 열까지 안 힘든 일이 뭐 있겠냐만, 배달은 골병들기 십상이다.

강남으로 가보자!

가게를 넘기기 전부터 오후가 되면 나 혼자 강남역 부근을 돌아다니며 상권조사를 했었다. 목이 좋으면 여지없이 권리금이 문제였다. 권리금이란 건 장사가 안 될 때는 아야 소리도 못하고 날려야 하는 돈이었다. 가리봉동 가게 역시 쥐꼬리만큼의 권리금을 받기로 했지만 ,그에 비하면 강남역 부근의 권리금은 경기용 말의 꼬리 세 개 정도는 되어보였다. 그 정도를 부담할 여력이 없었다. 그래서 말꼬리 하나반 정도 되는 데를 집중적으로 훑었다. 매의 눈으로 살펴본 결과 며칠 만에 적당한 데를 찾을 수 있었다. 2호선 강남역과 역삼역 사이의 뒷골목은 유동인구가 제법 많아 사람들로 북적였다. 당연히 꽤 잘 나가는 음식점들이 즐비한 먹자골목이 형성되어 있다. 그 중 최고의 중심가에 15평 정도의 삼겹살집이 눈에 들어왔다. 좌식 방이 3분의 2정도에 나머지는 홀이었고, 주 메뉴는 삼겹살과 부대전골이었다. 점심, 저녁 시간에 꾸준한 배달과 손님이 있어 그 부근에서는 몇 손가락 안에 드는 가게라고 소개업자가 귀띔해주었다.

보자마자 맘에 들었다. 원래 그런 건 티 안내고 다른 데도 더 보겠다 해야 하는데, 너무 대놓고 좋아한 나머지 부동산업자가 내 옆구리를 쿡 찔렀다. 눈치 빠른 사장이 벌써 계약하려는 사람이 두어 명 더 있다고 했다. 내일까지 계약하지 않으면 다른 사람 손에 넘어간다는 말도 덧붙인다. 그날 바로 집에 와서 아내에게 얘기했다. 아내는 지금이나 예나 내가 하는 일에 별다른 토를 달지 않는다. 다음날 아내랑 함께 가서 보고 바로 계약했다. 십 원 짜리 한 푼이라도 깎자하면 다른 사람과 계약하겠다는 말에 달라는 대로 다 주고서 말이다.

고급 주방장과 찬모를 구하다

저녁에는 삼겹살에 술을 팔아 매상을 제법 올리는 가게였다. 아내와 내가 그 부근을 다 돌아본 결과 장사 잘 되는 곳이란 걸 눈으로 확인할 수 있었다. 배달을 해야 했지만 예전처럼 곡예 배달이 아니라 쟁반배달이었다. 동네가 저층빌딩 밀집지대다보니, 걸어서 다니는 게 가능했다. 저런 배달은 아무 것도 아니다 싶어 계약한 거다. 문제는 주방장과 찬모였다. 삼겹살도 부대전골도 나에게는 낯선 메뉴들이었다. 친분 있던 이의 소개로 대형 고깃집에서 일하던 주방장을 소개받았다. 나랑 동갑인데 착해 보였다. 물론 실력은 확인할 바 없었다. 찬모를 한 명 데려올 수 있냐니까 함께 일했던 솜씨 좋은 사람이 있다고 했다.

의외로 일이 술술 풀리는 것 같았다. 두 사람에게 이력서와 주민등록등본을 부탁했다. 화려했다. 강남유명 양고기집, 소고기집, 한정식집 등, 그런데 그냥 다 근무지였지 주방장은 아니었다. 하긴 그 정도 규모 식당에서 주방장을 했던 사람이 15평 삼겹살집에 오겠다 할 리 없지. 반면 큰 기대 안 했던 찬모는 대형 고깃집에서 찬모로 일했던 경력이 많았다. 나는 메뉴 등 요리에 관한 모든 전권을 주방장에게 주기로 했다. 삼겹살 외에 추가로 뭘 하면 좋겠냐 했더니, 육회와 수육 그리고 불고기가 자신 있단다. 특히 불고기는 누구보다 잘 할 자신 있다 큰소리쳤다. 나는 40여 가지 이상의 메뉴를 분식집에서 해봤지만 삼겹살은 물론 주방장이 말하는 것들에 대해서는 문외한이었으니, 그가 하자는 대로 했다. 개업 준비 중 며칠 동안, 우리 부부와 주방장, 찬모 넷이 인근 식당을 다니며 시식도 하고 분위기 파악도 했다. 점심 때가 되면 거리는 식사하러 나온 인파로 새까맣게 변했다. 아내와 내 입가에 미소가 절로 흘렀다. 조그맣게 아내에게 물었다.

"이쪽으로 오길 잘했지?"

아내도 대답 대신 방긋 웃으며 고개를 끄덕였다. 하지만 강남에서의 개업첫날은 소리만 요란한 잔칫집이었다. 매출이 보잘 것 없었다. 가리봉동에서 앞 타이어 들리게 싣고 아내와 서너번 배달하면 올릴 수 있는 매상이었다. 그래도 첫날이니까 그렇지 며칠 지나면 나아질 거라고 위안 삼았다. 실제로 이튿날부터 점심시간에 전화기에 불이 날 만큼 배달이 밀려왔다. 그럼 그렇지 싶었다. 나도 아내도 그 무시무시한 양의 주문을 감당해냈던 배달의 기수 출신들 아닌가.
아뿔싸, 그런데 문제가 생겼다. 대형 고깃집 출신 주방장과 찬모 이 두 사람은 배달에 대해서는 전혀 알지 못했다. 개업 날 팔려고 잔뜩 준비해 둔 육회와 불고기 신선도는 떨어져가고 있었다. 막상 홀 안에 손님이 꽉 차게 들어앉자, 다른 재료들이 부족하단다. 점심 배달 주문을 수십 군데 받아놓았고, 홀로 손님들이 밀려올 때마다 나는 국악인 송소희가 부른 '난감하네'가 떠올랐다. 그제야 부랴부랴 재료 준비해서 한 시간이나 늦게 배달 가는 등 난리가 났다. 배달을 워낙 많이 해봐서 알지만, 늦게 배달되는 건 죄송하다 읍소하고 다음에는 꼭 빨리 가져다 주겠다하면, 재

주문이 들어온다. 그런데 문제는 다른 데서 터졌다. 그릇 찾으러 가서 보니 음식이 반 이상 남아있었다. 처음에는 배고픈 동네가 아닌 강남이라 그런 줄 알았다. 배달 그릇 찾아오다 엘리베이터 안에서 손님이 남긴 음식을 먹어봤다. 완전 소금이었다. 김치찌개에서는 배추 뿌리가 덩어리째 들어있었다. 다른 데 가서 용기 내 맛이 어땠냐 물어봤다 듣기 민망한 답을 들었다.

"단골이라 시켰는데, 어째 맛이……."

주방장에게 손님이 간이 안 맞는다 했다고 전했다. 개업한 지 얼마 안 돼 자기도 긴장한 것 같다며 신경쓰겠단다. 잔뜩 남은 육회용고기는 우리가 국으로 끓여먹었다. 불고기도 우리가 볶아먹었다. 메인 재료는 자꾸 남고, 홀 손님이건 배달 손님이건 아무도 맛있게 먹었다는 말 한마디 없었다. 반면 찬모는 김치며 반찬이 정갈했다. 손님들의 칭찬이 자자했다. 하지만 반찬이 맛나면 뭐하나. 주 메뉴의 맛이 별로인데. 매출은 오를 기미가 안 보였다. 결국 주방장을 교체하기로 아내와 합의를 봤다.

주방장이 사장인지 내가 사장인지

나는 사람 관계를 중요하게 생각한다. 한번 인연을 맺으면 간간이 안부를 물으며 인연을 끊지 않는다. 전에 직장 생활할 때 알았던 오랜 경력의 한식 베테랑급 주방장이 떠올랐다. 그 분과도 간간이 연락을 주고 받던 터였는데, 경력과 실력은 자타가 공인하는 수준이었다. 급하게 연락해보니 수도권의 대형 고깃집에서 근무하고 있었다. 주방 인력만 열

다섯 명인 곳이었다. 자신의 필살기는 곱창전골이라고 했다. 내 사정을 얘기하며 그곳에서 받는 월급보다 더 줄 테니 제발 살려달라고 했다. 결국 응급실에 실려갔는데 더 일하면 큰일 난다는 거짓말로 그곳을 관두고 우리 가게로 오게 됐다.

장사를 일찍 마친 날, 주방장에게 얘기했다. 개업해 함께 일한 지 9일째였다. 준비기간과 9일치에 이틀을 더해 월급 계산해주고 미안하다 했다. 후임자가 올 때까지 며칠 더 일해 주겠다는 걸, 고맙지만 내가 알아서 하겠다며 정중히 사양했다. 심성은 착한 분이라 맘이 아팠지만 어쩔 수 없었다. 전임자가 간 지 30분 후 후임자 베테랑이 도착했다.
새로운 베테랑 주방장은 나보다 나이가 열 살 위였다. 부대찌개가 종목이니 양념 다데기를 맛보시라 했다. 고개를 절래 흔든다. 밤 12시가 넘도록 김치 볶고, 뼈 국물 내고 양념 다데기를 새로 준비했다. 과연 차원이 달랐다. 마음이 놓였다.

손님들 반응도 확연히 달랐다. 부대찌개는 바닥이 보이도록 다 비워냈다. 여전히 고급 찬모의 반찬은 접시가 거울이 될 만큼 금세 사라졌다. 그날 오후 기존 거래처와 단골들을 찾아갔다. 베테랑 한식 고수를 모셔왔으니, 다시 한 번만 잘 봐달라고 사정했다. 다음날 떨리는 마음으로 그릇 찾으러 가니, 시무룩했던 고객들이 음식 맛있다며 연일 칭찬이었다. 육회나 수육이나 불고기는 작은 가게와 어울리지 않았다. 전문점이나 대형 고깃집에나 어울릴법한 메뉴인데 주방장의 말만 듣고 덜컥 시작한 내 잘못이 크다. 새로 온 주방장은 꽃삼겹으로 가자했다. 지금은 생삼겹, 벌집삼겹, 대패삼겹 등 종류가 많지만 그 당시에는 다 냉동 삼겹살이었다. 금방 도축해 들어온 생삼겹살을 일정 크기로 잘라 공기에 오래 노출

시키지 않은 상태에서 랩으로 만다. 그런 다음 바로 냉동실에 보관한다. 주문하기 30분 전쯤 한덩이씩 내놓았다 랩을 벗겨내고 칼로 썬다. 동그란 접시에 돌려 깔아놓으면 꽃이 피어난 것처럼 아름다운 무늬가 생긴다. 이게 꽃삼겹이다. 인기가 폭발적이었다. 국물을 제대로 우려낸 설렁탕, 도가니탕, 우거지갈비탕, 선지해장국 또한 하나같이 전문점보다 나은 맛이었다. 여기에 주방장의 필살기인 곱창전골을 추가했다. 멸치 육수 망으로 끓여내 맛이 구수한 된장찌개까지 추가했다. 손님들이 맛있다 난리가 났다. 전 주인이 엄청난 매출을 올렸다며 자랑스레 보여준 장부의 매출보다 50%가 늘었다. 그러는데 두 달이 채 안 걸렸다.

아내와 나는 낮이면 정신없이 배달 다녀야했다. 당시 우리는 애들을 맡긴 성남의 장모님 댁에서 출퇴근하고 있었는데 아무래도 거리가 멀었다. 술을 팔다보니 저녁 10시까지 영업했는데, 수시로 거의 10시 30분이 넘기 일쑤였고, 아침에도 출근 시간대라 차가 밀렸다. 그래서 생각해낸 게 차에 이불을 싣고 다니는 거였다. 눈이 많이 내리거나 퇴근 시간이 늦어지면 가게에서 그냥 자고 장사할 셈이었다.

그때까지만 해도 우리 부부는 주방장 눈치 보느라, 삼겹살도 자주 안 먹었었다. 손님들이 드시는 꽃삼겹살이 구워지는 걸 보면 침만 꿀꺽 삼키곤 했다. 주방에 들어온 음식은 무조건 주방장 것이라면서 자기 기분 내킬 때만 한 번씩 구워먹곤 했다. 지금 생각해보면 틀린 얘긴 아니나 완전히 맞는 얘기도 아니었다. 사장은 우리지 주방장이 아니질 않은가. 그래도 그때는 새로 온 주방장 덕분에 장사가 잘 돼가고 있어서 그의 말이라면 무조건 따랐다. 그저 마지막 손님이 드시고 남은 삼겹살 몇 점만 먹어봐도 고소하고 맛나다며 서로 좋아하는 게 전부였다. 한번은 주방장이 퇴근한 후 우리 둘이 모의를 했다.

"여보, 우리 오늘 꽃삼겹 한 번 훔쳐 먹을까?"

"주방장이 알면 어쩌려고."

"표시 안 나게 먹으면 되지 뭐."

방망이처럼 길쭉하게 말아놓은 꽃삼겹 덩어리가 냉동실에 가득했다. 표시 안 나게 하나만 꺼낸 다음 대충 만져놓았다. 큰 덩어리 하나를 아내와 구워 상추쌈 싸서 원 없이 먹었다. 곱창전골용으로 삶아 양념 무쳐둔 곱창도 구워 먹자했다. 삼겹살 기름에 곱창을 얹어 노릇하게 구우니 그 맛 또한 죽여줬다.

"이러다 걸리면 어째, 여보?"

잘 먹던 아내가 걱정스레 내게 물었다. 나도 약간 무섭긴 했다. 사실 모든 게 우리 것인데 지금 생각해보면 우습다. 내 꺼든 니 꺼든, 걸리든 말든 일단 먹고보자했다. 우리는 여러 번 그렇게 먹었다. 재밌고 행복한 기억이다.

봄이 왔다. 겨우내 삼겹살과 곱창전골, 부대찌개와 탕 종류를 실컷 팔았다. 매출도 껑충 뛰고 이대로 쭉 가면 아무 문제없을 줄 알았다. 고급 주방장에 찬모의 반찬 솜씨에 축지법 같은 배달 기수. 완벽한 조합이니 봄이든 여름이든 이 기세로 쭉쭉 나아갈 거라 믿어 의심치 않았던 거다.

오산이었다. 봄이 오자마자 탕 종류 매출이 서서히 줄었다. 다급해진 내가 주방장에게 산채비빔밥을 내놓자 했다. 그런데 일거리가 많아져 곤란하다며 안 된다는 게 아닌가. 그렇다면 여름 대비해 콩국수를 내놓자 했다. 이번에도 고개를 절레 내저었다. 냉면이 자신 있으니 그걸로 하겠단다. 냉면기계를 설치해 직접 면을 빼서 하면 난리날 거라 호언장담했다. 난리는 둘째 치고, 주방이 좁아 기계설치할 자리도 없었다. 그랬더니 면은 받아서 해도 된단다. 주방장의 말대로 냉면을 하기로 했다. 육수는 주방장이 직접 냈다. 맛이 깔끔하고 고급스러워 안심이 됐다. 그런데 손님들 반응 봐가며 양을 늘려야하는데, 시작부터 엄청난 양을 해놓았다. 이전 주방장의 악몽이 떠올랐다. 결국 며칠씩 국자로 육수를 저어가며 팔다 삭아 반 이상을 버렸다. 선지해장국이며 우거지갈비탕은 봄이 되어도 인기였다. 문제는 한겨울처럼 한통씩 가득 끓여 팔다 남으면 다시 육수 붓고 데워 판다는 거다. 나중에 보니 해장국 안에 든 콩나물이 짜글짜글해져 치실보다 가늘어져있다.

  선풍기와 에어컨을 열심히 돌려도, 좁은 가게에서 삼겹살을 구우면 가게 안은 한증막 같았다. 환기시설이 부족했다. 천정이 낮아 닥트 설치도 어려웠다. 기껏해야 앞 유리 위에서 돌아가는 프로펠러 몇 개가 전부였다. 겨울만 생각했지 여름 대비를 못한 거다. 아무리 고급기술이 있으면 뭐할까. 계절에 맞는 음식과 신선도 유지에 예민해야 함은 기본 중의 기본 아닌가. 냉면 기계를 설치할 수 없는 좁은 주방을 탓하지 말고, 산채비빔밥 같은 대체메뉴를 준비하는 게 옳았다.
  주방장 모르게, 부동산에 가게를 내놨다. 말꼬리 하나 반주고 왔던 권리금이었는데, 이제는 말꼬리 하나 값도 안 된단다. 손님이 많이 떨어져 그 조건으로도 팔리기 어려운 게 현실이라 했다. 착잡했다. 어렵게 고급

인력을 모셔왔건만 패배였다. 결국 주방장에게 이끌려가지 않으려면 내가 음식 기술자여야 했다. 이제 어떻게 해야 하나.

적자나더라도 기술을 배우자

손님더러 나를 따라오라고 하면 안 되고, 내가 손님의 입맛에 맞춰야 했다. 그러려면 나에게 무기가 있어야 한다. 이제부터 저 주방장의 고급 기술을 내가 배워야겠다는 결심이 섰다. 군취사병, 가리봉동 시절에 쌓아둔 실력도 내 밑천이었다. 고급 찬모에게 틈틈이 반찬 기술은 익혀두었으니, 이제 베테랑 주방장 기술만 배우면 누구에게도 뒤처지지 않을 자신 있었다.

고기 다루는 요령부터 기술을 좀 가르쳐달라 부탁했다. 그렇게 삼겹살 도착하면 잘라서 랩으로 마는 법부터 배웠다. 주방장은 담배는 피우지만 술은 안 마셨다. 대신 빵 같은 군것질거리를 좋아했다. 아내가 거의 매일 제과점에서 신선한 빵을 사다 날랐다. 담배도 한 보루씩 사줬다. 떨어질라 치면 재깍 또 채워 놨다. 비위와 기분을 맞추며 필살기인 곱창전골 기술을 배웠다. 레시피라는 게 따로 없고, 요만큼, 이만큼, 한 국자, 이런 식이었다. 그것도 할 때마다 매번 조금씩 달랐다. 그래도 알았다고 고개를 끄덕인 다음, 저녁에 일일이 저울에 달면서 연습하고 노트에 적었다. 그렇게 부대찌개 양념장이며 비빔냉면 다데기, 선지해장국, 우거지갈비탕, 설렁탕 등 다양한 메뉴의 정확한 레시피를 완성했다. 주방장은 조미료를 많이 넣는 편이었다. 그걸 그대로 배우기보다 내 식대로 확 줄였다. 아내나 내 월급은커녕 적자를 보면서도 주방장에게는 불편한 내색 한 번 안 했다. 고급 기술 배우는 걸로 미래를 기약하자고 아내와 얘기했다. 그러는 동안 여름이 지나고 있었다.

식당 지하에 칼국수집이 있었다. 부부가 하던 곳이었는데 여사장님과는 배달 다니면서 만나면 눈인사하던 사이였다. 남자 사장님 역시 건물 화장실에서 만날 때마다 눈인사하곤 했다. 가게 넘기기 한참 전에 베테랑 주방장에게 이것저것 배울 때, 오기가 발동했다. 제2의 고향이나 다름없던 가리봉동의 패배가 나에겐 항상 가슴 속에 남아있었다. 펄펄 날다 칼국수집과 만두집 때문에 맥없이 쓰러진 아픔이 늘 나를 짓눌렀던 것이다. 칼국수집에 찾아가 눈물 콧물 다 짜며 사정 얘기를 했다.

"어릴 때 가난해서 칼국수만 먹고 자란 제가, 칼국수집 때문에 문을 닫게…"

지금까지 살아온 형편이며, 절실하게 칼국수를 배우고 싶은 마음이 든 계기 등을 말하다보니 진짜 눈물이 찔끔찔끔 나왔다.

"가르쳐만 주신다면 평생 은인으로 생각하며 살겠습니다. 제발, 부탁드리겠습니다."

"그럽시다. 뭐 그렇게 어려운 일도 아니고."

이게 웬일인가, 흔쾌히 가르쳐주겠다는 거다. 이분 또한 한식 주방장 출신으로 갈빗집하다 실패의 쓴 맛을 맛보았단다. 자식들을 시골 노부모님께 보내고 단칸방에서 월세로 살며 지하실에 겨우 칼국수집 차렸다. 그런데 대박이 나고 있으니 도와줄 수 있다고 했다. 이분이 바로 1장에서 언급한 상용이 형이다. 상용이형은 뼈 국물로 하는 칼국수와 고기 만두 그리고 족발을 팔고 있었다. 한 건물에서 장사하면서도 별 신경 안 썼는데, 그제야 그 집을 제대로 들여다본 거다. 대기 손님들이 줄을 잇고 눈이 희번덕할 정도의 기술로 육수 끓이는 솜씨에 까무러칠 뻔 했다. 형은 내게 면 반죽하는 법부터 육수내기와 손으로 썰어 끓이는 전 과정을 가감 없이 가르쳐주었다. 아내와 나 둘이서 주방에서 이삼일 간 집중적으로 배웠다. 그 기술을 익히자 자신감이 부쩍 차올랐다. 가리봉동에서 홍두깨 미는 사장님에게 영혼까지 쥐어터진 기억이 났다. 진즉에 이런 기술이 있었다면 그리 맥없이 무너지진 않았을 텐데 하는 후회가 밀려왔다. 하지만 이미 버스 떠난 뒤였다. 옛일에 메어 있어봤자 득 될 게 뭐 있겠는가. 아내와 나 아직 젊음이 있었다.

만두 배우던 수련생, 슈퍼맨분식 인수하다

　내친김에 만두도 배웠다는 사연은 초반에 소개했다. 김치만두와 고기만두 잘하던 곳의 이름이 슈퍼맨 분식이었다. 선생만큼 빠르게 만들진 못해도 내 나름대로 이 정도면 됐다는 자신이 붙을 때였다. 선생이 그 가게를 내놓을 생각을 하고 있었던 것 같다. 눈치 또한 빠른 그 분은 내가 그 가게에 관심 있다는 걸 알고 재빨리 움직였다. 갑작스레 스티커를 새로 맞추는 게 아닌가. 전화번호도 메뉴도 똑같았다. 가게 이름만 '이구동성.'으로 바꿔 여기저기 막 뿌리는 거다. 배달 전화가 미친 듯 걸려왔다. 나한테 보여주기 위한 쇼 같은 거였다. 이렇게 장사가 잘 되는데 한 번 해보지 않겠냐, 이런 의미였다. 결국 나는 그 가게를 인수하기로 했다. 만두를 배울 때부터 그 가게가 욕심이 났었다. 선생은 빨리 넘기고 싶었는지, 권리금도 비싸게 부르지 않았다. 자기가 들인 만큼만 달라고 했다. 한 달 동안 그곳에서 배울만한 것 뭔지 이것저것 꼼꼼히 살피며 메모도 했고 준비도 했기 때문에 별 어려움 없이 인수받을 수 있었다.

　인수 받는 조건은 그 가게에서 배달원으로 일하던 선생의 동생과 홀 포장 언니까지 그대로 채용하는 거였다. 가게 이름도 그대로 쓰기로 하고, 며칠간의 메뉴 및 음식 조정이 있었다. 가게 평수는 13평. 포장판매와 적당한 홀 매출에 주 매출은 배달이 차지했다. 선생에게는 만두 두

가지 비장의 무기가 있었지만, 나는 여러 가지 중무기로 무장한 상태였다. 방위취사병 실력에 가리봉동 시절 다룬 40여 가지 메뉴와 베테랑 주방장에게 사사 받은 수준급 기술, 상용이 형에게 배운 사골 손칼국수와 비싼 전수료 내고 한 달 동안 배운 만두 기술까지, 나는 이번만큼은 자신 있었다.

시루떡은 다시는 안 하기로 했다. 대신 사무실에 필요한 사무용품을 인사차 돌리기로 했다. 책상 위에 까는 푸른색 고무판이 있다. 상용이 형 동생이 동대문에서 인쇄업을 한다길래 상담해보니 그게 최고라고 했다. 볼펜이나 플라스틱 자 같은 건 몇 번 쓰다보면 안 보이는데, 고무판은 상호와 전화번호와 메뉴까지 적당한 곳에 넣으면 반영구적이라는 거다. 내가 생각해도 그럴 것 같았다. 승용차에 수백 개 실으니 차가 휘청일 만큼 무거웠다. 요리는 아내와 내 몫이었다. 밑반찬은 네 가지만 하기로 했으며, 일주일 중 토요일 하루는 장모님이 도와주기로 했다.

기술력 덕분에 매출 껑충

아침이면 계란말이나 두부전, 부추전, 동태전 같은 부침 혹은 튀김중 하나와 무침, 조림 등을 색깔, 가격, 시간 등 여러 가지를 고려해 준비했다. 고급 찬모에게 배운 걸 응용하고 창작해 정갈하게 매일 다르게 낸 거다. 네 칸짜리 반찬 접시에 담아 랩으로 포장해 착착 탑을 쌓았다. 배달원 두 명이 반찬만 담는데 한 시간씩 걸렸다. 부대찌개, 김치찌개, 된장, 순두부찌개를 수십 개씩 뚝배기에 담아 냉장고에 미리 넣어뒀다. 가스 불에 올려 육수 부은 다음 끓으면 파 넣어 내는 방법을 선택했다.

개업 첫날부터 난리가 났다. 기존의 선생은 혼자 다 하느라 시간이 없다보니 반찬은 시장에서 사다 날랐단다. 그러니 반찬부터 차이가 났던 거다. 거기에 주 메뉴들에 대한 감탄과 찬사도 남달랐다. 배달원이 그랬다. 자기 형이 하던 것과는 차원이 다르다고. 개업 인사차 돌린 고무판 역시 사무실 여직원들이 요긴하다면서 너무 좋아한다고 했다.

"가는 곳마다 슈퍼맨 분식 고무판이 책상에 깔려있더라니까요."

그도 신기했던지 놀라며 얘기했다.
이삼일 지나니, 벌써 인계받을 때보다 매출기록이 훨씬 많았다. 배달원이 더 필요했다. 나까지 두 명으로는 부족했다. 시골 큰 형님의 둘째 아들이 입대한다고 휴학계 낸 상태라, 잘됐다 싶어 알바를 시켰다. 오토바이를 못 타는데 내가 가르쳐줬다. 오토바이도 한 대 더 샀다. 두 명이 가도 부족하면 나까지 나갈 셈이었다.

점심시간이 되면, 거의 전쟁터였다. 홀에 손님 꽉 차고 전화기 두 대가 시도 때도 없이 울렸다. 음식 나오는 속도도 빨랐다. 여러 개의 1인용 가스 불에서 경주하듯 쏟아져 나왔다. 홀에서 찬물 묻힌 행주로 뚝배기 닦아낸 다음 랩 씌어 배달통에 담는다. 주문표와 함께 가게 밖에 일렬로 줄 세워놓으면 배달원이 순서대로 싣고 나갔다. 작은 주문표가 길게 늘어지다 못해 S자를 그렸다. 많게는 40~50군데 씩 대기였다. 나는 거짓말 같은 건 하지 않았다. 언제 오냐는 재촉 전화가 오면, 솔직하게 얘기해줬다. 성격상 출발도 안 했는데, 이제 막 갔다는 말은 못한다. "몇 분 걸립니다. 5분 남았습니다." 정확하게 말씀드렸다. 예상보다 더 많이 걸릴 것 같으면, "이 정도 걸릴 것 같은데 괜찮으시겠냐." 고 물었다. 고객은 소중하고 장사는 하루 이틀 하다 말게 아니다. 게다가 거짓말은 자꾸

하면 는다. 일단 점심시간 끝날 때까지는 배달만 갔다. 빈 그릇은 늦게 찾아와도 된다. 점심 배달 끝나면, 우리끼리 간식도 먹고 커피도 한 잔 한 후, 빈 그릇 찾으러 갔다. 하루가 다르게 무서운 속도로 홀 손님과 배달이 늘어갔다. 성공적이었다. 역시 사장이 고급기술을 가져야 하는구나 하는 생각에 흡족했다.

자유로운 영혼의 배달원들 때문에 노심초사

만두기술을 전수해준 선생은 나에게 가게를 넘긴 후 중고로 승용차를 샀다고 했다. 승용차를 타고 그간에 쌓인 스트레스 풀 겸 여행을 다녀온 모양이었다. 그 말을 들은 배달하는 동생의 마음에도 바람이 든 것 같았다.

개업하고 두 달 뒤쯤, 배달 때문에 조카와 내가 정신없을 때였다. 주문이 밀리면 나도 배달을 나갔기 때문에 오토바이는 세 대였다. 배달하는 동생이 가불을 부탁했다. 처음부터 함께 일한 원년멤버에 그 친구가 없으면 배달이 마비될 정도니 안 해줄 수 없었다. 그런데 한 달도 아니고 한 달 반치를 해달란다. 총 160만 원이었다. 원래 그러면 안 되는 건데, 어쩔 수 없이 해줬다. 그 돈으로 그 동생은 자기 형처럼 중고차를 샀다. 그러더니 툭하면 지각에 어느 날엔 말없이 안 나오기까지 하는 게 아닌가. 어디 갔다 왔냐고 하면, 놀러갔다 왔단다. 완전 바람 든 거다. 하도 연락이 안 되길래 자취방까지 찾아갔다. 배달오토바이만 자취방 마당에 덩그러니 놓여있었다. 선생을 수소문해 연락을 해보았다. 돈을 왜 해줬냐며 오히려 나를 혼냈다. 어렵게 알아낸 시골 고향집 부모님에게 전화를 드렸더니, 명절에도 안 온 지 꽤 됐단다. 당신네들도 그 놈 본 지 오래니, 얼굴 보면 연락 좀 달라신다. 이후로 지금까지 그 친구 얼굴 본 적 없다. 160만 원은 고스란히 떼였다.

오토바이 가게 사장님께 사정 얘기를 했더니, 마침 배달일 할 사람이 있단다. 군대도 다녀왔고, 가정도 있다 했다. 출근한 날 일을 시켜보니 동작이 잽쌌다. 게다가 배달 영업도 선수급으로 해냈다. 전단지만 들고 나갔다오면 배갈거래처가 늘어나는 게 아닌가. 사무실에만 주고 오는 게 아니다. 넉살 좋게 여직원들에게 말 걸면서 한번만 주문해보라는 고급진 영업을 하는 거다. 당시 그 동네 다른 배달가게들도 많았는데 우리 가게가 매출 1등이었다. 그때가 만두 1인분 2천 원 할 때였는데, 하루 매출이 120만 원이었다. 당연히 현찰 좀 만졌다. 그런데 거기서 또 사달이 날 줄야.

배달원 때문에 가게 문 닫을 줄야

배달은 남의 손에 맡기고, 처음부터 내가 돈 관리를 철저하게 했어야 했다. 그런데 아침에 잔돈도 알아서 내가고 수금한 돈도 자유롭게 넣는 식으로 사람들을 다 믿었다. 남에게 돈을 맡기며 장사한 건 처음이었다. 새로운 배달원에게도 믿고 맡긴다며 그 방식을 고수했다. 당연히 정확한 입출금이 체크가 안 됐다. 직원들이 어리다보니 배려차원에서 가게 오토바이로 출퇴근하라고 했다. 출퇴근용 기름도 넣어줬다. 하지만 공과 사는 철저하게 구분했어야 했다. 지금은 배달원을 쓰지 않아 사정이 어떤지 모르겠지만, 그때만 해도 배달 일에 대한 직업의식이 거의 없었다. 직원 세 명 쓰는데, 돌아가면서 참 속 무던히 썩였다. 어린 나이라 오토바이가 신기했는지, 배기통에 구멍 뚫어 땅땅거리며 다니다 사고 내기 일쑤였다. 사고 낸 다음날은 무단결근이었다. 지각은 밥 먹듯 했다. 그나마 배달원들 맘 붙이게 하려고 온갖 노력을 다해봤다. 좋은 곳에서 회식도 자주 하고, 매출이 오른 날은 돈도 더 줬다. 그래봤자 그때뿐이지, 회식 다음날은 영락없이 지각이었다. 오죽하면 '술은 술이고, 일은 일이다.' 란 말을 귀에 딱지 앉도록 얘기했을까. 그래도 소귀에 경 읽기였다. 어디서 5만 원 더 준다고 하면, 그동안 잘 해준 것에 대한 의리 같은 건 바로 잊고 그만 두었다. 월급 받고 조용히 잠수 타는 건 양반 축에 속했다. 부지런하고 매사 철두철미한 내 사고방식으로는 도저히 이해 안 되는 행동들이었다.

어쩔 수 없이 직원을 수시로 교체했다. 몇 마디 지시하면 간섭한다고 월급만 받고 안 나오는 친구들도 많았다. 하도 사람이 안 구해져 구인광고까지 냈다. 오십 줄 된 아저씨가 사정하며 일 좀 시켜달라고 해 쓴 적도 있다. 그런데 배달 몇 군데 다녀오는데 두 시간이 걸리는 바람에 같이 일할 수 없었다. 가출한 십대 후반의 친구는 우리집에서 재우며 뜨거운 물에 목욕시켜줘, 빨래까지 해줬더니 다음 날 점심장사해서 받은 돈 들고 튀어버렸다. 고급 진 영업까지 해준 직원은 얼마간 일 참 잘하더니, 언제부턴가 동대문에 가서 청바지를 수백 장 떼어오는 게 아닌가. 뭘 하나 봤더니 배달 오토바이 타고 거래처 다니며 그 청바지를 팔고 있었다. 그러더니 얼마 후 퀵서비스 하면 떼돈 번다며 그만둔단다. 그런데 며칠 있다 다시 왔다. 배가고파 죽겠더란다. 이제는 맘 잡고 잘 하려나 했더니, 중국집에서 몇 푼 더 준다고 뒤도 안 돌아보고 가버렸다. 그런데 얼마 뒤 또 돌아왔다. 이번에는 맨날 중국음식만 준다며, 반찬 좀 달란다. 우리 음식과 중국 요리를 바꿔 먹잔다. 몇 번 그렇게 바꿔도 먹었다. 아무튼 이 친구 포함해 별의별 희한한 친구들 다 만나봤다.

매출만 생각하면 매일이 즐거웠지만, 마음은 항상 불안했다. 배달원이 한 명이라도 빠지면 그날 영업은 마비가 되었다. 어디는 배달하고, 어디는 안 할 수 없질 않은가. 내가 배달만 뛰면, 주문전화나 포장은 또 난리나니 그것도 문제였다. 그나마 당시 37세였던 포장언니의 칼 같은 시간 관념과 깔끔한 일솜씨가 위안되었다. 성남이 집이었는데, 버스 타고 오다 5분이라도 늦게 생기면 바로 내려 공중전화로 알려주고, 다음 버스 타고 올 만큼 정확했다. 나도 그런 성격이라 맘에 들었다.

세 명이나 되다보니, 셋에서 번갈아가며 속 썩여 하루도 맘 편할 날이 없었다. 돈은 잘 벌었지만 아내나 나나 배달원들 때문에 속이 까맣게 타들어갔다. 그러다 큰일이 한 번 또 터졌다. 가장 오래 일하던 배달원이 소리 없이 안 나온 거다. 요즘은 휴대폰이라도 있지, 그때는 집 전화 아니면 연락할 길이 없었다. 집에 수시로 전화해도 받질 않았다. 메인 배달원이 빠지니 당연히 가게는 비상이었다. 순간 참았던 게 터졌다.

"내 돈이고 뭐고 더러워서 느그들하고 같이 장사 못하겠다."

그날부로 분식집 문 닫았다. 곪을 대로 곪은 게 터져버린 거다. 후회 하냐고? 아니, 전혀 안 한다. 참고 일했다가는 화병으로 죽었을 것 같았으니까. 동네 일등 배달전문점을 어떻게 하루아침에 문 닫느냐는 둥 말들이 많았다.

"세상 일이 다 그렇지, 그 정도 속 안 썩고 어떻게 장사하냐.",

"장사가 그렇게 잘 되기 쉬운 줄 아나, 배가 불렀네.",

"젊은 사람이 돈 좀 벌더니 경솔해진 거 아니냐, 몇 년이라도 더 꾹 참고 버티지." 등등.

 하지만 나라고 속이 안 상했을 리 없다. 산전수전 다 겪은 내가 그런 결단을 내릴 때는 그만큼 아픔과 고통이 있질 않았겠는가. 당시 우리는 카드 단말기도 사용 안 했다. 음식 값을 모두 현금으로 받았고, 그 돈으로 매일 시장에서 다음날 필요한 재료를 사도 수중에 팔구십만 원이 남았다. 그렇게 잘 되는 가게를 하루아침에 관둔다는 게 아까웠다. 하지만 벌이가 된다고 욕심 부리다 건강에 이상이 생길 수도 있었으니 차라리 잘 된 일이었다. 그때 즈음 허리 디스크 때문에 몸이 말이 아니기도 했었으니까. 그 이후로 결심한 게 있는데, 지금까지도 지키고 있다. 앞으로 어떤 음식점을 하든, 내가 배달을 할망정 절대 배달원은 안 쓴다는 거였다. 그럴 바에는 차라리 내가 남의 음식점 배달원으로 일하겠다고 단단히 맹세할 정도였다.

주식으로 딱 '따블'만 벌어야지

그 가게 그대로 리뉴얼만 해서 고급 숯불구이집을 했다. 배달원 쓸 일 없으니 한결 편했다. 그때 IMF가 왔다. 전부 어렵다고 난리였지만 그래도 나는 수입이 괜찮았다. IMF구제금융을 신청했다는 뉴스 특보가 나올 때까지만 해도 그게 뭔지 몰랐다. 내 장사에 큰 영향을 안 끼쳤으니 별 관심 없었던 거다. 그런데 그 이후 시장이 술렁술렁하더니 장사가 잘 안 되기 시작했다. 옆의 큰 고깃집에서도 장사가 안 되니 일인분에 6천 원 하던 삼겹을 2900원까지 내리는 게 아닌가. 미쳤구나 싶었다. 나는 그렇게까지 하지 말자 싶었지만 손님이 점점 줄어드는 게 눈에 보였다.

금 모으기를 한다는 소리가 났다. 그때부터 장사가 곤두박질쳤다. 나도 못 버틸 수준이 되었다. 사무실이 비어가고 부도가 나고 자살한 가장들 소식이 신문 헤드라인을 장식했다. 센바람에 호롱불 꺼지듯 나라 전체가 넘어가고 꺼져가는 것 같았다. 그래도 어떻게 끌어오고 버티던 가게인데, 살아남아야지 다짐하고 또 다짐했다. 홍수로 한강물이 불어 넘쳐 나도 종이배라도 만들어 살아남아야지 마음먹은 거다. 다행히 매달 적금을 붓고 있었고, 빚도 없었다. 하지만 나라 경제가 이런데 비싼 고기가 팔릴 리가 없다. 그렇다면 메뉴를 바꾸는 거다. 지금까지 배달 1등, 매출 1등 가게에서 최고급 고깃집으로 바꿨었다. 이 둘을 각각 일 년 반씩 했다. 이제 다시 간판을 바꾸고 칼국수와 만두를 주 종목으로 했다. 동네서 남들 한 번도 못하는 걸 한 자리에서 세 번째 개업하니, 대단하다고들 했다. 여전히 내 메뉴는 큰 홍보 필요 없이 잘 됐다. 윤가네 칼국수는 시작부터 순항이었다.

한 친구와의 잘못된 만남

어느 날 지인의 소개로 내 만두기술을 배우고 싶다는 사람이 찾아왔다. 내가 어렵게 만두기술을 익혔다는 걸 잘 알고 있었으며 이미 만두 맛도 여러 번 봤다고 했다. 가락시장에서 과일 파는 일을 했으며, 처자식도 있었다.

만두기술만 가르쳐주면, 무보수로 원하는 기간만큼 배달도 해주겠다고 했다. 괜찮은 제안이었다. 그렇잖아도 배달도 밀리고, 일손도 달렸지만 배달원만큼은 안 쓰고 있던 참이다. 이미 나 자신과 약속한 게 있질 않던가. 그런데 이 양반이 오토바이를 못 탔다. 대신 무거운 거 번쩍 들고 동네 배달은 자기가 알아서 싹 다 했다. 기존의 배달원들과 달리 지나치게 성실해 고마울 지경이었다. 얼마라도 보수를 주고 싶단 생각이 절로 들었지만 한사코 거절했다. 기술 가르쳐주고 끼니 때 밥 주는 것만으로도 감지덕지란다. 매일 나랑 같은 시간에 출근해 모든 일을 거의 다 도와줬다. 그 친구는 다 좋은데 덩치가 커서 그런지 좀 둔했다. 힘든 일은 끄떡없이 잘 하는데, 손으로 섬세하게 하는 게 잘 안 됐다. 만두피도 반죽은 잘하는데, 피를 밀고 만두를 빚는 건 도무지 실력이 안 늘었다. 그래도 포기하지 않는 근성이 맘에 들었다. 시간이 걸리더라도 다른 건 생각 안하고 만두기술만큼은 꼭 배워가겠다는 결의가 대단했다. 가정경제는 어떻게 책임지는지 걱정돼서 물어보니, 그런 건 신경 안 써도 된다고 했다. 진짜 몇 달 동안 하루도 안 빠지고 가게에 나와 성실하게 일하고 배웠다. 나야 돈 안 받고 일 해주면 좋지만, 시간이 지날수록 생활비 충당은 어떻게 하는지 궁금하고 걱정됐다. 고심 끝에 특강 식으로 집중 전수해주기로 했다. 오후 시간에 따로 한 시간 이상 씩 과외를 시켜준 거다. 만두 빚는 손을 직접 내가 쥐어주며 이틀 동안 가르쳐줬다. 그런데 다음날 안 나왔다.

그 다음날 다시 나왔다. 혹시 내가 아이 가르쳐주듯 해서 화가 났나싶어 눈치를 살폈다. 그런데 그게 아니라 무슨 일이 있다고 했다. 또 이틀 씩 자꾸 빠진다. 지금까지도 중요했지만, 지금부터 제대로 배워야 개업할 수 있다고 했는데도 안 나온다. 괜히 열정을 들여 가르쳐줬나 허탈했다.

열흘 뒤에 그가 다시 나타났다. 실한 과일 한 박스 어깨에 들쳐 메고서 말이다.

"그동안 가르쳐줘서 고맙습니다. 그런데 저는 이제 만두 배우는 일 그만 할랍니다. 식당할 생각 접었습니다."

평양감사도 자기 하기 싫으면 억지로 시킬 수 없다. 그런데 뭐 때문에 안 하려고 하는지 여간 궁금한 게 아니었다. 이것 좀 물어볼 찰나 이 양반이 잠깐 기다려보라더니, 우리 딸을 데리고 가서 고급 브랜드의 신발을 사 신겨 나타난 게 아닌가.

"대체 뭔 일이 있었던 거요?"

내가 자꾸 묻자 그가 지금까지 있었던 일을 털어놨다. 우리 가게에 만두 배우러 나오기 전부터 집에서 컴퓨터로 주식을 했단다. 가끔 낮에 빨리 가야한다고 간 이유도 그 때문이었다. 만두 배워서 테이크아웃점 차릴 돈 1천2백 만 원을 주식에 투자했는데. 몇 달 만에 그 돈이 2억 5천이 되었다고 했다. 순간 내가 눈을 여러 번 세게 감았다 떴다. 뒤통수 세게 두어 방 맞은 것 같았다.

"이제 이런 골병드는 식당 일 안 하고 30억 모아 벤처기업 하나 차리는 게 목표입니다."

여유만만한 웃음으로 말하는데, 얼마 전까지만 해도 힘든 일 궂은 일 마다않고 뭐든 시켜만 주면 열심히 하겠다는 만두제자는 어디 먼 나라로 떠난 것 같았다. 슬슬 거만해지기까지 했다. 어느 날 우리 가족과 그 양반 가족이랑 함께 식사를 하잔다. 제법 비싼 유명 오리요리전문점이었다. 나는 생전 처음 가본 곳이다. 양복 입은 남자직원이 무릎 꿇고 와서 주문을 받았다. 이 양반은 서빙하는 여직원한테 빳빳한 돈으로 팁도 줬다. 고급 요리 코스 맛은 좋았다. 그런데 메뉴표를 보니 가격이 헉 소리 나게 비쌌다. 내가 이런 음식을 얻어먹어도 되나 싶어 한마디 했다.

"여태 우리 가게 와서 일만 했는데 기술 전수도 제대로 못해주고 미안해서 어쩝니까?"

뭘 그런 말을 하냔다. 돈 안 받고 고급기술 가르쳐준 것만으로도 감사하니, 앞으로도 비싼 음식 얼마든지 대접하겠단다. 그러더니 하루 저녁에 2백만 원 넘는 돈을 밥값으로 썼다는 말을 나한테 했다. 또 자기 아버지에게 1백만 원 넘는 낚싯대 사드렸다며 자랑했다. 대체 주식이 뭐 길래 갑자기 사람이 저렇게 변한단 말인가. 나나 그 양반이나 별반 다를 게 없는데, 순식간에 주식으로 돈 벌어 돈을 물 쓰듯 쓰는지 궁금해 죽을 것 같았다. 아무리 내가 10년을 발에 땀나도록 뛰어 번들, 저사람 혼자 손가락 하나 까딱거려 번 돈보다 나을까 싶었다. 아부지가 노름하지 마라 하셨지, 주식하지 말란 소리는 안 하셨다. 디스크로 죽을 고생했고, 우리 애들 장모님께 맡기고, 부부가 죽기 살기로 일했잖은가. 이제 나도 살만하고 현금도 제법 보유한 상태였다. 그래, 나라고 못할 거 뭐 있나. 1천 2백에서 2억 5천이면 무려 이십 배인데, 그런 욕심은 내면 안 되는 거다. 그렇지, 너무 과한 욕심은 화를 부른다. 지금 있는 돈에서 딱 따블만. 그러면 나도 배달 장사 안 하고, 아내도 장사일 대신 아이들 돌볼 수 있고, 그렇게 떳떳한 가장이 되어보는 거다!

인생 한방인 줄 알고

그날부터 TV를 봐도 신문을 펼쳐도 주식 관련 뉴스만 봤다. 방송에서는 모든 종목이 빨간 화살표를 달고 있었다. 상한가 표시다. 신문에도 며칠씩 상한가 기록한 주식들이 눈에 띄었다. 저 정도면 한두 달 후에는 분명 원금의 두 배 챙길 수 있으렷다. 아내한테도 말했다.

"왠지 저렇게 될 것 같지 않아, 여보?"

아내는 잘 모르겠단다. 그저 불안하니 잘 알아보고 하란다.

"그럼, 이거는 절대 노름 아이다. 나나 당신이나 너무 고생하며 살았잖아. 이제는 좀 편히 살아보자고."

때로는 인생에서 모험을 해볼 필요도 있다. 잘만 되면 우리는 고생 끝 행복 시작이라며 아내를 안심시켰다. 아내도 말리진 않았다. 그 친구랑 양재동 삼호물산 부근의 증권회사에 가서 계좌를 개설했다. 보통예금 통장에 넣어둔 돈을 일부만 남기고 전부 증권계좌로 옮겼다. 인생 한방이라 했던가. 욕심 안 낸다 다짐했다. 딱 따블, 따블만 중얼거렸다. 신문에서 계속 상한가 치던 두 종목을 떠올렸다. 바로 다음날 아침 이 두 종목을 사달라고 했더니, 자기는 모른단다. 사고팔고는 내가 시키는 대로만 해주겠다고 한다.

"내가 어린 애요? 당신한테 책임지라 하게?"

나도 모르게 목소리가 커졌다. 그렇게 주식 세계에 입문했다. 그런데 그날 내가 산 종목은 몇 시간 만에 하한가로 곤두박질쳤다. 연일 상한가 행진하고 있었는데 말이다. 그날 오후에 바로 되팔았다. 몇 시 간 만에 무려 1천5백만 원을 날린 거다. 정신이 번쩍 들었다. 아내에게는 아무 말도 안 했다. 내일 만회하면 되지, 배짱을 부렸다. 매일 상한가였는데, 그냥 내가 재수 없었던 거라며 스스로를 위로했다. 다음날 아침 개장하자마자 또 샀다. 그런데 장 마칠 때 되니 3백만원이 오른 거다. 그 친구가 당장 팔란다. 내가 그랬다.

"간섭 안 하기로 하지 않았나?"

내 나이가 몇 살인데, 내 일은 내가 알아서 할 테니 수고스럽지만 팔고 사고만 해달라 부탁했다.

"후회하지 마세요."

"걱정도 팔자요, 거 참."

나는 또 호기를 부렸다. 셋째 날이었다. 어제 3백만 원 올랐으니, 오늘 상한가면 본전하고도 몇 백만 원을 더 버는 셈이었다. 오늘 배달은 안 된다고 하라고 아내에게 일러두었다.

"사장이 지방 가서 홀 장사만 한다고 얘기해."

이미 장사는 뒷전이었다. 증권회사 전광판 앞으로 가서 제일 좋은 자리에 앉았다. 연세 지긋한 할배, 아지매들이 숨죽인 채 많이도 앉아있었다. 시작하자마자 두 종목 다 하한가였다. 심장이 철컹 내려앉았다. 그렇지만 또 스스로를 안심시켰다.

'아침에는 원래 이렇게 시작하는 건가보다.'

하지만 파란색으로 내리꽂힌 화살표는 오후 한 시가 되어도 올라가질 않았다. 그 친구에게 전화했다. 당장 팔라고 했다. 허무하게 1천2백만 원을 날렸다. 그런데 이게 웬일, 마감시간 되니 내리꽂혔던 파란 화살표가 뒤집어져 다시 상한가를 치는 게 아닌가. 땅을 내리쳤다. 조금만 더 기다릴 걸. 손에 땀이 흥건했다. 아내와 내가 어떻게 번 돈인데. 아내는 아이 가졌을 때 병원에서 애 놓기 전날까지 일을 했었다. 나는 어땠나. 무거운 그릇 다 들고 하루에도 수십 번씩 배달가다 허리 디스크가 파열되었다. 허리가 끊어지게 아파도, 다리 저려 잠도 못자고 배달해서 모은 돈이다. 속 무던히 썩히던 배달원들 비위 맞춰가며 말이다. 그런 귀하고 귀한 내 생돈 2천7백만 원을 삼일 만에 날린 거다.

그런데 이상하게 잃을수록 오기가 생겼다. 장사가 중요한 게 아니다. 2천7백만 원 메우려면 배달을 얼마나 해야 하는지 계산도 안 되었다. 가장 쉽게 복구할 수 있는 방법은 역시 손가락 까딱으로 천국과 지옥을 오가는 이 길뿐이었다. 그러려면 주식에 올인해야 했다. 장사하면서 주식한다고 자주 자리 비우는 건 아내 고생만 더 시키는 일 같았다.

가게팔고 주식에 올인

지금 생각하면 머리가 어떻게 된 것 같다. 그런데 그때는 진짜 주식 생각밖에 없었다. 음식 연구하고 배우고 장사하고 그런 게 다 부질없고 어리석게 느껴졌다. 이렇게 한방에 큰 돈 벌 수 있는 방법이 있는데 뻘짓했단 생각만 들었다. 무식하게 고생만 한 내가 한심하게 느껴질 정도였다. 그래, 뭐 좋게 생각하자. 2천7백만 원이란 돈은 크다. 하지만 큰 고기를 낚으려면 미끼도 커야 한다. 대충 던진 낚싯대에서 미끼만 홀랑 빼먹었네라 생각하면 맘 편한 거 아니겠는가. 마침 광고도 안 냈는데, 어떤 분이 가게를 보겠다며 찾아왔다. 아귀가 딱 맞아떨어지는 느낌이었다. 권리금이야 아무렴 상관없었다. 이 작은 가게에서 그동안 번 게 얼만데. 들어간 것만큼만 달라 했다. 오래 끌 것도 없고 내일이라도 들어오시라 했다. 귀찮은 짐 넘기듯 가게를 넘겼다. 초록초록하던 5월이었다. 속도 썩을 만큼 썩어보며 고통과 아픔 환희 좌절까지 맛보던 윤재갑 30대 초반을 불사른 명소는 그렇게 남의 손으로 넘어갔다. 나는 더 나은 출발을 위해 전진하는 거라고 믿어 의심치 않았다. 쉽게 사는 방법을 찾았기 때문에 모든 게 홀가분했다.

전세자금만 빼놓고 모든 재산을 모았다. 가게 판 돈, 적금, 예금 등 10년간 장사해 번 돈이었다. 그 돈이면 당시 시세로, 지금 내가 살고 있는 집 네 채 이상 살 수 있었다. 아내더러 그동안 고생 많았으니 집에서 푹 쉬며 애들이나 잘 돌보라했다. 아이들은 외할매랑 살았지 엄마, 아빠 정은 거의 못 느꼈을 거다. 둘 다 장사하느라 아이들과 시간 보내는 일이 거의 없었단 걸 생각하니 마음 아팠다. 이참에 제대로 된 가장 노릇도 해보고 싶었다. 이제 증권회사 전광판 앞에 가 있을 게 아니라 아예 그 친구 집으로 출근하기로 했다. 2천7백 만 원만 아니어도 며칠 쉬었다 했을 텐데, 그 돈 때문에 침이 바짝 말라 바로 출근도장을 찍었다. 도착하니, 이 친구는 컴퓨터 앞에 앉아있었다. 어떤 종목 보나 하고 고개를 들이밀었더니 이게 웬일, 게임을 하고 있는 게 아닌가. 그것도 밤새 했단다. 빨리 주식 사이트 들어가 달라 재촉했다. 신문에서 봤던 다른 종목 한 군데에 몰빵했다.

"좀 위험할 건데요."

"모르는 소리 말아요, 크게 던져야 크게 먹지."

큰소리 치긴 했지만 내심 불안했다. 화장실도 안 가고 장이 마감되기 직전에 팔았다. 6백만 원을 벌었다. 와, 역시 장사 안 하고 올인해 크게 지르니 하루에 6백만 원도 버는구나. 자, 이제 2천1백만 원만 벌면 본전은 찾는 거다. 물론 내가 본전 찾으려고 이걸 하는 게 아니었다. 본전에서 딱 따블만 하면 미련 없이 때려치울 참이었다. 아니, 그게 아니지, 조금만 더. 1천 만 원만 더 벌어 전국일주도 떠나고 맛난 것도 사먹고 생활비도 충당하고 아내는 쉬게 하자. 그리고 큰 가게 얻어서 고된 일은 적게 하면서 쉬엄쉬엄 장사하는거다. 한 달 아니 두 달 뒤에는 얼마든지 이런 내 꿈을 이룰 거란 확신이 생겼다. 퇴근 후 아내에게 6백만 원 벌었다고 말하자 아내 눈이 휘둥그레졌다. 정말이냐며 재차 되물었다. 내가 뭐랬냐고 큰 소리 치며 조금만 더 기다려보라고 했다.

다음날 아침도 개장 시간 10분 전까지 그 친구 집으로 출근했다. 그날도 이 친구는 밤새워 게임했다며 눈이 퀭했다. 그러다 오후에 장이 끝나면 낮잠을 자곤 했다. 나는 그때까지만 해도 아침 일찍부터 사야 더 많이 버는 줄 알았다. 그런데 무조건 가능한 많이 사는 거였다. 주로 며칠씩 상한가 쳤던 것들로 싹쓸이했다. 오랫동안 상한가 칠 때는 분명 뭐가 있으니 그렇겠지 했다. 그날도 샀다. 회사 정보 같은 건 난 모른다. 그런게 뭐 그리 중요할까. 돈 놓고 돈 먹긴데, 그 회사가 어디에 있든 뭘 만들든 그런 건 중요하지 않다 싶었다. 지금 생각해보면 완전히 놀음하듯 주식했다. 그날부터 재수가 없어졌는지 내가 사고 나면 바로 하한가다. 순식간에 8백만 원을 날렸다. 후딱 팔고 다른 걸 사고, 몇 시간 만에 사고 팔고를 반복했다. 한 열흘 동안 미친 듯이 그 일만 반복했다.

투자할 때의 종자돈이 반으로 줄어있었다. 죽상이 되어 퇴근하는데, 동네 식당 하나가 후덥지근한 날씨에 주방 문 열고 장사하고 있었다. 안에서 직원들이 분주하게 움직이고 있었다. 나도 저렇게 10년 장사했었는데. 그렇게 어렵게 모은 돈을 열흘 만에 반이나 홀랑 까먹은 거다. 그렇다고 여기서 그만두면 저 사람들처럼 또 무더위에 땀 뻘뻘 흘리며 일해야 한다. 에이, 그건 안 되지. 조금만 더 해보자. 그렇게 한 달이 흘렀다.

통장 잔고 6만 원

통장 잔고는 반의 반으로 줄었다. 기분이 이상했다. 그 친구 역시 이상해졌다. 비싼 음식 얼마든지 사주겠다며 큰 소리 뻥뻥 치더니 이제는 점심에 짜장면 시켜먹는 돈도 서로 누가 낼지 눈치 보는 중이었다. 말투 역시 퉁명스러워진 게 영 달랐다. 자꾸 그 집으로 출근도장 찍는 것도 눈치 보였다. 차라리 컴퓨터 하나를 사서 집에서 혼자 하기로 한다. 나는 컴퓨터는 전혀 다룰 줄 몰랐다. 그냥 사고팔고 하는 것만 배워, 내가 직접 하기로 한 거다. 그때부터 출근은 물론 바깥 출입을 안 하게 됐다. 줄곧 다니던 교회 목사님이 물으셨다.

"요새 집에서 뭐하시는지요?"

괜히 찔려서 얼버무렸다.

"요즘 컴퓨터 공부하고 있습니다."

친구나 지인들도 물었다. 그렇게 악착같이 쉬지도 않고 일하더니 왜 요즘은 가게 안 하냐고 말이다. 나나 아내나 그동안 너무 힘들어서 좀 쉬기로 했다며 둘러댔다. 사실 누가 볼까 싶어 낮에는 밖에 나가는 게 두려웠다. 컴퓨터를 산 진짜 이유는 사고팔고를 내가 직접 해야 했기 때문이다. 그전에는 그 친구가 잘 해주더니 언제부턴가 자꾸 짜증내고 핀

잔까지 줬다. 나중에 얼마나 후회하려고 그러냐부터 그것도 못하냐란 말도 서슴지 않고 했다. 대체 너는 무슨 종목을 사느냐 물으면 절대 안 가르쳐줬다. 그런데 그 친구는 막상 사고팔고를 잘 안하는 것 같았다. 나중에 알고 보니 그 친구 역시 거의 다 털려서 사고 팔 돈도 없던 거였다. 맙소사.

아내가 물었다.

"당신 얼마나 벌었어?"

"자꾸 물어보면 안 돼. 지금은 생각만큼 잘 안 되지만, 조금만 기다리면 다 잘 될 거야."

가게 문 닫은 지 두 달 반이 넘어가고 있었다.
장 끝나면 오후 세 시가 넘었다. 애들 데리고 모처럼 네 식구가 도시락 싸서 양재천 나들이를 갔다. 딸은 4학년 아들은 2학년이었다. 한여름 땡볕이 따갑게 내리쬐고 있었다. 타워팰리스 건너편 양재천의 물이 한강으로 너울너울 흘러가고 있었다. 한켠에는 인공수영장이 만들어져있었다. 모처럼 엄마, 아빠랑 나들이 나온 애들이 마냥 좋아한다. 옷이 흠뻑 젖을 정도로 뛰어논다. 아내도 좋아했다. 이 행복 속에서 내 머릿속이 복잡해졌다. 어떤 걸 사고 어떤 걸 팔아야 할지 감이 안 잡혔다.
'그래, 이삼일 쉬면서 주식 책으로 공부한 뒤 다시 덤벼보자.'

주식해서 대박났다는 저자의 책을 사서 이틀 만에 정독했다. 그것 하나만으로도 제법 주식에 대해 알게 된 것 같았다. 자신감이 생기자 다시 종목을 샀다. 하루 만에 몇 백을 손에 쥘 수 있었다.

'그래, 이거였어. 역시 아는 만큼 실력이 느는구나.'
다음날 의기양양하게 또 샀다. 그런데 웬걸, 다시 망했다. 그렇게 두 달 만에 잔고는 10분의 1로 오그라들었다. 잔고를 보니, 욕심이 적어졌다. 따블이 뭔가, 그냥 딱 본전만 돌려주면 죽을 때까지 주식 안 하겠단 맹세를 신 앞에서 할 수 있을 것 같았다. 하지만 신은 말이 없는데, 아내가 입을 열었다. 생활비 얘기였다.

"조금만 기다려봐. 뭉텅이로 갖다 줄 테니까."

나는 큰소리를 쳤다. 당시 TV드라마 중 '덕이'라는 게 있었다. 극중 아버지로 나오는 탤런트 박영규가 쥐뿔도 없으면서 가족들에게 하는 말, "아부지만 믿으면 되는 거여." 가 유행이었다. 나는 툭하면 박영규 흉내를 냈다.

"아부지만 믿으면 되는 거여."

아내가 현금서비스를 받아야 될 것 같다고 한다. 그까짓 거 이자 몇 푼이나 한다고, 받으라 했다. 이자 몇 푼에 맘 졸이며 살지 말자는 말도 덧붙였다. 애들이 먹고 싶어 하는 것도 다 사주라고 했다.

석 달 째, 몸무게 앞자리가 달라졌다. 75킬로그램에서 90킬로그램으로. 그도 그럴 것이 아침부터 장 끝날 때까지 컴퓨터 앞에 앉아서 한 번도 일어나질 않았다. 화장실도 참았다. 그 사이 떨어지면 어쩌나 하는 불안감 때문에.
이러다 돈도 잃고 건강까지 잃을 것 같아 등산을 하기로 했다. 대낮 땡

볕을 피해 오후에 청계산 매봉에 올랐다. 출발한 지 5분밖에 안 됐는데 옷이 땀범벅 되었다. 순간 어? 왜 이러지? 싶었다. 내가 누군데, 이럴 리가. 시골에서 돌 짊지고도 산을 날아다닌 사람인데. 그런데 누가 나를 뒤에서 당기는 것처럼 몸이 앞으로 나아가질 않았다. 중간 정도 겨우 올랐을 때 숨이 턱 밑까지 차서 더는 오르기 힘들었다. 뒤에서 당기는 게 아니라 위에서 내 이마를 밀어버리는 것 같았다. 청계산 산신령 목소리가 들리는 것 같았다.

"이놈, 윤재갑. 세상이 그리 만만한 줄 알았냐? 그래, 계속해봐 어디. 너 같은 놈은 죽어라 고생해봐야 정신 차리지. 감히 여기가 어디라고 올라와. 내려가라, 인마."

내 이마를 미는 게 산신령의 기운 같았다. 이상하게 오기가 발동했다. '어디 계속 밀어보세요, 그런다고 제가 안 올라가나.' 나도 맞짱 뜨면서 꾸역꾸역 올랐다. 산신령과의 싸움에서 이겨보겠다는 결의로 말이다. 평소보다 두 배는 걸려 정상에 도달하니, 목에서 가래가 다 끓었다. 윗도리를 벗어 비틀어 짰다. 맥주컵 하나 분량의 물이 나왔다. 작열하던 태양이 서쪽으로 넘어갈 준비하는 시각이었다. 다시 산 밑으로 내려가려는데 몸이 으슬으슬 춥다. 한여름인데도 몸에서 한기가 느껴졌다. 산신령이 나를 놀리는 것 같았다.

"어이, 윤재갑. 니가 죽을 고생해서 번 돈, 내가 다 가져가마."

내 몸이 언제 이렇게 삭았나 싶었다. 시골에서 농사지을 때, 괭이나 농기구를 한동안 안 쓰고 걸어두면 녹슨다. 매일 논밭을 일구며 써야 반짝

반짝 윤이 난다. 사람 몸도 마찬가지구나 싶었다. 10년 넘게 장사하면서 비가 와도 눈이 와도 온몸이 부서질 듯 아파도 쉬지 않고 일하던 몸 아니었는가. 그런데 주식한다고 컴퓨터 앞에만 앉아있으니 농기구마냥 몸이 삭아버린 거다. 생각이 많아졌다. 통장 잔고는 처참했다. 500만 원도 채 안 남았다. 이때부터 짧은 시간 내에 사고파는 단타 위주로 했다. 어쩌다 한 번씩 벌어도 몇 십 만 원이 전부였다. 그마저도 승률 30%가 채 안 되었다. 이대로 그만두면 죽도 밥도 안 되고, 생활비며 아이들 교육비며 감당할 재간이 없다. 막막했다. 결국 아내에게 털어놓을 수밖에 없었다.

내가 당길 수 있는 대로 다 당겨서 한방을 노려야겠다고 말이다. 질금질금 여러 번 지르는 것보다 몰아서 한방이 훨씬 낫다. 결국 3부 이자로 돈을 빌리고, 애들 돌반지 팔고, 교육 보험 깨고, 카드대출 서비스 받아 증권계좌로 죄다 옮겼다. 제법 큰 눈뭉치를 만든 거다. 마음이 조급해졌다. 초조하고 불안해서 한 시간 만에 되팔기도 했다. 제법 눈뭉치를 크게 만들었건만 햇살에 눈 녹듯 점점 작아져갔다. 석 달 반 만에 제대로 쪽박 찼다. 튼튼했던 아랫니, 윗니 다 빠지고 잇몸만 남은 기분이었다. 그래, 이 없으면 잇몸으로 살면 되지하며 맘을 다잡아보았다. 하지만 과연 나는 여전히 아이들과 아내 앞에서 "아부지만 믿으면 되는 거여." 라고 큰 소리 칠 수 있을까. 현실은 전세금까지 빼서 눈덩이 뭉치는데 쓰느라 보증금 2천에 월세 40만 원짜리 방으로 이사해야 하는데 말이다. 사태가 이 지경인지도 모르고 천진하게 웃는 아이들을 보니, 죄책감에 어디로 숨어버리고 싶었다.

주식한다고 증권계좌로 입금만 했지, 얼마를 벌어도 출금 한 번 한적 없다. 그대로 모두 재투자하는데 쓴 거다. 마지막 털고 나올 때 통장에 6

만 원이 남아있었다. 그걸 출금하고 통장을 째버렸다. 그날 저녁 가족과 치킨 한 마리를 사먹었다. 네 가족이 먹기엔 작았다. 새삼 우리 애들이 많이 컸구나 싶었다. 상황이 이 지경인데, 아내는 흔한 잔소리 한 번 안 했다. 고마운 줄 알면 입이라도 다물고 있을 걸, 나는 도리어 큰소리쳤다. 내가 노름한 것도 아니고 우리 네식구 잘 살아보려고 하다 실수 한 거 아니냐고 말이다. 아내는 맞다고 했다. 아무렇지 않은 듯 치킨을 뜯으며 아내가 덧붙였다.

"그나마 당신 몸 안 상한 게 다행이지 뭐. 너무 오래 놀았더니 따분해. 이참에 나 취직할까봐."

못난 놈. 접시 물에 코 박고 콱 죽어버리고 싶었다. 가장 꼴이 말이 아니었다. 그래도 꼴에 경상도 사나이라고 미안하단 말은 죽어도 안 나왔다. 양재천을 걸으며 아내와 많은 얘길 나눴다. 나는 재기할 수 있다고, 반드시 그럴 거라고 아내에게 말했다. 아내는 나를 믿는다고 했다. 그리고 우리는 다시 식당할 거니까 이왕 직장 구하는 거 식당에 취직하는 게 맞겠다했다. 남의 가게로 설거지라도 하러 가겠다는 거다. 세상에, 이런 여자가 또 있을까. 업어줘도 모자랄 판에, 나는 침묵했다. 사실 그때까지만 해도 나는 사태의 심각성도 모르고 있었다. 현금서비스 받은 다음 제 날짜에 갚지 않으면, 매일 독촉전화에 시달려야 한다는 것도 몰랐다. 결혼 후에 돈 때문에 어려웠던 적이 한 번도 없었으니 알 턱이 없었다.

벼룩시장 구인 광고 보고 아내는 칼국수집에 취직을 했다. 바지락 칼국수와 보쌈 파는 곳이라 했다. 뻔뻔한 나는 이런 요구까지 했다.

"이왕 하는 거, 설거지만 하지 말고 기술도 배워와."

아내가 출근한 이후, 이틀간 아무 것도 안 하고 집에 있어봤다. 컴퓨터는 그날 이후 손도 안 댔다. 이 생각 저 생각 오만가지 잡념이 들었다. 그리 멀지 않은 곳에서 주유소를 하는 고향 친구 생각이 났다. 친구한테 내가 일할 만한 자리가 없냐 슬며시 전화로 물었다. 그랬더니 그쪽으로 당장 오란다. 삼겹살에 술 한 잔을 친구가 사줬다. 주유소 바로 옆에 기사 식당이 하나 있단다. 그 가게에 주차요원이 세 명인가 있는데 마침 한 명이 관두게 되어 자리가 난다고 했다. 월급도 제법 되니 한번 해보란다. 집으로 돌아와 아내와 상의했다. 그런데, 한 번도 내 뜻에 토단 적 없던 아내가 이번에는 반대하고 나섰다. 아무리 그래도 그건 아닌 것 같단다. 월급 많이 준다고 해도 식당일과 하등 상관없는 일이잖냐며, 차라리 식당일을 하는 게 미래를 위해 좋을 것 같다고 했다. 맞는 생각이었다. 사실 택시운전을 할까도 했었다. 운전하면서 여기저기 돌아다니면 답답한 속이라도 풀릴까 해서다. 하지만 그것도 아닌 것 같았다. 역시 식당이었다.

남의 가게 주방 보조로 새 출발

벼룩시장을 펼쳤다. 삼성동에 위치한 꽤 큰 규모의 소고기집 광고가 눈에 들어왔다. 지금 생각해보면, 맨주먹으로 시작해 자수성가한 젊은 사장에서 몇 달 만에 쪽박 찬 내 처지 파악을 잘 못한 것 같다. 내심 마음속으로 그래도 잘 나가던 사장이라 착각하고 있었으니 말이다.

내 자리는 어디에도 없더라

나는 지배인을 해볼 참이었다. 지금껏 다양한 종류의 직원들을 다 경험해본데다 10년 치 장사경험이 있으니 충분히 가능한 일이라 생각했다. 이 또한 훗날 내가 장사하는데 큰 도움이 될 것 같았다. 오전에 전화로 위치를 물은 뒤 오후 시간에 면접을 보기로 했다. 그간 내 손으로 양복 한번 골라 입은 적이 없던 터라, 어떤 걸 입어야할지 난감했다. 에라, 그냥 적당히 입자는 마음에 얇은 사파리 점퍼를 걸쳤다. 그것도 흰색 바탕에 샛노랑 무늬가 있는 옷이었다. 거기에 면바지 주섬주섬 입고 운동화를 신었다. 남의 집 면접 보러 가는 놈이 차까지 끌고 가는 건 웃기지 싶어 대중교통을 이용했다.

생각 외로 큰 가게였다. 대리석으로 된 고급 건물에 열 대 이상의 차를 주차할 공간이 있는, 아무튼 좀 으리으리한 곳이었다. 면접을 하시는 분은 50대 중반의 세련미 넘치는 여사장님이었다. 이력서에 군취사병 경력은 물론 곡예배달 분식, 고급 베테랑 주방장 쓴 꽃삼겹집 등등부터 윤가네 칼국수집까지 주르륵 다 썼다.

"필체가 참 좋으시네요, 경력도 화려하시고, 그런데 사장만 하셨지 지배인 경력이 없으시네요."

그렇긴 하지만, 장사를 오래해 직원 다루는 건 자신 있다고 말했다. 주방 역시 어설픈 주방장 두어 명보다 훨씬 잘 할 수 있다고 말했다. 여사장이 빙긋 웃으면서 대답했다.

"딱 봐도 그러실 것 같네요. 그런데 지배인은 그것만으로 부족하답니다. 이 근처에 사무실이 많아요, 그런 곳 다니면서 고급 손님 유치해와 매출 올려주는 게 지배인의 역할이거든요."

면접 간다고 나름 예상 질문지까지 뽑아 연습했는데 순간 멘붕이 왔다. 전혀 예상치 못한 발언에 할 말을 잃어버린 거다. 그제야 의상 선택부터 잘못했다는 생각이 들었다. 고급 손님 유치하는 게 지배인의 주 업무인데, 그러려면 그에 걸맞는 옷을 입어야 했다. 그런데 내 차림이 어땠나. 허름한 변두리 동네 신문보급소장 면접 볼 것처럼 하고 간 거다. 그런 세련된 양복이 어울릴 몸도 아니었다. 살이 뒤룩뒤룩 쪄서 몸무게가 90킬로그램을 넘었다. 고급 차림새의 강남 부자 여사장님 눈에 그런 내가 맘에 들 리 만무했다. 여사장이 눈짓으로 말하고 있었다. 여기 당신 있을 자리 아니니, 내 말뜻 알아들었으면 빨리 가라고. 나는 반 이상 남은 커피를 후루룩 마시고 서둘러 일어섰다. 가계시면 연락하겠단다. 알겠다고 대답은 했지만, 연락 안 할 거란 거 잘 알고 있었다. 짧은 면접 시간 동안 장사 10년 하면서 겪은 그 어떤 것보다 높은 벽을 느꼈다. 아니, 그 벽에 세게 한 번 들이박은 기분이었다. 삼성역 부근에서 다시 벼룩신문을 펼쳐들었다. 김치 반찬 하나에 대충 챙겨 먹은 점심이 부족했는지 갑자기 배에서 꼬르륵 소리가 났다. 주린 배를 부여잡고 몇 페이지 넘겨봤지만 지배인 구인 광고는 많지 않았다. 일단 벼룩신문을 돌돌 말아 사파리 주머니 안에 넣고 집으로 돌아왔다.

아내에게 면접에서 떨어졌다고 하니, 괜찮단다. 첫술에 어떻게 배부르냐고, 내일이든 모레든 천천히 하면 되는 거라고. 아내는 위축된 나를 위로하고 싶은 건지, 제육볶음에 상추쌈을 차려줬다. 상추쌈에 고기를 듬뿍 올려 꾹꾹 씹고, 또 씹었다.

주방보조도 나이 때문에 잘리고

다음날 아내가 출근하고, 그렇게 힘들었던 청계산 옥녀봉을 다시 올랐다. 발이 무거웠다. 세상의 무게를 한 짐 가득지고 올라가는 것 같았다. 누가 볼까 싶어 두리번거리며 갔다. 혹시 아는 사람이라도 만나면 이 시간에 왜 여기 있냐고 물을까 겁났다. 그렇게 다음날도 올랐다. 아부지만 믿으면 된다고 큰소리 뻥뻥 쳤는데. 아부지만 믿고 있는 아내와 내 새끼들이 있는데. 그래, 이 판국에 내가 찬밥, 더운밥 가린다는 것 자체가 못난 짓이다. 과거 잘 나가던 윤재갑을 버리고, 자존심이고 뭐고 다 내려놓는 거다. 얼마를 벌든 남편으로서 아빠로서 떳떳한 모습을 보여주자. 밑바닥부터 다시 시작해야 한다. 지배인이고 주방장이고 다 때려치우고, 아무 것도 모르니, 주방 보조로 써달라고 하는 거다. 그때가 내 나이 서른다섯 살 때였다.

당시 집에서 그리 멀지 않은 곳에 유명한 설렁탕집이 있었다. 사실 설렁탕집 주방장을 해도 누구보다 잘 할 자신 있었다. 내가 담그는 김치와 깍두기는 손님들이 엄지손가락 척 들며 인정해주는 실력이었다. 게다가 내가 자신 있는 김치는 설렁탕집에서 인기 있는 겉절이다. 사골국물 또한 누구보다 잘 빼낼 자신 있다. 하지만 주방장으로 가긴 싫었다. 월급이야 당연히 많이 주겠지만, 그만큼 책임감이 무거울 거다. 바닥부터 차곡차곡 쌓아올리기엔 주방 보조만한 게 없었다. 오전 열한시경, 설렁탕집을 찾았다. 칠십 평도 넘어 보이는 곳에 주차요원이 따로 있을 정도였다. 이번에도 면접을 본 분이 여사장님이었다. 그동안 뭐했는지, 왜 그 나이에 주방 보조를 하려고 하는지 등등을 물으셨다. 무조건 굽히며 애원하다시피 말했다.

"장사 조금 해봤는데, 운영미숙으로 실패하고 아무 것도 할 줄 아는 게 없습니다. 처자식 하고 먹고 살아야 해서 주방 보조 면접 보러 왔습니다. 뭐든지 시켜만 주면 누구보다 잘 할 수 있습니다."

면접 보는 사이사이 주방 쪽에서 여럿이 힐끔힐끔 내다봤다. 주방장쯤 되어 보이는 사람과 눈이 마주쳤다. 얼핏 보기에도 나보다 어려보인다는 생각을 할 때 즈음, 여사장님이 말했다. 집도 가깝고 성실해 보인다고, 날 채용하고 싶다고 말이다.

"같이 일할 주방장과 상의 후에 바로 연락드릴게요."

집으로 돌아오면서, 당연히 연락오겠지 했다. 이번에는 말실수 한 것도 없고, 기술을 읊지도, 운영 능력이 많다고 말하지도 않았다. 그저 열심히 하면 될 주방보조 일인데 그리 까다롭게 굴 일도 없다고 생각했다. 그런데 점심시간이 지나도록 전화가 없었다. 설마 하는 마음에 화장실도 안 가고 전화통을 붙잡고 있었다. 하지만 끝내 전화는 오지 않았다. 그마저도 취직이 안 된 거다. 내가 주방장보다 나이가 많다는 것밖에는 딱히 이유가 없었다. 나이 어린 사람 밑에서도 얼마든지 일할 각오가 되어있었는데, 서운하고 맥 빠졌다. 문득 옛날 생각이 났다. 스물여섯 살 내 결혼식 날, 친구 놈이 사회를 봤다. 주례는 한창 잘 나가는 영화배우이자 국회의원이셨던 분이 봐주었다. 그때 친구가 신랑을 호명하면서 웅변조로 외쳤다.

"신랑 윤재갑군은 장래가 촉망되는 청년사업가로 급부상하고 있습니다. 여러분, 신랑의 앞날을 위해 양철지붕에 우박 떨어지는 박수소리 한번 부탁드리겠습니다."

그랬더니, 우박보다 한참 큰 늙은 호박 수백 개가 우르르 떨어지는 소리가 터져 나왔다. 그런데 지금 내 몰골이 다 뭔가. 알거지가 된데다 지배인 면접 떨어진 건 그렇다 쳐도 주방 보조까지 떨어진 거다. 그렇다고 오도카니 앉아있을 수만은 없었다. 아내 퇴근하기 전에 서둘러 움직여야 했다. 여기저기 주방 보조 일자리 구한다는 곳에 전화를 돌렸다. 하지만 돌아온 대답은 전부 똑같았다.

"어떡하죠, 벌써 구했습니다."

이마저도 쉬운 일이 아니구나, 낙담했다. 그때 눈에 들어오는 데가 있었다. 삼호물산 건너편에 있는 대규모 냉면집이었다. 그래, 내가 아직 냉면 빼는 기술이 없었지. 비빔냉면 양념장은 배워뒀으니, 기계면 빼는 법 배워두면 훗날 큰 밑천이 되겠다, 싶었다. 서둘러 전화를 돌렸다.

"주방 보조 구하셨어요?"

"아직 안 구했습니다만, 그런데 실례지만 나이가 어떻게 되시는지."
냉면집 주방보조도 나이제한이 있는 건가 싶었다.

"예, 서른다섯입니다."

"미안합니다. 나이가 좀 많으시네요."

이 말만 하고 전화를 끊어버렸다. 눈앞이 아득해졌다.

월급 130만 원 주방보조로 첫 출근

다음날, 아내가 출근하자마자 또 전화를 돌렸다. 다행히 한번 와보란다. 칼국수집이었다. 정신 바짝 차리고 거울을 봤다. 이번에도 떨어지면 무슨 면목으로 가족 얼굴을 볼까 싶었다. 그동안 아부지만 믿으면 되는 거여는 순 뻥이 되는 거다. 깔끔하게 하고 나가기라도 해야, 나이가 덜 들어보일 것 같았다. 거품을 듬뿍 발라 면도했다. 혹여 덜 깎인 수염이 있나 몇 번이고 다시 봤다. 평소에는 쓰지도 않던 아내의 로션을 슬쩍 발랐다.

　이곳도 여사장님이었다. 남자 사장님들과 보면 조금이라도 덜 떨릴 텐데, 왜 하필 여자 사장님들일까. 이번에도 떨어지면, 진짜 답이 없을 것 같으니 부디 합격하게 해달라고 맘 속으로 기도했다. 그분은 식당 두 곳을 운영하고 있었다. 일단 합격이니, 밑에 있는 칼국수집에 있는 주방장한테 2차 면접을 보라고 했다. 시키는 대로 했다. 토요일 오후라 한산했다. 인사를 하니, 주방장 포함해 홀과 주방언니들이 나만 쳐다보는 것 같아 얼굴이 벌게졌다. 하지만 이내 정신을 차렸다. 여기서 떨어지면 진짜 끝 아닌가. 마침 여사장님이 귀띔해주신 조언이 있었다. 주방장이 나보다 세 살 어리니, 무조건 시키는 대로 열심히 하겠다 말하라고 언질을 주신 거다.

"무조건 시키는 대로 열심히 하겠습니다."

넙죽 절부터 했더니 내게 이것저것 물어보기 시작했다. 딱히 내가 싫은 눈치는 아닌 것 같았다. 연락을 주겠다고 했다. 잘 부탁드린다고 몇 번을 말하고 뒤돌아섰다. 버스 정류장으로 걸어갈 때 즈음 전화가 왔다.

"내일부터 같이 일해봅시다."

와, 솔직히 말해 열관리 자격증 땄을 때보다 더 기뻤다. 집에 돌아오니 아내가 퇴근해있었다. 애들 준다고 간식 준비하는 아내에게 당당히 얘기했다.

"당신도 알다시피 내가 어릴 때 못 먹고 자란 한이 많아. 성장기 때는 무조건 골고루 잘 먹어야 하니 돈 아끼지 말고 잘 챙겨."

아낄래야 아낄 돈도 없다는 걸 잘 알았지만 그래도 취직이 됐으니 큰 소리 한번 쳤다. 아내에게도 말했다. 몇 군데서 오라고 했는데, 그 중 칼국수집이 가장 맘에 들어 거기로 가게 됐다고 말이다. 직업에 귀천이 어디 있냐고, 잘 됐다고, 뭐든 열심히 하다보면 우리에게 좋은 기회가 올 거라면서 아내가 기뻐했다.

월급 130만 원, 한 달에 두 번 쉬는 조건으로 주방 보조로 취직이 된 거다. 면접날, 가게에 딱 들어가자마자 메뉴부터 눈에 들어왔었다. 해물칼국수, 흑미수제비, 만두, 보쌈, 만두전골, 해물파전. 보쌈! 다른 건 몰라도 보쌈이라는 메뉴에 눈이 번쩍 떠졌다. 맛을 떠나 가리봉동에 있을 때 참새가 방앗간 드나들 듯 다니던 보쌈집 생각이 났다. 당시 기술을 배우고 싶어 침 흘렸던 기억도 났다. 여기서 이걸 배울 수만 있다면! 그때부터 월급 안 줘도 좋으니, 부디 나이 많다고 자르지만 말아줬으면 하는 맘 간절했었다.

첫 출근 전날 밤, 잠이 안 와 이불을 들썩였다. 아내도 쉬이 못 자는지 약하게 침 삼키는 소리가 늦게까지 들렸다. 잠자리 들기 전, 아내는 남의 식당 주방 보조로 출근하는 남편을 위해 출근복을 챙겨주었다. 첫 출근에 양복 빼입고 007가방 들고, 새로 산 넥타이에 잘 다린 손수건 챙기게 해야 체면이 설 텐데. 내가 참 못난 놈이구나 싶었다.

날이 밝았다. 까만 레자 가방에 일할 때 입을 바지와 면 티 한 장, 수건 하나 챙겨 넣고 버스 타러 나갔다. 첫 출근, 서먹서먹하단 말은 이럴 때 쓰는 단어였다. 뭐부터 해야 할지 솔직히 몰랐다. 이러다 어리바리하다고 주방장한테 잘리면 어쩌나 조바심이 났다. 식당 운영한 적 있다는 얘기 들었으니, 너 알아서 해봐라는 식이었다.

"제가 아직 이곳에 익숙하지 않아 어디에 뭐가 있는지도 잘 모르니, 이것저것 힘든 거 다 시켜주세요. 저는 보조니까 나이는 신경 쓰지 마시고 무조건 가르쳐주세요."

나는 간절하게, 또 겸손하게 부탁했다. 신입이 오면, 눈치는 빠른지, 말귀는 잘 알아듣는지부터 파악하는 건 당연하다. 정신 바짝차리고 무조건 잘 보여야했다. 가족 생각이 났다. 멀쩡한 행주 다시 빨아 아직 사용하지도 않은 가스 불판 위를 닦았다. 깨끗한 도마도 세척했다. 평소에 내 가게 할 때는 신경 안 쓰던 것들까지 다 신경 쓴 거다. 그제야 주방장이 첫 임무를 맡겼다. 만두전골에 들어갈 야채를 썰라는 거다. 그 가게 스타일이란 게 분명 있을 텐데, 다짜고짜 시키니 내 입장에서는 적잖이 당황스러웠다. 어디, 너 어느 정도인지 보자는 것 같았다. 그래도 내가 나이는 세 살 위인데, 자꾸 뒷말을 잘라먹는다. 기분이 좋진 않았지만, 내가 여기 아니면 이 나이에 어디에 취직할 수 있을까 생각하니 그런 건 신경 쓸 일도 아니었다. 그런데 야채 통을 보니 한숨이 흘러나왔다. 야채를 나무작대기만큼이나 굵게 썰어놓은 거다, 나도 모르게 한마디 할 뻔했다. 아, 맞다, 나는 사장이 아니라 주방보조였지. 얼른 그 크기대로 썰었다. 주방에는 주방장인 실장과 아줌마 한 분 그리고 나까지 총 세 명이 있었다. 주방보조면 주방장의 보조 일만 하면 되는 줄 알았다. 그런데 반나절 일해 보니 그 역시 내 착각이었다. 설거지 담당 겸 주방 보조였던 거다. 그릇이 전부 생활도자기로 만든 거라 꽤 무거웠다. 그래도 나는 한 설거지 하는 몸이다. 빠른데다 꼼꼼하고 깨끗하게 할 자신 있었다.

점심시간에는 무슨 일을 어떻게 했는지 기억도 안 난다. 정신없이 일하고 났더니, 여사장님이 들어와 홀에 앉으셨다. 사장님은 이 가게에 상주하지 않았다. 여사장님과 주방장, 아줌마가 속닥거렸다. 귀를 쫑긋 열어보니, 보조 저 놈 어떠냐란 대화가 오가는 것 같았다. 잘 들어보니, 나이는 좀 먹은 놈 같은데 동작이 제법 날래다. 물론 정확한 건 더 일을 시켜봐야 알 수 있겠다는 내용 같았다. 여사장님이 다 같이 점심을 먹자신다. 주방장과 아줌마 서로 니가 점심하라고 기 싸움 하는 눈치다. 내가 잽싸게 한 마디했다.

"괜찮으시다면, 제가 해볼까요?"

괜히 나섰다 잘난체한다는 욕 들을까 싶어 조심스레 말한 건데, 다들 환호했다. 한번 해보라는 거다. 얼마 전까지 TV에서 인기 많던 '냉장고를 부탁해.'란 프로그램이 있었다. 주어진 재료로 즉석에서 실력을 뽐내는 프로였다. 그때 내가 그 프로그램에 출연한 셰프 같았다. 된장도 있고, 감자, 호박, 두부, 계란 등 재료들이 뭐 있는지 미리 대충 훑어두었었다. 쌀뜨물에 멸치 몇 마리 넣고, 된장찌개를 끓였다. 부추 쫑쫑 썰어 넣은 계란말이도 두툼하게 두 개 만들었다. 두 가지 하는데 십분도 채 안 걸린 것 같다. 순간, 어? 저놈 봐라 하는 눈치였다. 된장찌개 한 숟갈 드시자마자 여사장님의 표정이 확 변했다. 주방장, 홀 언니 역시 마찬가지였다. 셋이서 코 박고 빠른 속도로 된장찌개를 먹다 나중에는 수저 박치기까지 했다.

긴 하루 잘 마치고 퇴근 길 버스에 올랐다. 휴, 하는 안도의 한숨이 터졌다. 일단 안 잘리고 잘 해낸 것 같았다. 다음날 아내가 그랬다. 평소 코도 안 골던 사람이 눕자마자 드르렁거리며 잘도 잤다고 말이다. 이삼일 바짝 긴장하며 시키는 대로 착착 다 했다. 앉아서 쉬는 시간 거의 없이,

힘든 일 있으면 주저 말고 시켜달라며 부지런을 떨었다. 다리가 저려왔지만, 티낼 수 없었다. 장사 오래했지만 요리하고 김치 담그는 등 기술적인 것과 배달 위주로 했지 이렇게 오랫동안 한자리에 서서 도자기 그릇 설거지한 적은 없었던 거다. 주방장 모르게 파스를 사다 붙였다. 그런데도 소용이 없다. 퇴근하고 돌아오는 버스에는 앉을 자리도 없었다. 동그란 손잡이를 잡고 서있자니 아예 다리에 감각이 사라졌다.

창문 밖으로 버스정류장에 서 있는 우리 아이들과 아내가 보였다. 남편과 아빠를 기다리는 서울 하늘 아래 유일한 내 가족이다. 그렇게 어려워도 힘든 내색 한번 안 하고 묵묵히 기다리고 믿어주는 아내, 그저 아부지만 믿으면 되는 줄 아는 철없는 내 새끼들. 버스가 섰다. 한 칸 두 칸 계단을 내려딛자 겨우 아스팔트 바닥에 닿을 수 있었다. 내 가족들 앞에 섰다. 그렇게 아팠던 다리가 신기하게 마취제 들어간 진통제 뿌린 듯 하나도 안 아팠다.

"아빠~."

애들이 나한테 매달렸다. 제법 덩치 커진 애들 둘을 양팔에 번쩍 들어 안았다. 그래도 아직은 내가 살아있구나. 기뻤다. 횡단보도 건너 걷다 편의점에 들어갔다. 아이스크림 하나씩 쥐어주니 맛나게 빨면서 좋단다. 네식구가 손잡고 들어간다. 아내가 내게 살며시 물었다.

"많이 힘들었어요?"

"힘들기는. 이까이꺼 뭐, 아무것도 아니지."

이왕 하는 거 밝고 싹싹하게

 열흘이 지났다. 이제 어느 정도 업무도 파악했고 직원들과도 격의 없이 친해졌다. 내 능력을 인정했는지, 주방장이 잘라먹던 끝말도 다시 살아났다. 그곳에서 내 호칭은 윤 과장이었다.
 3일째 되는 날부터 주방장인 실장의 가운을 내가 빨았다. 이 분은 아래위 깔 맞춰 흰색 가운을 입곤 했다. 보통 위에만 가운을 갖춰 입는데, 좀 특이했다. 나는 세제와 락스 풀은 물에 옷을 빨아 말려 예쁘게 제자리에 갖다 놨다. 내가 당신 발밑에 기겠다는 무언의 표현 같은 거였다. 실장 가운은 제법 고급스러워보였다. 내 것은 윗도리만 있었는데, 주방장의 것과는 격이 달랐다. 실장 가운이 서울호텔 요리사복이었다면 과장 가운은 시골 면단위의 이발소 사장 가운이랄까. 그것마저 새것이 아니었다. 주방 보조를 한 숱한 놈들을 거쳤던 옷이다. 그동안 고집 센 놈, 성질 더러운 놈 등 별의별 놈들이 왔다 며칠 버티지 못하고 떨어져나갔다고 했다. 대부분 젊은 친구들이었단다. 그런데 나이 먹은 놈이 들어와서 때 되면 직원들 밥해주지, 주방장 가운 빨아 대령해주지, 시키는 대로 뭐든 군말 없이 다하니 점점 나에 대한 그들의 태도가 달라졌다.
 하루는 칼국수 면을 썰고 있었다.
 사장님이 오시더니
 "윤 과장은 칼질도 잘하네." 하셨다.

 간격이 기계로 썬 것처럼 고르다는 거였다. 그러면서 그렇게 하면 오히려 손님들이 손으로 썬 건지 모르니, 일부러라도 들쭉날쭉하게 썰라셨다. 여기는 내가 사장이 아니니까 사장과 손님들 취향에 맞추는 게 당연했다.

"네, 잘 알겠습니다. 뭐든 말씀만 하십시오."

내가 이렇게 반응해야, 사장도 맘 편하게 나한테 이것저것 요구할 수 있을 거라 생각했다. 직원들이 나한테 뭘 시켜도 짜증 한 번 안내고 "네, 네." 했다.

그랬더니 실장 건너뛰고 바로 윤 과장을 찾는 일도 잦아졌다. 그런데 이건 곤란했다. 그래서 실장 없을 때 슬며시 말했다. 이러시면 내가 어려워진다고, 실장 있을 때는 그러지 말아달라고. 나는 엄연히 실장 아랫사람이었던 거다. 내가 처신을 잘한 것 같다. 분위기 메이커 또한 내 몫이었다. 지루할 때 우스갯소리도 하고, 속곡에서 보낸 어린 시절 얘기며, 형네 집 다락방에서 자격증 공부한 얘기도 들려줬다. 가끔은 어릴 때 한자 공부하며 외웠던 한시도 읊어줬다. 그런 나를 다들 좋아했다.
나는 출근도 정해진 시간보다 20분씩 일찍 했다. 아버지가 옛날에 그러셨다. 어디를 가든, 누구를 만나든 항상 미리 가서 앉아있으라고. 그 덕에 지각이 뭔지도 몰랐다. 주방 키는 늘 실장이 가져갔기 때문에 일찍 가도 안으로 들어갈 수 없다. 어느 날인가 실장 올 때까지 서서 기다리는데, 누군가 나를 한참 훑어봤다. 아, 이거 처음 보는 놈인데 누구지? 행색을 보니 도둑놈은 아닌 것 같은데? 이런 눈빛으로 눈알을 위아래로 굴리며 나를 쳐다보는 거였다. 눈치 빠삭한 나는 금세 알아챘다. 그 건물 사장이셨다. 언젠가 그 분이 식당에 와서 식사하는 걸 봤었다. 일부러 큰 소리로 인사 올렸다.
"아이고, 사장님 안녕하십니까? 저는 1층 칼국수 집에서 주방 보조로 일하러 온 지 한참 된 윤재갑입니다."
순간 그 분이 당황하는 눈치였다. 나이도 제법 있는데다 허우대도 멀쩡한 놈이 주방보조라고 당당하게 말하는 게 이상했나보다. 거기다 웃으며 인사까지 넙죽? 어라, 이놈 봐라, 하는 눈빛이었다.

"아, 그래요?"

얼결에 인사를 받더니 가던 길을 갔다. 그 후에도 마주칠 때마다 밝게, 큰 목소리로 인사했다.

"사장님, 다녀오십시오."

이분 사모님이 가게 여사장님과 친구 사이셨는데 어느 날 그러셨다.

"윤 과장, 인사 잘한다고 동네에 소문이 자자하던데요?"

이왕 하는 보조일, 긍정적으로 밝게 하고 싶었다. 그래서 인사도 잘 했던 거다. 그랬더니 사람들이 좋게 보고 소문도 좋게 난 거다. 여사장님은 매일 아침 가락시장에서 해물을 구입해 승용차 트렁크에 가득 싣고 왔다. 그러면 나는 미리 가서 기다렸다 큰 목소리로 인사 올렸다. 그리고 물건을 들어다 주방 문 앞까지 옮겨 놨다. 사장님이 하루는 그러셨다.
"윤 과장, 빨리 일 배워 주방장 해야죠?"

출근한 지 20일 됐을 때였다.

주방보조로 받은 첫 월급

주방보조로 일해 드디어 첫 월급을 받았다. 봉투째 아내에게 내밀었다. 말은 안 했지만, 이 날을 얼마나 기다렸을까? 아내는 아이들을 돌봐야 했기 때문에 반나절만 일하고 있었다. 그 돈으로 현금서비스 돌려막기만 해도 버거웠을 게 뻔하다. 물론 내 월급 보태줘 봤자 빠듯한 살림에 기별도 안 갔을 거다. 그런데도 아내가 고맙단다. 고생했단다. 그러더니 2십만 원을 꺼내서 용돈하라고 내밀었다.

"남자가 주머니에 돈이 너무 없어도 안 되는 거야."

나는 거절했다. 130만 원 버는 주제에 무슨 염치로 20만 원이나 받아 챙기겠는가. 그냥 십만 원만 달라고 했다. 그것만으로도 나는 괜찮았다. 담배도 안 피우고 밥은 식당에서 해결하니, 딱히 돈 쓸 일도 없었다. 그러자 아내는 아이들에게 용돈을 줬다. 새 돈으로 만 원짜리 한 장씩 내밀며 단단한 목소리로 말했다.

"아빠가 한 달 동안 고생해서 버신 돈이니까 감사히 받고 저금해, 알았지?"

내가 아내의 말을 정정했다.

"아니, 그러면 주는 의미가 없잖아. 그러지 말고 맛있는 거 사먹어."

애들이 신나했다. 이제야 구겨진 아빠 체면이 조금 서는 것 같았다. 그날 우리 가족은 치킨 한 마리를 주문했다. 양념 반, 후라이드 반 마리였다. 모처럼 콜라도 1.5리터짜리로 사고 맥주도 몇 병 샀다. 그날 그렇게 배터지게 먹었다. 네 식구가 건배했다. 아내가 말했다. 우리 식구도 이제 치킨 한 마리로는 부족하다고, 한 마리 반은 시켜야겠다고. 맞았다. 애들이 살점 하나 안 남기고 뜯은 나머지 닭 뼈다귀가 초라한 몰골을 드러내고 있었다. 순간 어깨가 무거워졌다. 그래도 큰소리 쳤다.

"아부지가 열심히 벌어 두 마리 아니 세 마리도 시켜줄 테니까 걱정마."

얼마 후에 아내와 애들은 내가 일하는데 와보고 싶다 했다. 내일 당장 오라고 했다. 예전의 나라면 주방보조로 있는 모습 창피하다며, 오지 말라했을지 몰랐다. 하지만 이제 달랐다. 진자리 마른자리 가리지 않고 어디서든 열심히 일하는 아빠 모습을 보여주고 싶었다. 내가 나쁜 짓하며 돈 버는 것도 아니고, 벼랑 끝까지 내밀렸어도 포기하지 않고 열심히 일하는 게 오히려 스스로 자랑스러울 지경이었으니까. 사람이 뭔가를 하다보면, 실수할 수도 있고 넘어질 수도 있다. 그렇다고 주저앉아 포기하면 뭘 할 수 있을까. 적어도 아빠는 무너지지 않고 이렇게 열심히 살고 있다. 그러니 너희들도 마찬가지다. 너희들도 살다보면 힘들고 어려운 일 만날 수 있다. 그럴 때마다 지금의 아빠 모습을 떠올린다면 반드시 다시 일어날 수 있을 거란 말을 아이들에게 해주고 싶었다.

4학년 된 딸, 2학년 아들 그리고 아내가 가게에 왔다. 여사장님이 반갑게 맞으며 칼국수와 만두를 내줬다. 계산도 하지 말라셨다. 가게에도 보여주고 싶었다. 나 윤 과장도 이렇게 탄탄한 가정이 있습니다란 걸. 사장님도, 홀 언니도 가족이 참 단란하고 행복해보인다며 칭찬해주셨다.

내심 욕심낸 것들

나에게는 계획이 있었다. 신기술을 배워보고 싶었다. 여태껏 직원을 쓰고, 주방장과 찬모를 비싼 월급 주며 고용하기도 했다. 배워도 끝이 없는 게 요리 기술이지만, 지금은 월급 받으면서 배울 수 있는 귀한 찬스 아닌가. 나에게는 김치만두 기술이며, 뼈 국물 기막힌 칼국수 기술이 있다. 여기 주방장이 가지고 있는 기술을 그대로 배워, 내가 가진 자산들과 버무려보는 거다. 그래서 나만의 탄탄한 금고에 저장해두는 것, 그게 내 계획이었다. 돈만 생각하면 주차요원으로 일하는 게 훨씬 나았다. 하지만 나에게는 재기해야 할 미래가 있었다. 그러려면 하나라도 더 배우는 게 득이었다. 나보다 어린 주방장에게 바짝 엎드려 비위 맞춘 이유에는 이런 셈이 깔려있었다. 어떻게든 여기서 살아남아야 고급 기술도 얻어갈 게 아닌가.

배울 점은 의외로 많았다. 내 비장의 무기인 뼈 국물 칼국수는 연세 많은 손님들이 좋아했다. 그런데 여기 주방장의 주 무기인 해물칼국수는 전 연령층이 좋아한다. 육수도 다르고 면도 달랐다. 게다가 내가 처음 맛본 흑미수제비 기술도 그에게 있었다. 만두는 나와 달리 한식 스타일의 고기만두였다. 국산 생 돼지고기 목살만 사용하는 보쌈 기술도 탐났다. 내가 눈여겨본 결과. 해물칼국수는 육수에 여러 재료 우려내는데, 문제는 실장이 사장에게 고급 재료 사달란 말을 못하는 것 같았다. 게다가 조미료 맛이 강했다. 흑미수제비는 쌀가루와 밀가루에 뭔가를 넣는 것 같았다. 호시탐탐 그게 뭔지 알아내려고 살폈는데, 귀신같이 잘도 감췄다. 내가 보기 전에 포대기 겉장을 싹 떼어버리는 거다. 만두는 솔직히 나의 명품김치 만두와는 비교가 안 됐다. 아내를 닮아 절대미각을 자랑하는 우리 아이들도 먹어보고, 내 김치만두가 훨씬 맛나다고 했다. 그래도 손님들은 맛있다고 잘 먹었다. 보쌈은 곁들이는 김치에 설탕 맛이 너무 강했다. 그래도 남기는 손님은 없었다. 반면 고기는 많이 남겼다. 너무 팍팍해서 그런 것 같았다. 만두전골 역시 내 입맛에는 별로인데, 반응이 좋았다. 가게 위치는 동네 골목길 안쪽이었다. 그런데도 점심, 저녁에 손님들로 미어터졌다. 그래, 무조건 배우는 거다. 그렇다고 급하게 맘먹으면 속내가 그대로 노출되어 역효과만 난다. 적절한 시기를 보면서 성실히 일한 이유다.

 속곡에서 다슬기 잡던 생각이 났다. 툭 건들면 혓바닥처럼 길게 속살을 내민 것들이 쏙하고 들어갔다. 물에 담구어 뒀다 한껏 혀를 내밀었을 때, 끓는 물에 순식간에 부으면 제때 못 들어간 입이 익어버린다. 그때 꼬리를 살짝 물어뜯어 입으로 쭉 빨면 내장까지 빨려나왔다. 뜸 들이고 비위 맞춰가며 죽으라면 죽는 시늉까지 하면서 때를 기다리는 것과 같질 않은가. 같이 일하다보면 기분이 좋아졌을 때, 중요한 거 한두 가지씩 툭툭 흘릴 때가 있다. 그럴 때까지 기다려야 했다. 그리고 자연스럽게 주위 담는 거다. 그렇게 주운 것들이 쏠쏠했다. 재료 준비하면서 저울질할 때는 곁눈질로 살짝 살짝 봤다. 그런 다음 화장실에서 메모장에 적었다. 내 옷 주머니에는 늘 메모장과 펜이 있었다. 집에 와서 다시 정리했다. 실장 쉬는 날에는 응용을 해봤다. 육수를 낼 때도 조미료를 조금 덜어내니 훨씬 개운했다. 하루는 퇴근하면서 보쌈 하나를 포장해갔다. 절대 미각인 아내가 뭐가 부족하고 뭐가 강한지 지적했다 우리는 원인 분석에 들어갔다. 그리고 다음 날 아내는 집에서 고기 삶고 보쌈 속을 만들어냈다. 식당에서 가져온 것보다 훨씬 개운하고 시원했다. 물론 가게에서는 역시 실장님 보쌈이 최고라며 칭찬을 아끼지 않았다.
 여사장님은 점점 나를 신임했다. 둘째 달부터는 월급도 10만 원 더 올려주더니 셋째 달에 또 10만 원을 올려주셨다. 하루는 사장님이 일하다 말고 노래방엘 가자신다. 그렇게 가게 문 닫고 직원 전부 대낮부터 노래방엘 갔다. 가운 입은 채로 말이다. 이유는 사장을 해봤던 내가 잘 알았다. 직원 사기 진작 차원이었다. 그때 여사장님께 내가 귓속말로 말했다. 나는 실장의 보조라고, 그보다 반 걸음이라도 절대 안 나갈 테니 안심하시라고 말이다. 혹여 내 의지와 다르게 실장의 비위를 건드려서는 곤란했다. 나는 아직 그의 기술을 다 배우지 못했다.

  흑미수제비는 겉장 떼어낸 게 대체 뭐냐고 실장에게 알려달라고 수차례 말했지만 알려주지 않았다. 그렇다고 포기할 내가 아니었다. 본인 말로는 무슨 대학교수랑 연구해낸 비법이란다. 어떤 대학교수가 그렇게 한가할까 싶었다. 몇 달 후 나름대로 내가 연구한 걸 시도해봤다. 내가 한 게 훨씬 나았다. 훗날 알게 된 건데, 시중에서 쉽게 구할 수 있는 첨가제였다. 지금 우리 가게에서 내놓는 흑미수제비는 인기품목이다. 그때 대학교수랑 연구했다던 그거 안 넣어도 맛만 좋다. 배우고자 하는 집념에 응용감각이 있어야 했다.

김치만두 선보인 날

  하루는 사장님 포함 직원들과 이러 저런 이야기하다, 내가 김치만두 배웠던 일을 들려줬다. 그날로 동네 만두집을 다 평정했다는 무용담을 말하니, 사장님이 한번 만들어보란다. 순간 실장의 표정이 확 변하는 걸 눈치 챘다. 이미 그때는 실장의 기술을 다듬고 응용해 내식대로 세련되게 다듬어 내 금고에 착실히 보관한 이후였다. 그렇다고 사람이 얍삽하게 변하면 안 될 일이다. 사람은 자고로 의리를 지켜야 했다. 나에게 많은 기술을 가르쳐준 사람 아닌가. 고마운 걸 잊어서는 안 된다.

  피 미는 용도의 쇠막대기와 만두 만드는 헤라, 스텐으로 된 바닥 긁는 도구들을 가방에 담아갔다. 점심 장사 끝나고 밀가루 반죽을 했다. 보들보들해진 반죽을 잘라 엿가락처럼 비벼 길게 늘인 다음, 토막으로 잘라 떼어냈다. 실장이 나를 곁눈질로 훔쳐보고 있었다. 저놈 만드는 김치만두 맛은 과연 어떨지 궁금한 눈치였다. 요즘 잘 나가는 최현석 셰프처럼 한 입 크기로 잘라낸 반죽에 밀가루 살살 뿌려 양 손바닥으로 눌렀다. 실장이 깜짝 놀랄 속도로 만두피 밀어 옆으로 던져 놨다. 기계 같은 속도와 정확함에 역시 깜짝 놀라는 표정이었다. 다음은 그 만두피를 왼손에 받치고, 미리 준비해둔 명품 만두 속을 헤라로 꾹꾹 눌러 다진 후 빛의 속도로 오른손으로 집고 왼손으로 집으면, 하나, 둘, 셋, 넷과 함께 만두가 만들어 나왔다. 이쯤 되니, 실장의 얼굴이 붉그락푸르락해졌다. 혈압이 쭉 올라가 보이는 게 약이 필요할 정도인 듯 했다. 집에서 가져간 만두 찜솥에 한가득 쪄냈다.

"윤재갑표 명품김치만두 나왔습니다."

만두를 내오자마자 사장님이 제일 먼저 한입 베어 무시곤, 씹기 무섭게 외치신다.

"바로 해요, 이거."

실장도 맛봤다. 그러더니 나를 바라봤다. 네가 이런 놈인데 아닌 것처럼 사기쳤구나 하는 얼굴이었다. 실장이 그랬다. 자기 있는 동안에는 하지 말라고. 나 역시 그 의미를 잘 알고 있다. 괜히 만두 선보였구나 하는 후회도 했다. 물론 사장님이야 그게 무슨 상관이냐고 무조건 하라지만, 그게 아니었다. 내가 사장님께 따로 말씀드렸다. 실장님 있는 동안에는 안 하고 싶다고, 그러는 게 맞는 것 같다고 말이다. 사장님은 아깝다는 표정이셨다. 아랫사람이 자기보다 고급기술을 갖고 있으면, 환호할 일이다. 우리 서로의 기술을 잘 활용해 시너지를 내보자, 비싼 월급 주는 영업장의 매출 증대를 위해 힘써보자, 이렇게 접근하면 누이 좋고 매부 좋은 거다. 우리의 몸값도 올라가고, 가게 매출도 올라갈 일 아닌가. 게다가 서로의 기술을 발전시킬 수 있다. 실장은 그때 돈 한 푼 안들이고, 내 기술을 자기 걸로 만들 수 있는 절호의 기회를 날려버린 거다. 그 알량한 자존심 때문에 말이다.

가정이 있기에 버틴다

초가을에 시작한 주방 보조 일이었다. 어느덧 눈발 휘날리는 겨울이 되었다. 그때까지도 아내와 아이들은 자주 나를 마중 나오곤 했다. 어떨 땐 애들을 안고, 어떨 땐 둘이서 한 놈씩 업고 들어오기도 했다. 남들은 주식해서 알거지 되어 가정 파탄 나고 결국 자살까지 한다는 얘기도 많이 들었다. 하지만 우리는 그러질 않았다. 그 힘든 상황에서도 큰 소리 한 번 안 났다. 이런 가정을 가진 게 고맙고 자랑스러웠다. 양재시민의 숲 정류장은 유난히 겨울 바람이 차가웠다. 아내한테 겨울에는 애들은 데려오지 말라고 했다. 그래도 애들 좋아하는 과자 두어봉지 사서 들어갔다. 허리 뒤에 숨겨 와서 짠하고 내밀면 아이들이 좋아라 환호성을 질렀다.

아침 출근길이면 매서운 똥바람에 귀가 잘려나가는 것 같았다. 그래도 한 번도 지각없이 매일 같은 시간에 버스를 탔다. 추위에 벌게질 대로 벌게진 귓불을 양손으로 막아 쥔 채 버스 안에 올라서면 세상 살 것 같았다. 이것도 작은 행복이구나 싶었다. 나라 전체가 기나긴 IMF 터널을 힘겹게 빠져나오는 시기였다. 그래서인지 아침부터 다들 어깨에 힘 하나 없고, 삶의 무게에 짓눌린 사람들 같았다. 그래도, 봄이 되면 어떻게든 새싹은 비집고 올라오기 마련 아닌가. 피로에 눌린 인파 속에서 누르면 누를수록 더 단단하고 강해진다는 믿음을 가져야지 다짐하곤 했다. 여태껏 내가 살아온 날들은 충분히 나를 이보다 더 큰 어려움도 이길 수 있는 단단한 기초체력이었던 것이다.

기술 배워 금고에 쌓아두는 재미

겨울 지나고 봄 지나고 다시 여름이 되었다. 과거 몇 년간 메밀 장사를 했지만, 나에겐 고급기술이 없었다. 일하던 가게의 냉메밀은 인기가 좋았다. 작년에 장사 잘되는 유명 메밀 전문점에서 만든 소스를 구입해 사용한다고 했다. 그런데 사장님이 올해는 소스를 직접 만들어 팔자하셨다. 소스 만드는 법을 배울 기회가 드디어 내게 온 거다. 사장님은 주방장을 데리고, 장사 잘된다는 그 집에 가서 기술을 배워온 것 같았다. 그렇지만 주방장 체면을 위해 쉬쉬하고 있었다. 나도 그 정도 눈치는 있었기에 더는 묻지 않았다.

주방장이 낸 소스를 맛보니, 과연 남달랐다. 무슨 수를 써서라도 배우고 싶은 기술이었다. 주방장도 아직은 손에 덜 익었는지 덜덜 떨었다. 급한 맘에 지금 가르쳐달라고 했다가는 역효과 날 게 뻔했다.

그가 소스를 만들 때마다 옆에서 지켜보면서 한 번에 두어 가지씩 익혀갔다. 그런데 주방장이 실수하는 게 있었다. 그건 내가 확실히 알고 있는 상식이라 단번에 알아챌 수 있었다. 아니, 그게 아니고란 말이 목구멍까지 차올랐지만 참았다. 가스오부시 넣는 시간과 건져내는 시간이 틀렸다. 하지만 모르는 척했다. 그리고 그 비법은 고스란히 응용되어 내 금고 안에 넣어뒀다.

일본 직수입 간장, 우동, 메밀재료를 납품받는 업체에서 면도 받아썼다. 내가 봐도 이정도면 받아써도 될 만큼 질이 좋았다. 실제로 그때 연락처를 알아뒀다가 지금도 여름이면 납품받아 쓰고 있다. 이런 정보도 요긴했다.

그동안 이곳에서 음식공부 참 많이 했다. 큰돈은 아니지만 월급 받아가며 배운 거니 여러모로 이득이었다. 이제 그 가게에 더 있어야 할 이유가 없었다. 계속 주방보조로 일하는 건 손해 같았다. 그렇다고 서른여섯 나이에 다른 가게의 주방보조로 가는 것도 쉽지 않았다. 물론 기술이야 내 기존 기술에 여기서 배운 것까지 더하면 어딜 가든 주방장으로 일할 수 있었다. 그렇지만 주방장으로 가는 일은 안하기로 했다. 세평짜리 가게를 해도 내 걸 해야 재기할 수 있다. 가정 경제가 더는 버티기 어려운 상황이라는 걸 아내가 말 안 해도 알고 있었다. 장사는 돈이 있어야 하니, 아직은 때가 아니었다. 그렇다면 기술을 더 배우는 게 남는 일이이라고 생각했다.

또다시 구인지를 펼쳐들었다. 모처의 메밀전문점에서 주방 보조 자리가 나왔다. 집에 일이 있다 핑계대고 한 시간 일찍 퇴근해 면접을 봤다. 연세가 제법 있으신 부부가 메밀면을 직접 빼서 하는 가게였다. 대형 메밀 삶은 솥이 있었는데, 뚜껑을 보고 금세 알 수 있었다. 막 광낸 고급 구두처럼 반짝이는 게 파리가 미끄러져 낙상할 정도였다. 커다란 메밀 제면기는 족히 봐도 수십 년은 더 되어보였다. 부부의 포스 역시 장인 같왔다. 나한테 이것저것 물어보셨다. 한참을 대화 나눈 뒤 아쉽지만 자기들이 원하는 건 나정도의 고급 기술자가 아니라고 했다. 단순 잡일을 할 줄 아는 월급 싼 보조가 필요하다길래, 월급을 떠나 한번 일해보고 싶다 했다. 고심하더니 그렇다면 친구의 가게에 소개해주겠단다.

마침 소개해준 곳은 양재동 집 부근이었다. 퇴근길에 들렀다. 사장님이 바로 도와달라신다. 자기는 기술이 없어 싼 가게에 권리금도 없이 들어왔는데, 시설비 등 생각보다 돈이 많이 들어갔단다. 개업한 지 얼마 안 된 가게인지라 깔끔하고 평수도 컸다. 매출은 말하기 부끄러울 정도라 했다. 메뉴를 보니 해물칼국수와 만두가 주였다. 그런데 만두는 납품받아 쓴다고 했다. 나야말로 그들이 찾던 주방장이라고 했다. 내가 일하는 가게의 실장보다 월급도 더 주겠단다. 주방장을 할 생각이 아니었지만, 카드 돌려막기 하는 아내 생각이 났다. 그런데 다음 말씀에 마음이 바뀌었다. 돈은 달라는 대로 더 줄 테니, 두세 달만 주방장으로 일하며, 기술을 가르쳐달라는 거다. 그건 아닌 것 같았다. 여태껏 내가 어떻게 배운 기술인데, 몇 달 월급에 그 고급기술을 넘기겠는가. 그 다음엔 나는 자연스레 팽 당할 게 뻔한데 말이다. 집에 와서 아내에게 말하니 아내도 반대했다. 카드 값은 자기가 어떻게든 돌려 막아볼 테니 신경 쓰지 말란다. 아내에게 미안했지만, 사장님 제안을 정중히 거절했다.

그런데 얼마 뒤 나에게 뼈 국물 칼국수 기술 전수해준 상용이형에게 전화가 왔다. 주방보조로 일하던 직원이 급하게 관뒀다며, 도와줄 수 있냐는 거다. 얼마나 급했으면 남의 가게에서 일하는 내게 전화했을까 싶었다. 그렇잖아도 다른 데 가서 더 배워야 싶던 참에 걸려온 전화였다. 사장님께 사정을 말씀 드리고 그만두기로 했다. 상용이형에게 받는 월급은 기존 월급보다 20만 원이 적었다. 돈보다 의리와 또 다른 경험을 할 수 있다는 쪽에 무게를 두기로 했다.

형은 나보다 키가 많이 작았다. 그래서 모든 주방 시설이 형 키에 맞춰져 있었다. 장사는 점심이든 저녁이든 미어터졌다. 하루, 이틀 하다 보니 나랑 높이가 안 맞는 기구들 때문에 허리가 끊어질 듯 아팠다. 그나마 그릇은 도자기가 아니라 나왔지만, 칼국수 2인 이상은 냄비로 나가던 것과 달리 이곳은 무조건 인당 한 그릇씩이었다. 누가 만두를 사이드 메뉴라 했던가. 점심에만 떡만두가 칼국수보다 더 많이 나갔다. 무려 150그릇 정도 나갔다. 주방에서 일하다 바깥 한번 내다보면 새까만 머리들이 오글오글 대기 중이었다.

한여름이다. 메밀은 안 하지만, 비빔국수와 콩국수가 수도 없이 나갔다. 상용이형 가게는 일이 빡셌다. 손님이 많다보니 깍두기랑 김치를 엄청난 양으로 담궜다. 하루 건너 한 번씩 하는데도 양이 어마무시했다. 거기서 나는 또 형님에게 보쌈고기 삶는 법을 알려줬다. 형님은 보쌈기술자에게 돈 주고 기술 전수를 받았는데, 당시 삶은 고기를 랩으로 말아 보온밥통에 보관했다. 그래서 나는 나만의 보관법이며 고기 삶는 여러 비법들을 알려줬다. 보쌈 김치 역시 내 방식과 달랐는데, 그건 지금도 서로의 방식을 고수하고 있다. 무조건 내 것이 최고라는 법은 없다. 서로의 입맛과 취향이 다를 수 있는 거다. 나 역시 거기서 형님에게 중요한 걸 하나 배웠다.

형은 면 씻는 냉장고를 사용하고 있었다. 비빔면이나 콩국수용 면을 씻는 냉장고인데, 당시만 해도 냉면 전문점에나 가야 볼 수 있을 만큼 드물었다. 사리 냉각기인데 쉽게 말해 면 씻는 냉동고 같은 거다. 기존에 주방 보조로 일하던 가게에서 각 얼음을 매일 주문해 거기에 면을 씻은 것에 비하면 획기적이었다. 나는 그런 게 있는 줄도 몰랐다. 1차로 찬물에 헹구고 그 얼음물에 헹구면 면이 오돌하다 못해 탱글탱글해졌다.

게다가 빨리 불지 않고 식감 역시 끝내줬다. 형 역시 어린 나이에 무일푼으로 서울로 올라와 고생 숱하게 한 사람이었다. 그저 밥 먹여주고 재워준다 해서 시작한 일이 지금까지 이어졌다. 올해 벌써 환갑을 넘으셨으니 그 세월동안 얼마나 많은 땀을 흘렸고 또 얼마나 많은 내공을 쌓은 것일까.

의리와 장사 시뮬레이션

거기서 한 달쯤 일했을 때 전에 일하던 가게 여사장님이 전화를 했다. 다짜고짜 윤 과장 빨리 주방장으로 와달란다. 나랑 같이 일하던 주방장이 급한 일이 생겨 금방 관둬야 하는데, 나만한 사람이 없다며 간곡히 부탁했다. 나는 형한테 온 지 얼마 안 된데다 여기서 또 배워야 할 게 있다며 거절했다. 그런데 다음날 또 전화가 왔다. 월급은 지금의 주방장이 받는 금액으로 주겠단다. 이건 돈 문제가 아니라고 내가 정중히 말했다. 그런데 사장님도 어지간히 집요했다. 무려 다섯 번을 전화 걸었다. 아내에게 말하니, 돈보다 의리를 선택하는 게 맞다고 했다. 그런데 다음날 당시 같이 일하던 주방장에게 전화가 왔다. 저녁 일 마치고 모처 포장마차에서 만나잔다. 그날따라 끝도 없이 밀려드는 손님들로 온몸이 땀 범벅이었다. 체력도 바닥 나 녹초된 몸으로 약속장소로 나갔다. 자기가 알아서 백방으로 후임자를 구해봤지만, 나만한 사람이 없다고 했다. 사장님이 자기에게 부탁했단다.

"사장님이 무조건 윤 과장 데려다 놓은 다음 퇴사하라네요."

그는 거의 매달리시피 사정했다. 그래도 나이 많은 나를 보조로 받아준 고마운 곳이다. 마음이 복잡해졌다. 상용이 형에 대한 의리도 중요하지만 이쪽과의 의리도 무시 못 할 일이었다. 그때 익숙한 얼굴이 포장마차 천막을 들추며 들어섰다. 사장님이셨다. 두 사람이 함께 부탁하니 더 난감해졌다. 날 믿는다며 내 손을 몇 번씩이나 부여잡은 다음, 택시비까지 쥐어주셨다. 주방장이 채근했다.

"윤 과장님 대답 안 하고 뭐하세요?"

분당 몇 천 번씩 회전하는 믹서기 칼날처럼 머릿속이 뱅글뱅글 돌았다. 일단 알겠다 답하고 다음날 상용이형과 상의했다. 형님의 두 손을 부여잡고 나 역시 사정할 수밖에 없었다. 내가 간다 해도 우리 우정 변치말자고 강조했다. 형님은 오히려 당연한 일이라고 나를 위로했다 자기도 나를 오래 붙잡고 있는 게 미안했단다. 그쪽에서 훌륭한 대우를 해준다는데 마다할 이유가 없다, 여러 가지 책임질 수 있는 주방장으로 일해보는 것도 재기하는데 도움이 될 거라며 독려해줬다.

　당초 나는 주방장은 할 생각이 없었다. 그런데 주방 보조로 일하기엔 나이가 많았다. 그렇다고 당장 재기할 형편도 못됐다. 몇 달 후면 내 나이 서른일곱이었다. 그래, 그렇다면 내 가게를 운영하기 위한 리허설이라 생각하고 주방을 한번 맡아보자로 생각을 바꿔보았다. 주방 보조와 주방장은 책임감 면에서든 모든 면에서 달랐다. 아내에게도 이번 역시 나를 믿어달라고 부탁했다. 아내도 곰곰이 생각하더니 내 의견을 존중한다고 했다.

　인수인계는 필요 없었다. 그냥 주방장 안 바뀐 것처럼 그대로 장사하는 게 훨씬 좋았다. 사장님도 내가 그렇게 해주길 바라는 것 같았다. 저녁 퇴근길에 들러 미리 두 시간 정도 장사 준비를 해두고, 집으로 돌아왔다. 나의 역량을 다 쏟아 부으면 이 가게는 분명 한 두 달 안에 지금보다 훨씬 높은 매출을 올릴 거다. 필살기인 김치만두와 곱창전골 등 모든 걸 윤재갑 스타일대로 한다면 말이다. 그런데 문제가 있었다.

'주방보조 출신 주방장' 편견 깨준 김치만두

얼마 전까지 나는 그곳에서 주방 보조로 일했던 사람이다. 나의 존재는 누구보다 손님들이 잘 알고 있다. 주방장보다 훨씬 덩치 큰 주방 보조가 손님들 올 때마다 큰 소리로 어서 오라고 인사했었다. 그런데 그 사람이 주방장으로 일하는 걸 알면 아무래도 가게 이미지에는 좋지 않을 거다. 내가 아무리 음식을 맛있게 해내도 손님들은 편견을 갖게 될 게 뻔하질 않은가. 이거 주방보조였던 사람이 만든 거네라는 편견 말이다. 가게 사장님 역시 윤 과장에서 윤 실장으로 호칭은 바꿨지만 얼마 전까지 과장이었다는 고정관념이 있을 수밖에 없다. 일이야 잘할 자신 있지만 사람 편견이 쉽게 사라지진 않는다.

직원들과의 융화는 문제없었다. 그간 격의 없이 친하게 지냈기 때문이다. 사장님은 내 김치 만두 기술을 탐냈다. 기존의 주방장이 하던 고기만두를 며칠 낸 다음에 사장님이 말씀하셨다. 그 김치만두 내일부터 할 수 있냐고 말이다. 일단 그때처럼 한번 만들어보란다. 그건 어렵지 않았다. 내가 만든 걸 다시 한 번 드셔보신 사장님과 직원들이 이구동성으로 이걸로 바꾸잔다.

주방 보조로 있던 사람이 실장으로 오더니, 김치만두라는 신메뉴를 출시했다. 아무렴, 전 주방장만 할까, 그럴 거다. 하지만 내 김치만두를 맛보고 태도가 달라졌다. 손님들의 눈이 휘둥그레지고, 입이 쩍 벌어지고만 거다. 날씨가 쌀쌀해질수록 김치만두로 만든 만둣국과 떡만둣국이 불티나게 팔렸다. 만둣국 육수는 사골국물로 냈다. 그 또한 진하게 빼는 나만의 기술이 있질 않던가. 별 대접도 못 받던 사이드 메뉴가 주 메뉴로 신분 상승하는 데는 시간이 얼마 걸리지도 않았다. 내가 주방보조로 한 해 동안 일해봐서 잘 알았다. 당시 여름에는 냉메밀과 콩국수로 매출이 급상했지만 겨울은 상대적으로 저조했다. 이렇다 할 겨울 주력 메뉴가 없었던 거다.

봄이 되자, 사장님이 그러셨다.

"전년도와 달리 겨울 장사 재미 한번 봤어요, 윤 실장 덕분에."

인정은 받았지만 보조로 있을 때부터 느낀 게 있었다. 그 가게 주방장은 별로 힘이 없다. 육수 빼는 멸치든 다시마든 김치 담그는 젓갈이든 무조건 주인이 사다주는 걸 써야 했다. 주방장에게는 선택권이 없다. 김치 담글 때 배가 들어가야 맛있다고 해도, 비싸서 못 넣는다 하면 끝이다. 멸치도 비린내 난다 말했는데, 제일 비싼 거 사온 거라고 하면 입 다물어야 한다. 전에 주방장이 쓰던 재료 말고 다른 걸 쓰고 싶어도 겁이 나서 말을 할 수 없다. 보통의 재료로 고급 음식을 만들어내는 게 유능한 주방장이라는 말을 자주 하셨다. 그래도 나는 주방장으로 가면서 야심찬 포부를 준비했었다.

1단계는 김치만두였다. 보따리 풀자마자 대박 났으니 성공한 거다. 2단계는 곱창전골이었다. 그 동네는 저녁이면 술 손님이 많았다. 단체 손님들 역시 많았지만 보쌈 먹고 난 뒤 파전 정도만 있었지 짠하고 내놓을 감동 메뉴랄 게 없었다. 그래서 나는 사장님에게 곱창전골 기술이 있다 말씀드렸다. 그런데, 단번에 거절당했다. 인근 다른 가게에서 했다가 안 팔려 때려치웠다는 거다. 더는 할 말이 없었다. 내가 사장이 아닌데 더 무슨 말을 할 수 있겠는가. 3단계는 보쌈김치에 생굴도 넣고, 아내와 나의 합작 레시피로 금고에 저장한 고급재료들을 말해볼까 하다 그만뒀다. 또 거절당할 게 뻔했다. 그 전 주방장은 그런 거 안 넣고도 잘만 했다

윤재갑양심칼국수로 재기 도전

주방장으로 계속 있을수록 맘이 조급해졌다. 마흔 줄을 앞둔 나이였다. 아이들도 6학년, 4학년이었다. 이제 곧 사춘기인데 방을 따로 주는 게 맞았다. 마침 그때 내 사정을 장모님 통해 전해들은 처외삼촌 그러니까 장모님의 오빠 분께서 당신이 사는 빌라 지하에 이사 올 생각 있냐 물으셨다. 그 빌라가 30평짜리였는데, 지하 두 칸 중 한 칸인 15평이 그분 꺼라 했다. 카드 돌려막기 하는 처지에 월세 40만 원은 적은 게 아니었던 터라, 그 제안이 솔깃했다. 보증금을 빼고 나머지는 대출을 받아서라도 반지하지만 내 집을 갖는 게 이득이었다. 방도 세 칸이니, 아이들에게 한 칸씩 줄 수 있었다. 이참에 직장도 관두기로 했다. 기초적인 집수리도 하면서 얼마간 쉴 참이었다. 기존에 살던 곳에서 그리 멀지 않아 애들 전학 안 시켜도 됐고, 집세 올려달라는 요구에 시달릴 일도 없었다. 지하에 사는 게 결코 나쁜 게 아니라는 걸 애써 애들한테도 주지시켰다.

"옥탑방 같으면, 힘들게 올라가야 하지? 게다가 거기는 여름이면 얼마나 더운데. 반지하는 여름에 되게 시원해. 지하철도 지하고, 주차장도 지하지? 지하는 많아. 방공호나 다름없어. 전쟁나면 다른 사람은 다 죽어도 우리는 괜찮은 거야."

사시 합격한 조카가 빌려준 1억3천

그때 즈음 우리 집안에 경사가 생겼다. 큰형님의 큰 아들이 사법고시에 합격한 거다. 대학교 1학년 때 우리 집에서 내가 일 년을 데리고 있던 조카였다. 형님이 사시던 면소재지 마을에서 최초로 나온 사시합격생이라고 동네잔치를 열었다. 나도 사회보기 위해 내려갔다. 감격스러운 자리였다. 그리고 얼마 안 있어 조카가 내게 물었다.

"삼촌, 다시 장사 안 해보실래요?"

두 눈이 번쩍 뜨였다. 왜 안 해보고 싶겠는가. 돈이 없어서 못하는 것뿐이지. 그랬더니 자기가 1억 5천까지 융통해줄 수 있으니 다시 가게를 해보라는 거다. 아무리 지가 사법 연수원에 다니고 있어도 그렇지 그런 큰 돈이 어디 있을라고. 허튼 소리 말라고 했다. 그랬더니 조카가 돈이 있다는 거다.

"니가 그런 돈이 어딨어?"

당시 사시에 합격하면 정부에서 인당 1억5천 만 원 한도의 카드를 만들어줬다. 조카가 그 카드를 보여줬다.

"삼촌이 저 대학교 1학년 때 먹여주고 재워주셨는데, 저도 은혜 갚아야죠."

그러더니 그 카드로 우리 집 식구를 고급음식점에 데려가 대접했다.

한도가 1억 5천이니, 1억 3천까지 저리로 빌려줄 수 있다는 거다. 바르고 정직하게 살다보니 이런 날도 오는구나 싶었다. 드디어 때가 온 거다. 장사 10년 해서 번 돈 4개월 만에 말아먹고 남의 집 주방보조부터 주방장으로, 아내는 이집 저집 설거지며 궂은 일 마다 않고 다닌 지 딱 2년 만이었다. 2년이란 시간이 결코 헛되진 않았다. 내장사 10년 할 때보다 더 많은 기술과 영업 전략을 익히는 등 그간 부족한 부분을 철저히 보완할 수 있었다. 게다가 나 자신을 돌아볼 수 있는 값진 시간이기도 했다. 내 가게를 한다면 이런 건 절대 안 해야지, 이런 건 꼭 해야란 시뮬레이션을 수도 없이 돌려보았다. 주식할 때의 목표도 평생 놀고먹는 게 아니었다. 따블로 벌어 배달 안 하고 손님만 받는 가게, 그것도 유동인구 많은 A급 상권에 차리는 게 꿈이었다. 장사를 하더라도 고생 덜 하고 아내를 좀 편안하게 해주고 싶었던 거다. 당시 5억은 있어야 가능한 꿈이었다. 주식으로 다 날려먹지만 않았어도 이루고도 남았을 거다. 하지만 현실은 빚더미에 앉은 알거지였다. 그런 나에게 누가 5억을 쥐어주겠는가. 그 와중에 1억 3천 주겠다는 조카의 말만 들어도 반은 성공한 느낌이었다. 1억 3천에 맞는 가게를 찾으면 된다. 그러려면 권리금이 적어야 했다. 배달 안 하고 장사하려면 가게 평수가 그래도 좀 커야하지 않나란 게 당시 내 생각이었다. 분식보다는 지금까지 축적한 기술로 술도 팔고 주차장도 있는 가게 정도는 되어야지 했던 거다. 여기 저기 운동화 신고 참 많이 누비고 다녔다. 포이동 국악 고등학교 부근에 43평짜리 가게가 눈에 들어왔다. 고깃집이었고 주차도 서너 대 가능했다. 무엇보다 눈에 들어온 건 가게 뒤쪽에 12평 정도의 창고 형식 공간이었다. 허가 받지 않은 공간이었지만 여러 모로 쓸모가 많을 것 같았다.

가게 앞 저 멀리 구룡산이 한눈에 들어왔다. 딱 이가게다 싶었다. 이곳이 나를 알거지에서 과거의 나로 아니 그 이상의 부자로 만들어줄 거란 확신이 들었다. 보증금 5천에 월세 2백만 원, 권리금은 3천이었다. 그런데 시설이 낡을 대로 낡아 어느 하나 쓸만한 게 없었다. 손님 대신 파리만 날리고 있었다. 하긴 자리 좋은 데 그 정도 평수와 주차장이라면 권리금만 5억을 불렀을 거다. 그래도 나에겐 막강한 기술력이 있으니, 장소가 뭐 그리 중요할까 싶었다. 맛으로 승부 보면 되는 거다. 소개해준 부동산 사장님에게 내 이력을 줄줄 읊어주니, 대박 날 게 분명하다며 한껏 나를 추켜세워줬다.

보증금 5천에 권리금 3천 주고 나니, 딱 5천 만 원 남았다. 이 돈으로 인테리어는 물론 집기류 구입하고 개업 준비까지 해야 했다. 지인의 소개로 인테리어 업자를 만나 견적을 냈다. 오랫동안 수리가 안 된 고깃집이라 싹 다 갈아엎는 수준의 공사가 필요했다. 기존의 그 가게는 방과 홀이 반씩 나뉘어져 있었다. 남의 가게에서 일할 때보니, 방과 홀이 함께 있는 구조는 일하기 참 불편했다. 홀 직원이 방 갔다 홀 갔다 할 때마다 신발 벗었다 신었다 하는 일부터 효율성 제로였다. 게다가 보아하니 그쪽 동네는 가족 단위 손님이 많을 것 같았다. 아예 다 방으로 만들어 버리기로 했다. 앞 유리도 통유리로 싹 갈고, 환풍기 같은 보기 싫은 시설은 다 치워버리고 시원시원하게 인테리어했다. 누가 봐도 그럴 듯하게 가게가 완성되어가고 있었다. 그런데 문제가 생겼다. 아무리 계산을 해도 돈이 좀 모자랄 것 같았다. 아내에게 카드로 돈을 조금 더 융통할 수 있냐 물었더니, 가능하단다. 카드론까지 끌어 모으면 가능하단 뜻이었다. 카드론으로 몇 백을 더 빼서 주방시설까지 갖추고 나니 겨우 개업 준비자금 정도 남았다. 앞으로 생활비는 어떻게 감당하나, 은근히 걱정됐다. 하지만 그때도 가족들에게 나는 큰소리 쳤다.

"아부지만 믿으면 되는 거여."

 인테리어 기간 동안 메뉴 구성과 영업 전략 및 기타 열악한 입지에서의 가게를 대박 가게로 만들기 위한 구상과 준비를 해나갔다. 무엇보다 재기를 향한 뜨거운 욕망과 음식에 대한 열정까지 뭐 하나 부족함이 없다는 생각으로 자신감만큼은 컸다. 메뉴는 해물칼국수와 흑미수제비, 여름메뉴로 냉콩국수, 비빔국수, 냉모밀로 정했다. 거기다 김치만두, 만두전골, 보쌈, 곱창전골, 해물파전까지 구성했다. 면을 싫어하는 손님들을 위한 동절기, 하절기 메뉴로 우거지갈비탕과 산채비빔밥을 계획하고 있었다. 부근에 초대형 칼국수집이 있었다. 개업 준비 중에 두어 번 들러 먹어봤다. 내 기술력과 음식이면 다 이길 수 있을 것 같았다. 엄청난 양의 전단지를 준비하고 메뉴표도 만들었다. 술도 판매할 작정이었기 때문에 백세주 회사에서 알아서 해줬다. 여기에 추가로 더 부탁을 했다. 왜 윤재갑양심칼국수인가를 메뉴표 크기로 만들어달라고 말이다.

"윤재갑양심칼국수는 기존의 일반음식점과 차별화를 선언함은 물론 최고의 재료(신선도 최상의 해물, 최고급 멸치. 국산돼지고기)와 아끼지 않는 양념(영양 고춧가루, 국산마늘)으로 윤재갑의 이름을 걸고, 양심을 걸었습니다. 손님상에 올리는 이 한 그릇이 음식만들기 외길 인생 윤재갑이 만드는 마지막 음식으로 생각하며 어르신께 진지상 올리는 심정과 혼을 실은 장인 정신으로 최선을 다한 명품음식이기에 윤재갑 양심칼국수라 합니다."

 개업 준비도 음식준비도 직원도 준비가 다 됐다. 역시 시루떡 안 하기로 했다. 시루떡 의미는 사실 붉은색인 팥이 액운을 물리친다는 거였다.

나는 삼십대 초반부터 교회에 다닌 기독교 신자인 만큼 목사님이 오셔서 전날 개업 예배를 드렸다.

전국노래자랑 홍보 찬스

2002년 10월 중순이었다. 이게 어떻게 찾아온 기회인가. 이 자리에서 다시 성공하리라 다짐하고 또 했다. 건물 사장이 덕담으로, 윤 사장 부자 돼서 이 건물 통째로 사라고 얘기했다. 윤재갑양심칼국수 이름 찍힌 티를 입은 직원들이 전부 모여 아침을 먹었다. 윤재갑의 각오와 이름을 생각해달라고 부탁했다.

"윤재갑양심칼국수 아자아자 파이팅."

힘차게 외치고 하루를 시작했다. 홀 요원들이 전단지를 들고 내가 시키는 코스로 홍보를 나갔다. 2인 1조로 전단지 수백 장씩 들고서 말이다. 열한시가 좀 넘어가니 전단지 들고 첫 손님이 들어왔다. 옆집, 뒷집에서 손에 전부 한 장씩 들고 뒤를 이었다. 원래 개업 날은 동종업계 사장님들의 모임 아니겠는가. 좌식 4인용 테이블 23개, 다 채워 앉으면 92명이 된다.

유동인구가 거의 없는 동네 골목인지라 광고는 중요했다. 첫날 전단지를 돌린 효과도 제법 봤다. 신문 광고도 했다. 그것도 한참 효과를 봤다. 어쨌든 홍보할 수 있는 건 다 하고 싶었다. 그런데 제대로 된 기회가 왔다. 가게 개업하고 얼마 안 됐을 때 일이다. 전국노래자랑 예심이 있다는 플래카드가 동네에 붙은 거다. 동네 홍보를 넘어 전국적으로 양심칼국수를 알릴 수 있는 기회 아닌가. 사실 이 시도가 처음은 아니었다. 과거 가리봉동에서 장사할 때, 전국노래자랑 구로구 편에 나갔었다. 우리 가게에 자주 오는 손님과 함께 나갔는데, 그분만 1차 예심에 합격하고 나는 떨어졌다. 덕분에 어떤 형식으로 진행하는지는 잘 알고 있었다. 어설프게 준비했다가는 두 소절도 못 부르고 떨어진다는 것도 말이다. 어떻게 하면 떨지 않고, 그 많은 관중 앞에서 춤과 노래는 물론 우스갯소리까지 자유자재로 할 수 있을까. 아마추어가 그 정도 급이 되는 건 쉽지 않다. 게다가 나는 카메라 울렁증 같은 게 있다. 친구들 결혼식 사회도 도맡아보고, 조카 사법고시 합격 잔치 때 사회도 봤지만, 매번 할 때마다 떨리는 건 똑같았다. 그나마 덜 떨 수 있는 방법은 동반자를 찾는 거다. 이번에는 4학년인 우리 아들을 꼬셔보기로 했다.

"너 게임기 갖고 싶다고 했지? 전국노래자랑 나가서 인기상 받으면 상금이 30만 원이야. 그거 받아서 게임기 안 사고 싶냐?"

아들이 혹했는지 "정말?" 했다.

"그럼. 아빠랑 한 조돼서 나가보자."

나는 노래를 부를 테니 아들한테는 개다리 춤을 추라고 했다. 아들이 한참 양손으로 머리를 밀어 올리며 다리를 달달 떠는 개다리춤을 그럴듯하게 추던 때였다. 과거 나 혼자 나갔다 정신이 몽롱해져 어떻게 노랠 불렀는지조차 기억이 잘 안 나던 흑역사가 있다. 이번에는 아들과 함께니, 떨지만 않으면 1차 예선은 통과할 수 있을 것 같았다. 1차는 무반주고, 2차는 피아노 반주였다. 부를 노래는 현철의 '사랑의 이름표.' 동네 노래방을 네 식구가 갔다. 나는 노래 부르고, 아들은 개다리 춤추고 한시간 내내 그 노래만 부르며 연습했다. 아내와 딸은 관중이었다.

드디어 예선이 있는 날, 다른 때보다 더 빨리 가게 나가 준비를 마치고, 겨울방학 중인 아들과 함께 구민회관으로 향했다. 가기 전에 목소리 좋아지라고 날계란도 두 개나 먹었다. 그런데 구민회관에 들어가자 입이 쩍 벌어졌다. 그 넓은 공간 1, 2층에 발 디딜 틈 없이 사람이 꽉 차있는 게 아닌가. 예선부터 관중들이 가요무대보다 더 많아보였다. 거대한 크기의 방송국 카메라 두 대를 지나쳐 접수를 했다. 내가 좀 늦게 간 관계로 접수한 사람만 내 앞으로 300명은 되는 것 같았다.

예심 시작이었다. 노래 잘하는 사람이 그리 많은지 몰랐다. 서울 강남이다 보니, 차림새부터 다들 세련된 데다 노래실력도 수준급이었다. 언변들은 다들 어찌나 좋은지, 끼도 보통 이상이었다. 그렇다고 기죽을 필요는 없었다. 시골 촌놈이 장사해서 돈도 많이 벌었다. 물론 주식으로 쫄딱 망했지만, 조카한테 빌린 돈으로 윤재갑의 이름과 양심을 걸고 개업이란 걸 했다. 그래서 지금 그 가게 홍보하려고 나온 거다. 그리고 내 뒤의 아들은 상금에 눈이 멀어 나왔다. 한마디로 뻔뻔한 부자 출연자 아닌가. 그래, 어쩔래란 배짱으로 부딪혀볼 참이었다.

그 많은 사람들이 노래를 두 소절이라도 부를라치면 심사위원이 말했다.

"수고하셨습니다." 땡 이라는 말이다.

5백 명도 넘는 인원을 1차 예심에서 걸러 30명대로 줄여 2차 예심을 거친다. 그 중 열 몇 명만 녹화 때 무대 위로 올라오는 거다. 우리 순서가 될 때까지 세 시간은 넘게 기다렸다. 하도 호명이 안 되길래, 접수처 가서 물어봤더니 아직도 스무명 남았단다. 슬슬 배가 고파왔다. 빨리 가서 저녁 장사 준비도 해야 하는데, 걱정도 됐다. 아들이 웅크리고 앉아 떨며 말했다.

"아빠 나 게임기 안 사도 되니까 그냥 집에 가면 안 돼?"

아들은 목소리까지 떨려왔다. 나도 떨렸지만 내색할 수는 없었다.

"야, 인마, 사나이가 칼을 뺐으면 무라도 잘라야지, 이까짓 거 몇 명 앞이라고 떠냐? 인기상이 아니라 최우수상 받으면 상금이 얼만 줄 알아? 떨지 마. 아부지가 있잖아."

아들은 여전히 내키지 않지만, 마지못해 따라나서는 눈치였다. 드디어 우리 차례. 나는 일식집 요리사 가운을 입었다. 안에는 와이셔츠에 넥타이를 맨 상태였다. 여기에 오리털 파카를 걸쳐서 일단 싹 감췄다. 그리고 안주머니에서 주방장 위생모를 꺼내 썼다. 독립운동가가 태극기 꺼내 들 듯 말이다. 마지막으로 휴대폰을 꺼냈다. 미리 벨소리를 전국노래자랑 음으로 바꿔놓은 상태였다. 마이크를 건네받자마자, 거기에 대고 통화버튼을 꾹 눌렀다.

"빠빠빠빠 빠바, 빠빠."

오리털 파카를 벗어던지고 한 손에는 휴대폰과 마이크를, 또 한 손은

객석을 향해 흔들며 입장했다. 뒤에 아들놈도 대견하게 아빠 따라 손을 흔들었다. 객석이 웅성거렸다. 무대에 서자마자 인사를 올렸다.

"전국노래자랑이 너무 좋아 휴대폰 벨소리까지 이 음으로 바꾼 남자, 포이동의 양심, 윤재갑양심칼국수의 윤재갑입니다."

우레 같은 박수가 터져 나왔다. 여기까지는 누가 봐도 최우수상감이었다. 다음은 노래를 부를 차례. 준비한 멘트는 무사히 잘 마쳤지만 막상 노래하려니 어찌나 떨리는지 아득해졌다. 노래방에서 반주기에 맞춰 연습한 거지, 무반주 연습은 안 한 상태였다. 에라, 모르겠다. 뒤에 아들이 춤을 추는지 안 추는지, 체크도 안 하고 냅다 노래를 불렀다.

"이름표를 붙여, 내 가슴에. 확실한 사랑의 도장을 찍어."

한 여섯 소절인가를 불렀다. 대부분 땡할 사람은 한두 소절에 결정 나니, 합격의 9부 능선까지 간 셈이다. 그런데 그때 담당자가 고개를 갸웃하며

"수고하셨습니다." 하는 게 아닌가.

창피했다. 아들이 따라 들어오든 말든 수박서리하다 주인 할배한테 들킨 놈 마냥 뒤도 안 돌아보고 냅다 뛰었다. 잽싸게 아빠 뒤를 따라오는 아들과 함께 구민 회관 밖으로 뛰쳐나왔다.
　당초 출연 의도는 야심찼었다. 어떻게든 1차 무반주 통과할 것. 나는 성격이 급해서 반주가 없으면 당황도 하거니와 박자를 앞서 부르는 습

관이 있다. 그날 떨어진 원인도 박자 무시하고 불러서였을 거다. 그래도 1차만 통과하면 2차는 피아노 반주니까, 평소 실력대로 무리 없을 거라 믿었다. 거기까지만 되면 심사위원께 매달려볼 참이었다. 송해 선생님께 내가 만든 명품 김치만두를 대접하면서 한마디만 하게 해달라고 말이다.

"아이고, 송해 선생님, 세상에서 제일 맛있는 김치만두를 선생님 드리려고 바로 만들어 나왔습니다."

어차피 오락프로니 그림이 될 것 같았다. 입장할 때부터 특이했고 아들은 뒤에서 개다리 춤 추지, 요리사가 김 모락모락 나는 김치만두를 송해 선생님께 대접하면 얼마나 재미있었을까. 가게로 돌아오니, 아내가 어떻게 됐냐 물었다. 합격했으면 벌써 왔겠냐고 되물었다. 아들이랑 그런 데 한번 나가본 것도 대단한 추억거리라며 아내가 웃었다. 그런데, 오후에 손님 한분이 오시더니 나를 알아보는 게 아닌가.

"사장님 노래 실력은 충분히 합격감이던데, 뒤에 아드님도 춤 잘 추던데 아쉽게 됐습니다."

예심 구경하는 관중으로 오신 거였다. 그 분 말고 두 분이 더 오셨다. 노래 잘한다며 다들 칭찬해주셨다. 진짜 잘 했으면, 합격해서 전국에 알렸겠지만, 그 정도로 알아봐주시는데 만족하기로 했다. 중요한 건 떨림을 무릅쓰고 시도한 열정 아니겠는가. 이런 저런 노력이 합해져 다행히 시간이 흐를수록 가게는 입소문이 나고 있었다.

개업하고 6개월이 지났다. 날씨는 어느덧 초여름이 되었다. 계획한대로 냉메밀을 개시했다. 인근 가게들에서 하던 것과는 차원이 달랐다. 주방 보조로 일할 때 배운 것을 윤재갑 식으로 업그레이드 시킨 정통 일본식 소스와 수타면과 흡사한 메밀면을 납품 받아 사리 냉각기에 씻었다. 또 하나 야심차게 준비한 게 콩국수였다. 고향 영덕에서 집배원하는 문기에게 부탁해 토종콩과 땅콩을 받았다. 이걸 맷돌기계에 직접 갈아 콩국물 냈다. 여기에 직접 뺀 가는 면 삶아 이 또한 사리 냉각기에 박박 씻어 콩국을 부은 거다. 여태껏 믹서에 간 거나 포장 봉지용 콩국에 익숙한 손님들이 완전 홀딱 반했다. 그해 여름, 면 삶고 씻느라 손이 얼 정도였다. 그 덕에 7월은 최고매출을 기록했다.

초대형 샤브칼국수집과 경쟁이 될까

바빠서 신경 쓸 겨를도 없는 새에, 중소형 칼국수가게는 물론 초대형 칼국수집까지 소리 소문없이 없어졌다. 미리 계획된 건지, 나 때문인지 원인은 알 수 없지만 여하튼 그랬다. 그렇다고 해서 내가 벼락부자 된 건 아니다. 개업 후 홍보비용에 인건비며 추가시설 투자 비용 등 고정비용이 제법 많이 나갔다. 게다가 엄청난 빚더미에서 시작한 장사였고 저리라고는 해도 1억 3천에 대한 이자도 매달 꼬박 내야 했다. 결국 버는 족족 빚 갚는데 다 나가고 있었다. 그때 이상한 소문이 돌았다. 내 가게와 불과 50미터도 안 된 거리에 슈퍼가 하나 있었는데, 그 슈퍼가 슬슬 정리를 시작했다. 주위 사람들한테 뭔 일이냐 했더니 그 자리에 칼국수집이 들어온다는 게 아닌가.

설마 했다. 나 윤재갑이 여기서 이렇게 승승장구하고 있는데, 엎어지면 코 닿을 곳에 어느 누가 칼국수집을 차리겠냐 싶었다. 그런데 이게 웬걸, 며칠 후 초대형 간판이 올라갔다. 샤브샤브 칼국수집이었다. 한참 보이지 않던 슈퍼 사장님 부부가 어디 먼 데 가서 기술을 배워왔다고 했다. 파리만 날리던 동네에서 내가 칼국수집에서 대박났다는 소문 듣고 따라한다는 거다. 유동인구도 없는 동일 상권에서 이런 일이 생기면 힘들어질 게 뻔했다. 그쪽도 보통 준비를 하고 개업하는 게 아닐 거다. 과연 수억 원 들여 고급인테리어를 하는 것 같았다. 나는 43평인데 그쪽은 80평도 넘어보였다. 걱정이 됐다. 내가 이 가게를 어떻게 개업했는데, 여기서 잘못되면 진짜 끝 아닌가. 나도 나지만 나를 믿고 1억 3천을 선뜻 빌려준 조카는 어떻게 되나. 눈앞이 캄캄해졌다. 하지만 남이 열겠다는데 내가 무슨 수로 막겠는가. 꽤 공들인 인테리어는 막바지를 향해 가고 있었다.

이왕지사 이렇게 된 거 어쩔 수 없었다. 개업할 거면 빨리 해라할 수밖에. 내가 나은지 그쪽이 나은지 어디 한번 대결해보자였다. 그때부터 우리 애들이 정탐꾼 역할을 맡았다. 학교 마치고 가게 오면, 딸과 아들을 교대로 보냈다. 중 1과 초등학교 5학년이었다.

"서서 보지 말고, 지나가면서 곁눈질로 보고 와."

다른 데 가는 척하고 슥 보고 오라는 당부도 잊지 않았다. 메뉴는 뭐가 있더냐, 가격은 얼마냐 애들한테 꼬치꼬치 물었다. 물론 내 음식에 자신이 있었지만 초대형으로 밀고 들어오는 터라 긴장을 늦출 수 없었다. 초반에는 몇 가지의 샤브샤브 칼국수 외에 곁가지 메뉴들을 준비한 것 같았다. 드디어 그쪽 개업 날이 되었다. 얼굴 다 아는데, 동종 업종 개업집에 시식하러 가기도 멋쩍었다. 마침 미각이 뛰어난 지인 부부를 암행 시식단으로 보냈다. 그들이 먹고 오면서 에이 아니란다. 내가 걱정 안 해도 될 맛이라는 거다. 그렇지만 맛이 전부가 아니었다. 워낙 큰 가게다보니, 그 가게 개업식날 우리 가게 손님이 반으로 줄었다. 맛이 있건 없건, 새로 생긴 식당에 다들 한 번씩 가보게 되는 게 사람 심리다.

  우리 애들을 그 가게 개업날 여러 번 보냈다. 몇 팀이나 있는지, 주로 뭘 시켜먹는지 실시간으로 보고받았다. 하루 종일 가게는 붐볐고, 주로 샤브샤브를 먹고 있더란다. 둘째 날도 셋째 날도 내 가게 단골들이 그 가게에 앉아있더란다. 그 사장님은 나와 비교도 안 될 크기의 전단지를 고급 컬러와 세련된 디자인으로 만들었나보다. 아예 차떼기로 날라놓고, 배포 인력까지 동원해 온 동네에 도배한단다. 노란색 전단지라고 했다.

  은행잎이 떨어지는 가을이었다. 길바닥에는 어떤 게 은행잎인지, 어떤 게 샤브 칼국수집 전단지인지 모를 정도로 전단지들이 길과 벽을 모두 도배하는 중이었다. 애들은 하루에도 몇 번씩 갔다 오라는 말에도 짜증 한 번 안 냈다. 사춘기였다면 달랐을 텐데, 아직 어리다보니 부모가 시키는 대로 할 때였다. 어느 날 딸이 그랬다.

  "아빠, 학교 갔다 오면서, 친구들 몇 명이랑 같이 전봇대에 붙은 노란 전단지 다 떼서 휴지통에 버렸어, 잘했지?"

  눈물이 왈칵 쏟아지려는 걸 참았다. 어린 자식들을 염탐꾼으로 보낸 것부터 잘못이었다. 우리 애들도 알고 있었다. 아빠가 주식으로 거지 되어서 빚으로 어렵사리 다시 개업한 걸. 드디어 아빠 가게가 자리 좀 잡혀가나 싶었는데, 대형 샤브칼국수집이 생겨 아빠 가게가 또 위험해진 거다. 그러니 아빠가 똥줄 타서, 하루에도 몇 번씩 염탐하라며 자기들을 보낸다는 것도 알고 있었다.

"아무리 그분들 때문에 우리 가게가 안 된다 해도, 남이 돈 들여 붙인 전단지를 떼는 건 잘못이지? 앞으로는 그러지 마."

어린 마음에 얼마나 신경이 쓰이고 걱정됐으면 그런 행동을 했을까, 마음이 아렸다. 그 가게를 다녀온 손님 대부분은 똑같이 말했다. 음식 맛은 여기가 훨씬 나으니 걱정할 것 없다고. 하지만 손님들은 이것도 먹어보고, 저것도 먹어보고 싶어 한다. 맛도 중요하지만, 넓고 깨끗한 분위기를 선호하는 손님들도 많다. 그리고 아무리 내 음식이 최고라 자부해도, 취향은 다 제각각 아니겠는가. 그쪽 맛이 더 낫다는 사람들도 분명 있었다. 조금 지나니 신메뉴가 출시됐다고 했다. 대형 플래카드가 걸렸다. 그런데 이번엔 내가 자신있어하는 보쌈이었다. 중국 아줌마들을 구해 만두도 개시하는 모양이었다. 여기서 끝이 아니다. 가게 앞에 숯불을 피워 바베큐도 했다. '한식의 달인 ** 주방장 영입.'이라는 플래카드도 붙었다. 나도 지나가다 달인 두어번 봤다. 나중에는 생고기까지 파는 것 같았다. 수없는 메뉴가 나왔다 들어가기를 반복하고, 가격을 내리다, 사은품을 주는 등 온갖 영업 전략을 다 동원하는 노력만큼은 박수를 쳐주고 싶을 정도였다.

그때 정말 고민을 많이 했다. 유동인구가 많으면 피해가 상대적으로 적지만, 그렇지 않은 곳은 타격을 입을 수밖에 없다. 다른 사업도 마찬가지지만 식당도 치열한 전쟁터다. 누군가는 창을 누군가는 칼이나 도끼를 들고 나오기도 한다. 상대가 정공법을 쓰기도 하지만 뒤통수를 때리기도 한다. 저거는 아니다. 저러면 반칙이다할 동안 뒤통수 맞으면 죽는다. 죽기아니면 살기로 붙어야한다. 장사란게 나 혼자만 있으면, 금방 대박 날 것 같지만 그렇지만은 않다. 부근에 경쟁상대가 생기면 연구하고 정성을 더 들이고 오히려 발전하게된다. 맞는 말이지만 오랜 세월동안 많은 타격이 있은건 사실이나 마지막까지는 내가 있었다.

조카 돈 갚아주느라 또 휘청

걱정은 끊이질 않았다. 당초 돈 빌려준 조카가 결혼식을 앞두고 있었다. 대형 샤브가 들어오고 일 년 여를 힘겨루기 하고 있을 때였다. 결혼할 처자가 생겼다는 조카 돈을 당연히 갚아줘야 했다. 기한이 2개월 정도 남아 있었다. 그때나 지금이나 1억 3천 만원은 적은 돈이 아니었다. 18년 전이니 꽤 큰돈이었다. 잠이 오질 않았다. 그때까지는 한 달 이자, 1백만 원 정도만 내면 됐기에 큰 부담은 안 됐다. 물론 그 빚만 있는 게 아니란 건 내가 더 잘 알고 있었다. 형님이나 윗사람 같으면 어떻게든 사정을 얘기하고 연장 해보겠지만 조카다보니 사정이 달랐다. 그저 무조건 걱정 말라고 했다.

"니 상견례 전까지 삼촌 모가지가 두 동강 나도 완불해줄 테니, 연애사업이나 신경 써라."

큰소리 친 다음 어쩔 수 없이 큰형님께 말씀드렸다. 형님은 맨주먹으로 시작해 자수성가하셨지만, 아들 둘 공부 시키느라 돈을 많이 쓰셨다. 당시 면단위에 있는 기와집과 장사 밑천으로 가진 여윳돈이 재산의 전부셨다. 그래도 형님은 나를 믿어주셨다. 어린 나이에 공부도 제대로 못했지만 아부지, 어매한테 효도하고 자립심도 강한 동생이라며 늘 기특

해하셨다. 그런 동생이 사업이 잘 안 돼 힘들어하는 걸 마음 아파하셨다. 형님이 고추장사하고 다니면서 알던 시골 노인 중 돈놀이 하는 분이 있다 하셨다. 그분을 통해 연12%인 1부 이자로 3천 5백만 원을 빌릴 수 있었다. 살고 있는 반지하집 등기부동분을 들고 제2금융권에 가서 2천만 원을 추가로 대출받았다. 1금융권보다 당연히 이자가 높았지만 그런 거 따질 상황이 아니었다. 서울 신용보증재단에서도 3천만원 대출을 받았다. 이걸 마지막으로 더 이상 몇 천 단위의 대출은 힘들었다. 별 수 없다, 카드를 더 만드는 수밖에. 현금서비스든 카드론이든 가능한 돈은 다 긁어모았다. 그래도 부족했다. 장모님 쌈짓돈은 물론 장모님 다니시는 교회 권사님한테도 빌렸다. 내가 빚쟁이라는 거 알 만한 사람들은 다 아는데, 친구나 지인들에게 말해봤자였다. 어쨌든 모든 방법을 동원해 1억 3천을 만들어 약속 날짜 전에 갚았다. 조카도 놀랐나보다. 삼촌 진짜 대단하단다. 내가 생각해도 대단했다. 그때 이미 빚 때문에 숨이 목구멍까지 차오른 상태였다.

복지의 사각지대에서 눈물 흘린 일화

빚쟁이가 되니 고통이 말이 아니었다. 매달 돌려막아야 할 날짜가 되면, 장사가 아닌 카드를 한주먹 쥐고 머리를 짜야 했다. 이제 애들도 둘 다 중학생이라 교육비도 상당한데다 이자에 원금 상환에, 살아보려고 발바닥에 불나도록 뛰던 때였다. 그럼에도 상황은 더 나빠지기만 했다. 동네 상권도 열악한데 건물주가 바뀌면서 임대료까지 큰 폭으로 올린 거다. 장사는 매출의 큰 상승폭 없이 평타 수준이었다. 좁은 동네에 식당 수는 이미 포화상태였다.

어느 날 국민연금에서 공문이 왔다. 언제까지 가입하라는 내용이었다. 내가 오늘, 내일 사는 것도 벅차 죽겠는데, 이 판국에 육십 몇 살 뒤의 일까지 신경 쓸 정신머리가 어디 있다고. 당연히 공문을 무시했다. 얼마 후 또 날아왔다, 열 받아서 찢어버렸다. 그러자 이번엔 협박이었다. 언제까지 가입 안 하면 어쩌겠다는 거다. 그마저도 무시했다. 이번에는

" 국민연금 ** 지사 누구입니다." 하고 전화가 걸려왔다.

형편이 어려워 못하겠다고, 바쁘니까 끊자며 끊었다. 두어 번 거절했더니 이번에는 높은 직급의 차장이라는 사람이 걸어왔다. 그 사람과 서른 번도 넘게 통화한 것 같다. 거의 매일 전화가 걸려왔다.

"나는 반지하에 살면서 담보대출이 말도 못하게 많아요. 카드빚에 여기저기 개인 빚도 엄청나고요. 하루하루가 마지막 날이라 생각하며 사는 절박한 상황입니다. 이런 사람이 몇십 년 후를 위해 또 빚내서 국민연금 들어야 합니까?"

안 받으려는 게 아니라, 받고 싶어도 지금 어려워 가입할 수 없는 형편이라 포기하는 거다. 생명보험이든 뭐든 가입하고 안 하고는 내 자유 아닌가. 이 나라가 민주국가지 공산국가도 아니고. 그런데 상대도 막무가내였다. 국민연금은 들고 싶다고 들고, 그렇지 않다고 안 드는 게 아니란다. 국민의 의무라, 자기는 위에서 시킨 절차대로 진행해야 한다는 거다. 아니, 그래서 당신 같은 실무자가 나 같은 사람들의 실태를 제대로 파악해, 예외적용을 해줘야 하는 거 아니냐며 따졌다.

"강남에서 43평짜리 큰 식당 하시는 분이 너무 죽는 소리 하는 거 아닙

니까?"

뭣도 모르고 하는 소리다. 그러나 그 사람은 자기 입장도 좀 헤아려달란다. 그러면 얼굴 보고 얘기하게 가게로 오랬더니 그건 또 죽어도 싫단다. 성질을 내니, 자기가 나보다 나이가 많다며 예의 없다는 둥 화를 냈다. 금액을 낮게 책정해줄 테니 가입하라고 회유까지 했다. 능글능글하게 사람을 갖고 노는데, 열이 뻗쳤다. 현실이 어떤지 아무 것도 모른 채 책상머리에서 팬대만 굴리는 당신 같은 사람들 때문에 애꿎은 사람들이 좌절하고 자살하고 그러는 거라며 나도 화를 냈다.

"이런 식으로 계속 나오면, 나도 보건복지부 앞에 가서 이 한 몸 불살라 분신자살 하겠습니다. 힘없고 빽 없어 당할 수밖에 없는 수많은 자영업자를 대변해서 말입니다."

내가 대들었더니 이번에는 그 양반이 언성을 높였다. 지금 한 말 다 녹음 됐고 명백한 협박이니 소송하겠단다. 협박은 무슨, 내가 당신을 죽이겠다는 것도 아니고 내 몸에 불 붙이라는 말도 안 했다. 내가 자발적으로 분신하겠다는데 그게 무슨 협박이냐, 맘대로 하라 하고 전화를 끊어버렸다.

며칠 뒤, 가게 거래 통장이 정지됐다. 분명 카드 대금이 들어와야 하는데, 입금이 안 되고 있었다. 공과금 내려는데 출금이 안 된다. 이상했다. 은행에 전화해보니 국민연금에서 압류를 걸었다고 했다. 참담했다. 다시 그 차장한테 전화했더니, 맘대로 하라질 않았냐며 배째라다. 법대로 하겠다는 거다. 들어올 돈이 2백여 만 원이었다. 카드 값에 이자에 당장 여기저기 나가야 할 돈이었다. 속이 까맣게 타들어갔다. 통장을 사용하려면 빨리 가입하겠다는 동의를 해도 압류 해제하는데 2~3일은 걸린단다. 속절없이 당한 걸 생각하면 가입 안 하고 끝까지 밀고 나가는 게 맞다. 하지만 나는 혼자가 아니었고 지금 상황에서 신용까지 잃으면, 돌려막기고 뭐고 아무 것도 안 되는 상황이었다.

　울며 겨자먹기란 말이 실감났다. 가입하겠으니 어서 빨리 압류해제 해달라고 부탁했다. 그런데, 이게 다가 아니란다. 통장 잔고가 너무 없어 한꺼번에 압류하지 못한 백 몇 십 만 원은 조만간 내라는 거다.

"네, 네, 아이고 선상님. 알겠습니다."

　하지만 당장 그럴 돈이 어디 있겠는가. 얼마 후 너무 쪼들린다. 여기저기 빌린 원금상환 기일이 도래하고 늘어나는 이자에 더 이상 빌릴만한 데도 없다. 집 담보로 추가 대출을 받으려고 했더니 남은 백 몇 십만 원을 집에다 추가 압류한 거다. 대체 나하고 무슨 철천지 원수를 졌길래 이렇게 괴롭히는 걸까. 전화해서 하소연했더니 이번에는 나머지 금액 안 내면 압류를 안 풀어줄 거란다. 닭똥 같은 눈물 흘리며 겨자 큰 덩어리를 꿀꺽 삼켜야 했다. 지금도 그 사람 이름이며 당시 통화했던 내용들 다 생생히 기억하고 있다. 국민연금이든 뭐든 현재 그 사람의 능력치를 봐가면서 강요해야 한다. 소득지표만 보고 사업자라는 명목으로 책상머리에 앉아 법대로라는 말만 하는 사람들에게 묻고 싶다. 소시민의 어려움과 눈물을 진정 헤아릴 줄 아느냐고 말이다. 이 나라가 진정 민주국가, 복지국가라면 그대들은 앉아서만 일할 생각 말고 어려운 현장으로 직접 나와 보길 바란다. 복지의 사각지대에서 제대로 피눈물 흘린 장본인으로서 진심으로 부탁하는 말이다.

난 행복합니다란 컬러링

 일은 일대로 힘든데, 빚 갚는 문제까지 겹쳐 나나 아내 모두 잔병을 달고 살았다. 아내도 언제부턴가 편두통에 만성 위장병으로 고생 중이었다. 나 또한 만성 질환인 디스크가 다시 도졌다. 몸을 사려야 하는데, 먹고 살아야 하니 그럴 수 없었다. 구 역삼 세무서 사거리에는 우리 가족을 살뜰히 챙겨주시는 한의원 원장님이 계셨다. 우리 가족의 형편을 아시는지라 진료비도 1만 원만 받으시는 고마운 분이다. 그날도 허리가 아파 아무 것도 할 수 없어 한의원엘 갔었다.

 치료가 끝나고도 허리를 쓰지 못할 정도로 아팠다. 택시 문을 열고 허리 숙여 타야 하는데 문만 열었지 몸을 숙이지 못해 택시를 그냥 보내야 했다. 한여름이라 날이 푹푹 쪘다. 온몸에서 땀이 삐질삐질 흐르고 있었다. 잠시 서서 숨고르기를 해봤지만 소용없었다. 택시를 탈 수 없으니 걸어가는 수밖에 없다. 저녁 장사 준비 시간이라 빨리 가야 했다. 발을 세게 내딛지도 못한다. 허리를 잡고 발에 충격을 최대한 줄여야 가게까지 걸어갈 수 있다. 한 여름날 콩국 같은 땀을 흘리며 3킬로미터 남짓한 거리를 한 시간 반 걸려 도착했다. 입맛이 없어 점심도 안 들어갔다. 빈속으로 바로 일을 했다. 내가 안 하면 할 사람이 없다. 칼국수 면을 반죽하고, 제면하고, 만두피 반죽해 피 빼고, 보쌈김치 속 만드는 게 내가 할 일이었다. 아내는 아내대로 할 일이 산더미. 가장의 책임은 막중하고 컸다. 아프다고 장사 안 하고 힘들다고 쉬고 할 형편이 아니었다. 그렇다면 이왕 하는 일, 아프고 힘들지만 역발상을 해보는 거다. 차라리 행복하다고, 그나마 이렇게라도 버틸 수 있어 감사하다고 주문처럼 외워보는 거다. 내친 김에 휴대폰 연결음을 바꿨다. 가수 윤향기 선생의 "나는 행복합니다."로 말이다. 다들 나한테 전화하면서 깜짝들 놀란다. 빚으로 어렵게 하루하루 버틴다는 것도, 디스크가 도져 걷는 것조차 힘들다는 것도 다들 알고 있었다. 그런데 행복하다니, 이상하다 생각했겠지. 한 명 두 명 슬쩍 내게 물어보기 시작했다.
"윤 사장 로또라도 된 거야?"

남들에게 말하지 않은 좋은 일이 있는지 궁금했나보다. 자꾸 힘들다, 아프다, 어렵다는 말을 달고 살면 누구라도 좋아할 리 없다. 징징거리는 사람과 같이 있으면 옆 사람도 힘들다. 컬러링이라도 그렇게 바꾸고 나니 이상하게 자신감과 용기가 생기는 것 같았다. 몸은 아팠지만 마음이 위안되는 힘이 있었다.

야심찬 포부로 양심칼국수를 시작한 지 12년이 되었다. 내 나이도 어느덧 마흔 아홉이었다. 개업 당시 엄마 손 잡고 가게 왔던 아이들이 성인이 되어 다시 방문할 세월이었다. 수많은 단골들 중 내 음식의 팬도 많았다. 음식 칭찬으로 입이 마르는 분, 여기 음식이 최고라는 분들 말이다. 감사한 일이지만 마진이 박했다. 동네 여건상 음식가격을 비싸게 받지 못했다. 그래도 재료는 최고급으로 사용했다. 생활비는 느는데 벌이가 예전만 못했다. 더 이상 만들 수 있는 카드도 없고 돈 빌릴 지인도 없었다. 남아있는 보증금에서 월세를 까나갔다. 그마저도 이제 얼마 남지 않았다. 또 한 번 결정을 내려야 할 때가 온 거다.

아름다운 친구, 아름다운 퇴장

위기 속에서 내가 살 수 있었던 건 친구 덕이었다. 시골 중학교 동창회에 다녀오는 길에 친구에게 속사정을 말했다. 그랬더니 대뜸 친구가 그런다.

"회사 직원 대출로 5천까지는 빌려줄 수 있는데 말이야."
 이게 하늘에서 내려온 동아줄이 아니고 뭘까. 나를 살려준 친구는 대기업 중역으로 내 초등, 중등 동창이었다. 내가 그 많은 빚을 안고 개인회생까지 한 처지란것도 알고 있었다. 그런데도 돈을 빌려주겠다는 거다.

"내가 못 갚으면 우째노?"

"내가 갚아야지 뭐."

 친구가 어쩔 수 없다는 듯 웃었다. 어려워진 후로 친구들에게 제대로 밥 한 끼 못 사는 게 내심 미안했었다. 그런데 이런 도움을 받게 될 줄 몰랐다. 친구가 그랬다. 니 음식이 사라진다는 게 말이 되냐고. 어떻게든 꼭 이어가라고 말이다. 높은 이자를 내겠다는데도 돈 천 만 원 빌리는데, 온갖 수모를 다 겪어야 했다. 그런데 이게 꿈인가 생시인가, 내 머리를 의심할 수밖에 없었다. 집에 돌아오니, 장사 마치고 사우나 간 아내가 도착 전이었다. 아내에게 문자를 했다.

"친구가 5천 만원 빌려준다네."

 돌아온 아내와 함께 다시 한 번 결의를 다졌다. 우리도 이제 유동인구 많은 목 좋은 데 가서 장사 한번 해보자고. 손님들이 줄 서는 가게 만들어보자고 말이다. 이미 지금의 가게 보증금은 다 깎아먹고 한 달 치 월세만 남은 상태였다. 마음 비우고 권리금 2천 만 원이라는 광고를 작은 지역지에 냈다.

다행히 가게가 나가 중도금을 받을 수 있었다. 가게 벽에 커다랗게 써 붙였다. 앞 유리에도 붙였다.

"저 윤재갑은 12년 양심의 역사를 뒤로하고 몇 월 몇 일부로 물러납니다. 그 동안 사랑해주시고 도와주신 고객 여러분들께 머리 숙여 감사의 말씀을 올립니다. -윤재갑양심칼국수 윤재갑 배상-"

난리가 났다. 도대체 왜, 어디로 가냐고 말이다. 이제 우리는 어디서 보쌈을, 만두를, 칼국수를 먹냐며 인근 가게 사장님들부터 단골들까지 원성이 자자했다. 이미 잠실 쪽에 새로운 가게 자리를 봐둔 터였다. 그 말을 하니, 손님들이 명함을 주거나 전화번호를 적어줬다. 먹으러 갈 테니 개업하면 연락 꼭 달라셨다. 문 닫기까지 열흘 동안, 수많은 손님들이 오셨다. 이제 이 명품 음식을 먹을 수 없으니, 있는 동안 한번이라도 더 먹겠다며 자주 오시는 분들도 많았다. 이렇게 고마운 일이 또 있을까 싶었다.

사람은 올 때보다 퇴장할 때 아름다워야 한다. 가주 주현미 노래의 '잠깐만.' 가사에도 그런 구절이 있질 않던가. '만날 때 아름다운 사랑보다는 헤어질 때 아름다운 사랑이 되자.'

어떤 분들은 남은 재료 탈탈 털어 소진시키고 가라고 했다. 아니 될 말씀이다. 윤재갑의 이름과 양심을 믿고 12년 동안 찾아주시고 도와주셨던 분들이다. 마지막 손님 한 분까지 최고의 음식으로 만들어 올려야겠다고 다짐했다. 연일 몰려오는 단골 손님들과 작별 인사 하느라 정신없었다. 윤 사장 실력이면 어딜 가도 성골할 거란 덕담도 잊지 않으셨다.

장사하는 마지막 날은 토요일이었다. 토요일은 설거지 주방 직원도 없이 나 혼자 음식 만들고 설거지까지 도맡아 했었다. 그날이 진짜 마지막이라는 걸 알고 있는 단골들이 몰려들었다. 마지막 날까지 모든 단골손님 맞이에 최선을 다했다. 재료를 털어낼 목적이 아닌 부족한 사태가 일어나지 않도록 넉넉히 준비했다. 혹여 손님이 먹고 싶은 게 떨어져 아쉽게 발걸음을 뒤로 할 일 만들지 않기 위한 배려였다. 그 덕에 중저가의 단가로 마지막 날 무려 180만 원의 매출을 올릴 수 있었다. 손님들이 다 빠져나간 공간에서 나 혼자 설거지 하고, 주방 청소며 손때 묻었던 가게 구석구석까지 물청소를 했다. 사각 권투 링에서 마지막까지 혼신의 힘을 다하고 쓰러진 선수 같았다. 꾀 안 부리고, 헛걸음도 안걸었다, 음식으로 손님을 속이지 않았다. 내 모든 역량을 다 쏟아부었으니 미련은 없었다. 그래도 여기서 벌어 두 아이 키웠다. 개인회생이란 경제적 위기를 겪었지만, 그나마 이 가게라도 있었기에 길바닥에 나앉지 않을 수 있었다.

이사하는 다음날, 아내와 동네 한 바퀴 돌며 인사했다. 이제 진짜 이별이었다. 하지만 우리에게는 새로운 출발이 기다리고 있었다.

5장
음식 장사하며 이뤄낸 것들

"4일간 여행 다녀온 후 개업합니다"
순풍에 돛 단 듯, 광대도 승천하고
짓눌린 고통, 빚 해방 선언
자수성가와 부모의 후원
직원이 가족이다
명품김치만두 특급 사랑 칭찬
바빠도 친구들은 꼭 챙긴다
불효자는 웁니다
아내가 발레를 배운다
큰 성공보다 평생 갈 기술이 좋다

"4일간 여행 다녀온 후 개업합니다"

남의 돈 빌리니, 하루 쉬는 것도 아쉬웠다. 얼른 빚 갚아야 두 다리 뻗고 자지 싶었다. 당연히 인테리어도 마쳤으니 하루라도 빨리 개업식을 하는 게 맞았다. 하지만 살면서 꼭 속도만이 능사는 아니란 걸 배웠다. 12년을 한군데서 장사하는 동안 7년 동안 한 달에 딱 한번 쉬었을 뿐이다. 그만큼 열과 성을 다했다. 결과만 놓고 봤을 때 성공이라 말은 못한다. 그래도 그동안 기술은 물론 경험치 등 보이지 않는 걸 많이 얻어냈다. 그러니 우리 조금 쉬어가도 괜찮은 거다. 이참에 아내와 며칠간 힐링 여행 다녀오기로 했다. 상가에 미리 써붙였다.

"4일간 여행 다녀와서 개업합니다."

부부만의 첫 힐링 여행

부부가 장사하고 애들 키우며 제대로 된 여행 한 번 다녀본 적 없었다. 기껏해야 애들 어릴 때, 놀이공원 간 거랑 명절 때 고향 다녀오는 게 전부였다. 여행 가자니 아내도 기뻐했다. 막상 장사 시작하면 맘 놓고 여행 다니는 게 얼마나 어려운지 아내도 잘 알 거다. 딸과 아내가 신나게 여행 일정표를 짰다.

이른 새벽, 부푼 기대를 안고 출발이다. 명절 때나 다니던 고향 가는 길을 평일 이른 시간에 달리니 시원하게 뻥뻥 뚫렸다. 마치 우리 부부의 전국일주 여행을 위해 깨끗하게 비워둔 것 같았다. 끝이 안 보이는 일직선 고속도로에서 아내가 한마디 했다. 우리 앞날도 이렇게 탄탄대로였으면 좋겠다고. 1초도 안 머뭇거리고 내가 대답했다.

"아마도 그럴 걸?"

안동을 거쳐 아버지 산소까지 세 시간도 안 걸려 도착했다. 아버지는 내가 30대 초반에 슈퍼맨 분식할 때 돌아가셨다. 파란 봉분 잔디 사이사이 봄풀이 제법 올라와 있었다. 아부지 좋아하시던 술 한 병 사다 큰 잔에 부어 올렸다. 평생을 가난하게 사셨지만 바른길을 걸어온 분이셨다. 중학교 졸업장이 전부지만, 나는 살면서 아부지 원망해본 적 없다. 자식에게 좋은 옷 입히고 좋은 학교 보내고 싶지 않은 부모가 어디 있겠는가. 아부지 처한 상황에서 그게 최선이었을 테니, 그마저도 감사하게 생각하며 살아야 했을 뿐이다. 하늘에서 부디 편히 쉬길 기도드리고, 시골에 혼자 계시는 어매 집에 들렀다. 연세가 아흔이 다 되어가셨다. 이것저것 한보따리 챙겨드리고, 용돈도 드렸지만 직접 모시지 못하는 내 현실이 안타까운 건 어쩔 수 없다.

"어매, 막내 이 아들 성공할 때까지 오래오래 건강하이소."

아쉬움에 메이는 목을 뒤로 하고 핸들을 돌렸다. 기력 쇠한 어매를 혼자 놔두고 돌아오는 길, 가슴이 미어진다. 훗날을 기약하며 맘을 가볍게 먹기로 한다. 우편물 배달하고 있을 친구 문기에게 전화해, 영덕 가기 전

있는 삼화휴게소에서 만나기로 했던 참이다. 문기가 시골 아재한테 1천만 원 빌려 가게 창업 자금으로 보내준 터라, 미리 휴대폰으로 찍어온 인테리어 사진을 보여줬다.

"깔끔하게 잘 됐네?"

"잘 됐재?"

휴게소 앞 모퉁이에 자연바람 맞으며 꽤 오래 버틴 듯 빛바랜 자판기 앞으로 갔다. 문기가 집배원 제복 바지주머니에서 동전을 꺼내 달달한 믹스 커피 세잔을 뺐다. 아내까지 셋이서 종이컵을 높이 들고 '위하여.'를 외쳤다. 헤어지는 길에 문기에게 자신 있는 목소리로 말했다.

"쪼매만 기다려라, 좋은 소식 있을끼다."

10여 분을 달리니 동해바다 강구항이 보인다. 신혼여행 마치고, 아부지와 어매께 인사드리러 왔다가, 경기용 오토바이에 배부른 아내 태우고 폼 냈던 게 어제 일처럼 스쳤다. 그거 생각나나? 물었더니 아내도 씩 웃는다. 가족 만나는 건 첫 날에 다 끝내고, 3일 동안은 완전 자유여행이었다. 둘째 날, 아내가 제일 가보고 싶다했던 통영으로 달렸다. 간밤에 잠자리가 바뀌어 뒤척인 탓인지 아내가 곯아떨어졌다. 별 수 있나, 외롭지만 조용히 운전할 수밖에.

딸이 미리 찾아준 통영 무슨 시장인가에 들렀다. 시장 안은 바닷가라 그런지 비릿한 냄새로 가득하다. 유명하다는 꿀빵을 한통 사서 들고만 다녔다. 하나만 먹자고 아내가 그랬는데, 지금 먹으면 밥맛 없을 테니 이

따 먹자고 내가 말렸다. 첫 번째 밥집을 드디어 찾았다. 허름하지만, 맛집이라고 딸이 찍어준 집이다. 시락국이 5천 원이었다. 바닷장어를 푹 고아 시래기 넣고 끓인 거라 했다. 반찬 두어 가지랑 함께 양은쟁반에 담아 나왔다. 한 숟갈 뜨자마자 아내와 내가, '어,어.'하며 서로 마주봤다. 둘 다 처음 먹어보는 건데다 5천 원이란 가격에 큰 기대도 안 했다. 그냥 해장국 비슷한 거겠지 했는데, 아니네. 둘이 눈빛 교환 빠르게 한번 하고, 밥 말아서 국물까지 다 마셨다. 아내는 양이 적은 편이다. 밥도 한 공기 다 못 먹는데, 웬일인지 한 그릇을 다 비운 거다. 통영 시락국, 그만큼 맛나다.

여행 계획대로 통영항에서 소매물도행 여객선을 타야 한다. 배시간이 남아 둘이 터미널 안에서 아까 샀던 꿀빵을 하나씩 먹었다. 맛난 아침을 먹고 난 뒤인데도 달달한 맛이 좋았다. 제법 큰 배를 타고 소매물도로 향했다. 소매물도에 내려준 배는 또 다른 항으로 가고, 우리는 일행을 따라 섬 구경 하러 올랐다. 몇 시간 실컷 놀다가 나가는 배 다시 타면 된다. 남해의 섬마을 공기는 숨 쉴 때마다 가슴 속이 청소되는 듯 시원하다. 섬 정상에 소매물 분교가 있다. 과거 이곳 마을의 코 찔찔이들이 졸업해나갔다고 팻말에 적혀있었다. 폐교된 후였다. 저쪽 너머로 남해 바다가 쪽빛 자태를 뽐낸다. 내리막으로 한참 내려가니 그 쪽빛을 손으로 만질 수 있었다. 나는 동해 바다만 맑은 줄 알았는데, 잘못 알고 있었다. 동해가 거친 장정이라면 남해바다는 수줍은 여인네랄까. 인적 드문 남해 바닷가 작은 섬 사이로 난 토끼길에서 숨바꼭질은 안 했지만, 아내와 둘이서 걷고 뛰며 나이도 잊은 채 웃고 떠들었다. 모든 짐 다 내려놓고 노는 모습이 꼭 촌 동네 소년, 소녀 같다는 생각이 들었다. 많은 볼거리를 뒤로하고 부산에서 1박을 하는 코스다. 네비게이션 따라 가다보니,

어느 순간부터 바다 속 터널이란다. 해저터널 갈 생각도 없었는데, 난데없이 바다 속을 지나가게 된 거다. 모처럼 스트레스 없는 시간을 보냈다. 그 어렵고 힘들고 아팠던 기억들은 이미 쪽빛 바닷물에 다 던진 후였다.

3일째, 영화 국제시장에 나오는 꽃분이네도 가보고, 이곳저곳 구경하다 여수로 향했다. 우리도 여행다운 여행 한번 해보자는 마음으로, 둘 다 돈 얘기는 안 하기로 했다. 그날 저녁엔 담양엘 간 것 같다. 소고기를 구워 꼭꼭 씹어 먹었다. 빠듯한 일정으로 여러 군데를 돌았더니 기억이 가물가물하다. 여수, 보성 녹차밭, 순천 낙안읍성이며, 순천만도 보고 밀린 방학숙제 한꺼번에 하듯 닥치는 대로 남도여행을 했다.

마지막 날인 듯하다. 담양 죽녹원 코스였다. 그 유명하다는 국수를 먹을 참이다. 죽녹원 가기 전 강가 앞, 평상에 앉아 후루룩 국수를 먹는다. 봄바람이 고명으로 살짝 앉았다 갔다. 이곳이 유명한 국수거리란다. 물론 맛 때문에 유명한 거지만, 밖에서 새참 먹듯 먹는 분위기 덕에 더 맛있었다. 찐 계란도 사 먹어 보니, 역시 음식은 분위기 맛도 한몫한다는 생각이 들었다 절감했다. 여기저기서 까먹고 있으니, 어디 한번 나도? 란 맘에 너도나도 주문해 머리에 때려도 까고 바닥에도 내려치는 게 그 야말로 진풍경이다.

마지막 코스인 전주 한옥마을을 구경하고, 제대로 된 전주 한정식을 먹자니, 다 4인분 기준인 듯하다. 먹방 여행을 다녀 본 적이 있어야 맛집 찾는 방법을 알지. 에라 모르겠다, 아무 데나 한군데 찍어 그냥 들어갔다. 아직 낮에 먹은 국수랑 찐 계란도 소화가 안 된 상태라 한정식이 사실 잘 땡기지도 않았다. 그래도 왔는데 맛은 보고 가야잖냐며 일단 전주비빔밥 두 그릇 주문한다. 그럴듯하게 차려나온 걸, TV에서 보던 대로 젓가락 이용해 비비긴 했지만 잘 들어가지는 않았다. 이래서 음식은 배고플 때 먹어야 하는 거다. 후식으로 준 식혜를 마지막으로, 우리의 여행은 끝났다. 그간의 고통, 슬픔, 아픔은 남도 바닷가에 다 던졌으니 가벼운 맘으로 올라가는 거다. 내일부터 우리도 씽씽 다시 달려야하니 말이다.

장모님과 아내, 딸이 정동진에서
요트를 타며 한 컷!

순풍에 돛 단 듯, 광대도 승천하고

　개업을 하면 원래 준비자금이란 게 필요하다. 장사란 게 문 연다고 바로 순이익이 생기진 않는다. 빨라도 1~2개월, 늦으면 몇 개월 동안은 현금 순환이 안 될 각오해야 한다. 그런데 우리는 그런 게 거의 없었다. 공과금, 생활비에 개인회생 불입액과 일반 채무, 담보대출 등 각종 이자로 계속 돈이 빠져나갔다. 인테리어하는 동안은 수입이 한푼도 없었다. 전국 여행경비도 모든 게 지출이었질 않던가. 이전 가게에서 반죽기, 제면기 등 쓸만한 건 다 가져왔으나, 가게 하나 오픈하는 데는 또 그만큼의 돈이 들어갈 수밖에 없었다. 홍보용 만두 크게 한 턱 쓰고, 식재료 구입하고 나니 개업 전날 통장에 달랑 30만 원 남아있었다. 원래 이렇게 시작하면 진짜 난항이다. 그런데 이상하게 걱정이 되질 않았다. 신용불량자니 카드도 없고, 더 이상 누구에게 빌리지도 못하고 빌려줄 사람도 없다. 모든 걱정, 고민거리를 바다에 날려버려서인가. 아무튼 악조건 속에서도 맘만큼은 편했다.
　원래 개업빨이란 게 있다. 하루, 이틀 반짝 손님들이 몰려오는 거다. 그러다 마는 경우도 많다. 그런데 우리 가게는 그 다음 날, 그 다다음 날이 개업 날보다 더 잘 됐다. 어제 먹었던 손님이 오늘 다른 손님을 모셔오고, 전날 줄이 길다며 돌아갔던 분이 오늘은 더 빨리 와서 야심차게 앞줄에 대기하고 계셨다. 이렇게 열흘 이상을 아예 우리 점심도 제대로 못 챙길 만큼 바삐 장사했다. 오후 네 시가 넘어서야 반찬가게에 들러 국사고 반찬 사서 겨우 먹을 수 있었다. 우리가 홍보한 건 만두 120만 원어치뿐인데, 밖을 내다보면 손님들이 기다랗게 줄 서계셨다. 30만 원으로 시작했지만, 밀려드는 손님들 덕분에 자금 걱정할 필요 없게 됐다. 이럴 줄 알고 그렇게 자신만만하고 맘이 편했나 싶었다. 참으로 신기하고 고마운 일이 아닐 수 없었다.

한겨울 만둣국용으로 주문 초대박

며칠만 설거지할 파출 이모를 쓸 셈이었지만, 개업 삼일 만에 월급제 직원이 되어달라 부탁해야 했다. 처음에 시장조사로 예상했던 매출액의 배 이상을 매일 올리고 있었으며, 그 기록이 계속 경신되어갔다. 당초 분양사무실에 계약하고 첫 달 월세를 냈었다. 개업 후 한 달이나 지났을까. 개업하고 환하게 불 밝히고 통로에 미어터지게 손님들 줄 서고, 종일 가게 붐비는 걸 본 탓일까. 옆 칸도 분양됐다며 상가 분양사무실에서 신나했다. 우리 가게는 5평 따로, 10평 따로, 상가 주인이 두 명이었다. 얼마 뒤 오랫동안 분양 안 돼 깜깜하던 빈 가게들이 속속 새 주인을 찾아 분양되었단다. 앞이고, 옆이고 동네가 환해졌다. 분양 사무실에서 처음 계약할 때 했던 약속, 이곳은 내가 깃발 꽂고 활성화시켜보겠단 약속을 불과 한두 달 만에 지키게 된 거다. 그래서인지 분양사무실 직원들까지 열혈단골이 되어주었다. 보통 칼국수집은 여름에는 잘 안 되는 줄 안다. 하지만 칼국수는 사계절 음식이다. 실제로 7,8월 매출은 가히 폭발적이었다. 여름에 보슬비라도 내리거나 장마철 비바람 살짝만 불어도, 칼국수집은 불이 난다. 우리집이 그랬다. 연일 미어터지는 손님들로, 아내와 나는 몸은 고됐지만 입꼬리는 승천했다. 30만 원이던 통장잔고가 비기는 커녕 하루가 다르게 쌓이는 카드대금 매출로 불어났다. 신났다. 개업 두 달 반 만에 매월 오육백 만 원의 기본 지출이 발생하고도, 3천 만 원의 빚을 1차로 갚을 수 있었다. 어떻게 해도 늘 늘어만 가던 빚이었다. 돌려 막기 하느라 숨 막히던 빚이 그렇게 짧은 기간 동안, 이 작은 공간에서 오로지 장사 매출로만 메워지는 게 믿어지지 않았다. 하늘을 날아 구름 위에 풍덩 앉는 것 같은 기분이 이런 걸까. 술도 고기도 아닌 오직 윤재 갑표 칼국수와 만두로만 일군 매출 결과라 더 값졌다.

  지금까지 쌓아올린 모든 역량을 다 쏟아 붓고 명품 음식만 만들어 성공해보겠다는 포부로 시작했다. 하지만 마음먹는다고 어디 세상사가 다 되던가. 그런데 이번엔 어찌 된 일인지 되어간다. 빚을 뭉텅이로 몇 번 더 갚았다. 개업 초부터 간이 과세자 혜택을 받은 것도 빚 갚는 데 한몫했다. 부가세가 거의 안 나오니 한결 가벼웠던 거다. 몇 천씩 한꺼번에 빚 갚아가는 그 기분을 안 느껴본 사람은 모를 거다. 돈을 빌려주신 지인들도 깜짝깜짝 놀라셨다. 그 작은 가게에서 그새 이만큼 벌었냐는 거다. 5천 만 원을 빌려줬던 은인 친구는 회사에서 받은 직원 대출이라 2년이라는 기간이 있었다. 게다가 저리였다. 대출 이자 나가기 하루 전 날 미리 송금해줬다. 고마운 마음을 그렇게라도 표현하고 싶었던 거다.

  아내에게 이럴 때일수록 차분하고 침착하자 했다. 젊었을 때와 달리 더 겸손하고 신중하자 다짐했다. 장사는 순풍에 돛 단 듯 술술 앞으로 잘도 나갔다. 그렇게 손님 많던 뼈칼국수집은 얼마 전부터 직원을 줄이더니 아예 문을 닫은 것 같았다. 그때 또 하나 깨달았다. 내가 최고인 듯해도 언제 나를 능가할 상대가 나타날지 모른다는 것. 그러니 늘 긴장의 끈을 놓지 말아야 한다. 초심 잃지 말고 기술 개발 게을리 하지 말아야 했다. 그렇게 하루 하루 성실하게 일하다 개업 첫 겨울을 맞았다. 찬바람 불어오니 당연히 만둣국의 인기가 하늘을 찔렀다. 그 해의 마지막 날 12월 31일, 그 전에는 한 번도 경험하지 못했던 일이 벌어졌다. 설 명절, 집에서 먹을 만둣국용 만두 주문이 대량으로 들어오는 거다. 예상치 못한 주문 폭주로 배추가 대량으로 추가 주문되고, 엄청난 양의 만두피와 속이 준비된다. 찾으시는 속도보다 만두 나오는 속도가 더 느려 애 먹을 정도였다. 결국 미리 계산하고 30분 혹은 한 시간 뒤에 와서 찾아들 가신다. 한겨울에 선풍기 틀어 만두를 식혔다. 내 몸에서도 땀이 났다. 열정과 희망의 땀이었다.

매출 신장과 찾아온 건강 위기

한겨울인데도 아침 여섯 시 반에 집에서 출발해야 했다. 12월 31일과 구정 이틀 전에는 상가 주차장 셔터도 올라가기 전에 쪽문으로 올라간다. 겨울이면 깜깜한 밤 중 같다. 밤새 밖에 세워둔 차에 올라탈 때마다, 낡은 승용차 시트에 엉덩이 대는 게 무섭다. 새벽공기에 히터를 틀어도 찬바람 쌩쌩 분다. 결국 아내와 나 둘 다 무릎 담요 덮고 출발한다. 어느 정도 차를 달려야 따뜻한 바람이 나왔다. 항상 잠이 부족한 아내는 따순 바람이 나오면 감기약에 취한 것처럼 코골며 잔다. 그렇게라도 푹 자면 좋으련만, 잠들만 하면 내려야 한다. 얼마나 피곤할지 알면서도 고생한다, 고맙다는 말도 못하고 "다 왔어, 얼른 내려."란 말만 한다. 아침부터 해물 씻는 것부터 각종 장사 준비며, 직원 식사 준비에 쉴 틈 없이 시간에 쫓기는 아내다. 거기서 어디 끝인가. 집에 오면 아내는 또 다른 출근 시작이었다. 빨래에 집안일까지, 해야 할 일들이 또 아내를 기다리고 있었으니까. 무쇠 아니고 강철체력 아니면 버티질 못하는데, 아내는 정신력으로 버텨냈다. 그렇지만 정신력이란 것도 한계가 있기 마련이다. 개업 첫 해 겨울, 그렇게 정신없이 바쁘던 어느 날, 결국 아내가 장염에 걸리고 말았다. 병원에서는 나을 때까지 아무 것도 먹지 말란다. 손님은 미어터지고 만두는 수시로 딸렸다. 좁은 가게 어디에도 배를 움켜쥔 아내가 등 붙일 만한 곳이 없었다. 결국 주방 귀퉁이 반죽기 앞에 종이 박스를 깔고, 기계 옆에 기대 웅크린다. 참 내가 죽일 놈이구나 싶었다. 그런데 아내도 보통 아니다. 제발 하루 쉬라고 해도 기어이 하겠단다. 며칠 동안 아무 것도 못 먹으면서 그 많은 양의 만두를 아내는 만들어냈다. 통증으로 배를 움켜쥐고 있다가도 다시 괜찮아지면 또 만들기를 계속한다. 그런 아내가 급하게 주방으로 들어가다 타일에 미끄러져 넘어졌다. 무릎 인대가 파열되었다. 다행인지 불행인지 정형외과에서 깁스할 정도는 아니라 해서, 다리 절며 한의원을 다녔다. 그렇게 석 달 동안 한의원 오가며, 쉬지 않고 또 만두를 빚는다.

 나 역시 그해 겨울은 힘들었다. 지하상가에 몸이 적응 못한 탓인지, 감기가 걸렸는데 도통 낫질 않았다. 기침이 심해 이비인후과에 가서 항생제 맞고 별짓 다해도 안 낫는다. 양방, 한방 병원 왕래하며 45일간 치료한 후에야 겨우 멎었다. 무조건 쉬어야 낫는다는데 어디 쉴 형편이 되는가. 기침을 하도 해서, 내뱉을 기력이 없을 만큼 체력이 소진됐다. 거기에 하루 종일 서서 일하니, 허리 디스크가 도져 다리까지 저린다. 아침부터 저녁까지 꼬박 열 네 시간을 서서 일하니, 마징가 제트의 무쇠팔 무쇠다리라면 모를까, 나 아닌 어느 누구도 안 아플 재간 없을 거다. 그래도 감사한 건 죽을 정도의 병은 아니란다. 그 말에 안심하고 또 장사했다. 결국 발이 탱탱 부어 신발 속에 안 들어갈 정도가 됐다. 아니, 땅에 발을 딛지도 못했다. 교회에서 안내위원하는 날인데, 구두고 운동화고 맞는 게 없었다. 한번은 칼을 잡지 못할 정도로 손등이 부어올랐다. 그럴다고 요리사가 어떻게 칼을 안 잡을 수 있나. 칼국수야말로 일일이 칼로 썰어야 하는데 말이다. 그 또한 치료하면서 일했다. 사실 둘 다 아프다고 드러누우면 가게 문 열날 며칠 안 될 거다. 우리뿐 아니라 음식 장사 하는 분들 대부분 그럴 거다. 그렇지만 세상 쉬운 일 어디 있겠는가. 세계 챔피언 급 복싱 선수가 아무리 화려해보여도, 남을 때리려면 그만큼 자기도 얻어맞아야 하는 법 아닌가. 내 육신을 그만큼 쓰며 노력하기에 성공하는 게 아닌가란 생각이 든다. 그나마 치료를 병행하며 일할 수 있는 몸 상태에 감사하기로 했다. 그런 생각을 하면 아침에 눈을 안 뜰래야 안 뜰 수 없다.

짓눌린 고통, 빚 해방 선언

그렇게 일 해, 개인 빚 1억 5천도 다 갚았다. 빌린 지 13년 만에 갚은 빚도 있다. 그동안 이자가 원금의 두 배가 되기도 했다. 드디어 친구가 빌려준 5천 만원 원금을 약속한 날짜 며칠 전에 송금해줬다. 요즘 세상에 그런 친구가 어디 있겠는가. 그렇다고 그 친구에게 그동안 잘한 것도 없다. 밥 한 끼로 고맙고 염치없는 맘을 대신했다. 앞으로 이 친구를 평생 은인으로 삼겠다는 생각 변치 말자고 다짐하면서.

반지하 빌라 담보대출 1억 2천도 갚았다. 몇 천 만원씩 네 번인가 나눠 갚았다. 마지막에 너덜너덜해진 등기권리증을 깨끗하게 하기 위한 설정해지비인지 뭔지로 십 만 원 가량을 낸 것 같다. 드디어 대출 한 푼 안 낀 온전한 내 집이 된 거다. 그날 아내와 나는 말로 표현 못할 후련함을 만끽했다. 군에 간 아들이 상병 달고 휴가를 나왔다. 특수임무부대라고 특임 헌병이었다. 머리 박박 민 놈 훈련소 데려다 준 게 엊그제 같은데, 그새 멋있어졌다. 자라면서 부쩍 철든 아들은 아마 군대에서도 집안 걱정 깨나 했을 거다. 실제로 자기 입으로 그런다. 아빠, 엄마가 영영 그 동네에서 못 빠져나오면 어떡하나 고민됐다고 말이다. 그때가 언제 적 이야기냐고 큰 소리쳤다. 점심에 상가 나와서 아빠 가게 구경해보라고, 어떤 진풍경이 펼쳐지는지. 아들도 놀랐는지 길게 서있는 손님들을 휴대폰으로 찍는다. 옆에서 넌지시 내가 말했다.

"부대 선임, 후임들한테 보여줘라."

다음으로 대학 편입한 딸의 학자금 대출 2천여 만 원을 갚았다. 편입 준비 기간 2년 동안 집에 손 안 벌리고, 가게 나와 알바하면서 용돈이며 학원비며 스스로 다 번 기특한 딸이었다. 없는 집에서 태어나 내가 못 배운 한을 갖고 있는 만큼, 딸의 번듯한 4년제 대학 뒷바라지는 내 손으로 해줬다 자랑하고 싶었다. 그래서 딸이 취업 후 직접 갚겠다는 걸 내가 선방해서 갚아버린 거다.

장사하면서 빚이라고는 일절 모르고 살다 주식으로 다 털린 후, 15년 동안 이자만 5억을 냈다. 드디어 빚을 완전 제로로 만든 날이 오긴 온 거다. 이게 바로 장사구나 싶었다. 장사를 하기에 그래도 그만한 빚을 다 갚지, 안 그럼 내가 어찌 갚을 수 있었을까. 장사는 돈 빌려 하면 안 된다는 말들 하는 사람들도 있다. 하지만 그렇게라도 하지 않았다면 이런 날이 어떻게 왔단 말인가. 새롭게 재기하고 3년 만의 일이다. 빚을 얻어서라도 다시 도전했기에 가능한 일이었다. 친구 간에는 돈 거래하지 말라고들 한다. 하지만 친구가 그 돈 빌려주지 않았다면 이런 일이 또 어떻게 일어났을까. 친구가 살고자 하는 의욕이 있고, 평소 신용이 좋았다면, 한번 통 크게 빌려줄 법도 하지 않는가. 나는 이런 대범함과 의리를 보여준 친구에게 평생 보답하고 싶다. 그런데 친구는 아무 것도 신경 쓰지 말란다. 일단 이렇게 성공한 것 자체가 우선의 보답이라고 생각한다.

빚잔치 끝났으니, 드디어 나도 적금이란 걸 다시 넣었다. 제법 큰 액수인데도 다달이 돈 붓는 재미가 쏠쏠했다. 얼마 만에 다시 갖게 된 적금통장인가, 감격해 들여다보고 또 볼 정도였다. 서울 근교에 작은 아파트도 하나 샀다. 겨울에는 엉덩이 차갑던 낡은 승용차와도 작별을 고했다.

꿈에 그리던 RV차량 리무진을 새로 뽑았다. 먹고 사는 것만으로도 벅차, 집수리며 이사며 꿈도 못 꿨는데, 이제 집 인테리어 어떻게 할지 궁리도 해보고, 팔고 더 좋은 곳으로 이사 갈지 말지 머리도 굴려본다. 하지만 두 가지 다 필요 없게 됐다. 재개발의 걸림돌들이 다 제거되어 8부능선을 넘어가고있고, 최고의 입지로 급부상했으니, 더 이상 바랄 게 없다. 집 담보 대출금 갚자마자 좋은 일들이 줄줄이니 이 집이 복덩인가 싶기도 하다.

  나는 이제 카드도 거의 안 쓴다. 체크카드 하나만 쓴다. 몇 개월 할부 그런 거 안 해도 된다. 신용도 1등급 된 지 오래다. 부부 동시 개인회생절차 밟는 신용불량자 된 게 엊그제 같았는데 말이다. 새삼 인생 멘토였던 전주집 형님 말씀 듣길 잘했다 싶다. 파산신청은 말이 안 된다. 이럴 때일수록 부부가 서로 위하며 살아라, 젊음과 고급 기술 있으니, 조급히 생각 말고 한 달에 얼마씩이라도 갚아가며 살다보면 좋은 날 온다란 말씀 말이다. 그 때의 결정 덕에 오늘이 있게 된 것 같다.

자수성가와 부모의 후원

예전 포이동 시절 단골손님 중, 가게 부근에서 사업 하시는 분이 계셨다. 가족들과 외식할 때나 직원들 회식 할 때는 언제든 우리 가게로 오셨다. 그런데 한 번은 이분이 점심 시간 훨씬 지난 시각에 혼자 오셨다. 저녁도 아닌데, 보쌈 정식 주문하더니, 소주를 혼자 연거푸 몇 잔 들이키는 거였다. 무슨 일 있나 여쭤보고 싶었지만, 혹여 부부문제나 사업 문제로 속상할 수 있다 싶어 모른 척하고 있었다. 그런데 차차, 걱정이 됐다 밥은 한 술도 안 뜨시고, 안주도 거의 손 안 대고 술만 드시니 말이다. 한참 뒤 직원을 시켜 나를 부르셨다.

"윤 사장님 시간 되면 저랑 이야기 좀 나눌 수 있겠습니까?"

"아시다시피 장사 시간이 아니라 지금 한가합니다."

대화 나누길 바라시는 눈치길래 테이블 맞은편에 앉았다. 술 한 잔을 말없이 또 비우셨다. 어쩔 수 없이 잔을 채워드리며, 안주도 좀 드시라고 권했다. 속 버리신다고. 그러자 그분이 한숨을 푹 내쉰다. 맨 정신에는 도저히 말이 안 나올 것 같아 술 힘을 빌려 나에게 상담 좀 해보려 오셨다는 거다. 그때가 내가 개인회생 인가 받고 얼마 안 된 시점이었다. 내가 지금 누굴 상담할 처지는 아닌데, 내 코가 석자인데란 말이 튀어나올 뻔 했지만, 손님이 워낙 심각하셨다. 다른 사람한테는 차마 말 못하겠다며 나한테만 하는 거란다. 이런 골목길에서, 메뉴가 대단해도 주인 쉽게 바뀌는데, 10년 넘게 한 곳에서 장사하는 거 보고 평소 참 대단하다 생각하셨단다. 한번은 꼭 대화 나누고 싶어 벼르고 벼른 게 바로 오늘이란다. 다름 아닌 그분의 아들 이야기였다. 이태리로 요리 배우러 유학까지 다녀 온 30대 후반의 아들이 경기도 모 처에 레스토랑 개업을 했단다. 그런데 아들은 돈 한 푼 안들이고, 아빠가 5억 몇 천을 들여 으리으리하게 차려줬다는 거다. 거기서 아들은 여기가 이태리도 아닌데, 오후에 두 시간씩 브레이크 시간을 갖는 건 물론이고, 컴퓨터로 음식 주문하는 시스템도 구축하고 직원 주5일 근무제며 복리 후생도 거의 대기업 급으로 세팅해놨다고 한다. 여기까지는 좋다 이거다. 그런데 본인은 일할 생각도 안 하는데다 주말이면 외제차 타고 놀러 다니느라 바쁘단다. 내가 눈을 동그랗게 뜨고 물었다.

"그럼 주말 장사는요?"

개업한 지 아홉 달인가 지났는데, 흑자는커녕 다달이 1천 만 원이 넘는 적자만 나고 있단다. 지금까지 투자한 돈만 벌써 7억이 넘는데도, 아들은 앞으로 잘 될 거란 소리만 하고 노력은 나 몰라라 하고 있다는 거다. 게다가 직원 월급 줄 때 되면 아버지에게 매달 1천여 만 원 달라 손 벌린다는데, 듣는 내가 두 손 두 발 다 들 지경이었다. 그렇다고 여기서 더 안 대주면 그것도 문제라신다. 다달이 적자는 고사하고 개업 당시 들어간 돈이라도 받을 수 있다면 당장 처분하고 싶은데, 부동산에 알아보니 투자비용의 3분의 1도 못 받을 것 같단다. 그리고 그렇게 되면 당장 아들도 실업자 되니 그것도 그분께는 골칫거리였던 거다.

　자기가 봐도 앞으로 흑자는커녕 그런 식으로 계속 하면, 매달 물어줘야 할 돈만 점점 늘어 날 것 같단다. 자식 일이다 보니 죽이지도 살리지도 못 하겠고 미치겠다는 거다. 평생 홀로 자수성가 해 일궈 놓은 재산인데, 이러다 몇 년 안에 그 재산 다 날릴 것 같다며 또 크게 한숨 내쉰다. 그분이 그러셨다.

"윤 사장님 같으면 어떻게 하겠습니까?"

　나도 자식 키우는 사람인데 남의 가정사이고 더구나 자식 일에, 감히 뭐라 조언해드리기 난처했다. 다만 이렇게 말씀드렸다.

"분명히 말씀 드릴 수 있는 건 시간이 흐를수록 사장님이 아드님께 매월 주셔야 할 돈은 늘어갈 겁니다. 장사는 절대 쉬운 게 아닙니다. 유학 다녀왔다고 잘 하는 것도 아니고 요리 기술만 가지고도 안 되고, 작게라도 본인의 능력으로 시작해서 경험을 쌓아가며 늘려가야 하지 않겠습니까?"

　그분도 고개를 끄덕이셨다. 애당초 사장님은 아들 말만 믿고 너무 큰 돈을 덜컥 내주신 거다. 부모 재산 물려받아, 경험 없이 덤볐다 실패하는 사람들 나는 부지기수로 봤다. 그분이 또 물으셨다.

"윤 사장님 자식 일이라 생각하고 괜찮으니 조언 좀 부탁드립니다."

"저라면요, 저라면요."

침을 꿀꺽 삼키며 내가 어렵사리 내뱉었다.

"누가 단 얼마라도 준다면 오늘이라도 가게를 팔겠습니다. 자제 분이 고생이란 걸 모르고 자라 유학까지 부모님 덕에 다녀온 터라 자립심이 뭔지 잘 모를 것 같습니다. 창업자금 건질 방법은 쉽지 않을 테니 하루라도 빨리 손절하시는 게……"

본인도 알고 있었지만, 어찌할 방법이 없었다고 하신다. 남의 자식 일이라 더는 말씀 못 드리겠다 했다. 사실 어려운 일 아닌가. 자수성가가 어렵다는 건 삼척동자도 다 안다. 본인 능력 이상을 누군가에게 물려받아 성공까지 이끌면 더할 나위없겠지만, 성공이 어디 쉬운가. 기초부터 탄탄히 다져 단계적으로 키워 나가야 함은 물론, 만 원짜리 한 장을 벌더라도 직접 피땀 흘려봐야 그 가치를 알게 되는 거다. 결과적으로 보자면 모래 위에 집짓기. 기초부터 다시 다지지 않으면 다 무너진다.

실패는 누구라도 할 수 있다. 수도 없이 넘어질 수도 있다. 넘어져도 일어나 다시 뛰고자 하는 마음가짐이 중요한 것이다. 넘어졌는데 혼자 못 일어나고, 아프다고 울고만 있거나 누가 손잡아 일으켜주길 기다린다면 결코 일어설 수 없다. 나는 바닥까지 미끄러졌다 스스로 일어서봤기에 이것만큼은 자신 있게 말할 수 있다.

직원이 가족이다

식당일 오래하면서 수많은 직원들이 오갔다. 나는 일 잘하는 직원보다 인간 됨됨이 갖춘 직원을 더 좋아한다. 나와 아내가 기술자니, 숙련된 기술 가진 직원은 필요 없다. 특히 홀 직원은 매출과 직접적인 관련이 있는 사람이다. 손님 응대하는 직원의 마음가짐 또한 중요하다. 말 한마디로 인해 손님 기분이 좋아질 수도, 상할 수도 있다. 경제적 여유 있으면 이런 데로 일하러 나올 리 있겠는가. 오래 있고 나이 많고가 무슨 벼슬 아니다. 서로 언니, 동생처럼, 조카처럼 가족처럼 일하자고 당부한다. 내가 남보다 조금 더 일하면 어떠냐, 어차피 모두 다 남편과 아이들과 있는 시간보다 가게에서 보내는 시간이 더 많다. 그러니 서로 위하면서 편한 공간 만들자고 말한다.

직원들이 출근하면 내가 먼저 큰소리로 인사한다. 인사는 나이 많고 사장이고가 중요한 게 아니다. 먼저 보는 사람이 하는 거라고 생각한다. 아부지도 그렇게 말씀하셨다. 출근하자마자 사장이 밝고 큰 목소리로 인사하는데 기분 나쁠 직원은 없을 거다. 혹여 집에서 안 좋은 일 있더라도 가게에 들어오는 순간, 다 털고 즐거운 마음으로 일하자는 의미에서다. 간혹 요리에 관심 보이는 직원이 있으면 적극적으로 말한다. 평생 월급쟁이할 거냐고, 기술 배울 생각 있으면 언제든 말하고. 월급 받으면서 기술 배울 수 있는 절호의 기회 아닌가. 나 역시 주방 보조로 일하면서 실력 부쩍 쌓질 않았는가. 누구라도 그럴 자세만 갖춰져 있다면 나는 두 팔 걷어 부치고 도와줄 생각이다. 물론 직원들 생각은 다를 수 있다. 모험 안 하고 안전하게 매달 월급 받는 걸 선호할 수도 있다. 월급 받는 기쁨도 쏠쏠하다는 것 역시 안다. 그래서 나는 월급날, 직원들 출근하기 전에 통장에 입금해준다. 그리고 출근하자마자 말한다.

"월급 입금되었습니다. 한 달 동안 수고하셨습니다."

똑같은 월급이라도 출근하기 전 받는 거랑, 퇴근 후 받는 거랑 기분이 다르지 않을까. 그날 하루라도 기분 좋으면 더 열심히 일 할 수 있으니, 사장 입장에서도 이득인 거다. 직원들 다 내게 고마운 사람들이지만, 특히 정직원들에게 파출부로 오는 분 더 챙겨드리라 당부한다. 상주하는 직원들이야, 배고프면 알아서 이것저것 찾아먹기도 하지만, 파출부는 모든 게 생소하니 그럴 수도 없다. 우선 나부터 파출 이모들께는 꼭 몇 알의 만두라도 드시게 하고, 먹고 싶은 메뉴 말하라 해서 내가 먼저 챙겨드린다. 대부분 주방에서 서서 먹겠다 하는데, 그러지 말고 홀에서 제대로 드시라고 한다. 주방 설거지 담당 이모들께는 어쩔 수 없이 잔소리 아닌 잔소리를 하게 된다. 요즘은 채소나 과일에 농약을 안 칠 수 없다. 그래서 꼭 흐르는 물에 여러 번 씻으라는 말을 강조하게 된다. 양배추든 배추든 제대로 안 씻고 안 헹구면, 농약이 완벽하게 안 씻겨나간다. 내 몸이나 손님 몸이나 마찬가지라고 생각하자 말한다. 내 몸에 농약 쌓이는 거 싫듯, 손님들도 마찬가지니까. 음식 만드는 사람은 이런 작은 일부터 덕을 쌓아야 하는 거라고 믿는다. 직원들에게도 이런 부분을 늘 강조하게 된다.

명품김치만두 특급 사랑 칭찬

윤재갑표 명품김치만두는 남녀노소 가리지 않고 다 좋아들 하신다. 그 중 인상 깊은 몇 분들을 소개하고 싶다.

꼭 두 손으로 드시는 60대 여성 손님

우리가게에 늘 들르는 단골 손님이 계신다. 예순이 넘으신 여자 손님인데, 만두 마니아시다. 칼국수 같은 다른 메뉴는 다른 데서 먹어도 되지만, 만두만큼은 우리 것 아니면 못 드신단다. 드실 때도 그분만의 까다로운 방법이 있다. 쇠 젓가락으로 집으면 절대 안 되니까 꼭 손으로 먹어야 한다는 거다. 그것도 양손으로 쥐고 먹어야 맛이 더 난다며, 참 맛나게 드시는 분이다. 혼자서 만두 여섯 알 일인분 다 드시고, 쪄서 식힌 만두까지 포장해 가신다. 아내가 직접 만두 빚는 모습도 감탄사 연발하며 보신다. 과연 명품은 명품이니, 오래 장사해달란다. 나 역시, 오래 건강하셔서 우리 만두 오래오래 드시길 바랄 뿐이다.

한번에 열 세알 먹은 아홉 살

수년 전 고향 영덕에 있는 친구에게 식힌 만두 9인분을 아이스박스에 넣어 보내줬다. 물론 식힌 만두 데워먹는 요령도 함께 적어 보냈다. 그날 서울에서 유명 명품 만두가 왔다고 동네잔치를 했단다. 그런데 그때 당시 친구 아들 녀석이 아홉 살 꼬맹이었는데, 무려 열 세알을 먹었다는 게 아닌가. 열 세알이면 무게로 1.3kg이다. 배탈은 안 났나, 걱정되어 물었더니, 배탈은커녕 다음날 만두 더 달라고 보채더란다. 다 떨어져 없다 했더니 울고불고 한바탕 난리를 피웠다고. 친구가 급하게 전화해 자초지종을 얘기해, 나 역시 급하게 다시 보내 준 기억이 난다.

포장만두를 가게서 다 드신 파출부 이모님

　직원들이야 매일 보고, 많이 먹고 하지만 파출부로 가끔 오시는 분들은 참 신기해하신다. 어떤 만두길래 저리 먹음직스럽게 생겼으며 줄 서서 먹기까지 하냐고 말이다. 그래서 만두는 꼭 드셔보라고 특별히 챙겨드리는데, 그날은 너무 바빠 신경 쓸 겨를도 없어 있는 반찬에 저녁을 먹었다. 그러자 그날 오신 파출부 이모께서 퇴근길에 만두 1인분을 포장해달라신다. 굳이 계산까지 꼭 하며 말이다. 그리고는 만두 맛이 궁금했다며 포장된 만두 한 알을 그 자리에서 드셔보신다. 그러더니 잠시 후 하나를 더 드시고, 또 잠시 후, 하나 더······결국 포장만두 여섯 알을 가게에서 다 드셨다. 본인도 민망했는지, 슬그머니 포장도시락을 쓰레기통에 버리셨다. 저녁 밥 한 공기 다 드신 직후니, 조금 민망할 법도 하지만, 내 입장에서는 기분 좋은 일 아닐 수 없다.

만두 덕분에 행복하다는 동창들

친구 중 대기업 임원이 있는데, 늘 식당에서 밥을 사먹는단다. 그러다 보니 맛은 둘째고 속 편한 것 위주로만 먹는다고 했다. 전에 하던 가게에서 술도 팔고, 보쌈과 곱창전골까지 할 때였다. 직원들과 회식하거나 단체 모임 때 자주 오곤 했었다. 그때 명품 만두라고 직접 포장해 챙겨주며 나대신 입이 마르도록 칭찬하느라 정신없었다. 고향 초등, 중등 동창인데, 이 친구부터가 만두 마니아다. 미리 전화하고 오면 식힌 만두 한꺼번에 십인 분씩 포장해간다. 김치냉장고에 보관하다, 쪄먹거나 만둣국으로, 만두라면으로 심지어 김치찌개에도 넣어먹는단다. 그 집 아이들도 다른 만두는 안 먹고 우리 집 만두만 찾는다니, 부전자전인가보다.

작년 연말에 고향 동창 모임을 서울에서 했었다. 낮에 참석하고 가게에 일이 있어, 초저녁 즈음 다시 합류했다. 그때 만두 도시락 세 팩를 싸갔었다. 낮에 뒷구멍으로 나오면서, 이따 저녁에 만두 가져오겠다 했다. 여자 동창 두 명이 전화를 했다. 자기들은 집이 멀어 일찍 출발해야 하는데 만두 언제 갖고 오냐고. 결국 맛도 못보고 가야 할 것 같다고 울상이다. 그래서 내가 지금 택시 타고 가는 중이라니까 자기들은 버스정류장에 서 있단다. 그렇게 먹고 싶다는데 당연히 맛보고 가야지, 하면서 내가 그쪽으로 바로 갔다. 12월이라 귓볼이 꽁꽁 얼 정도로 추웠다. 도시락을 건네주며 조심히 가라하고 나는 다시 모임 장소로 향했다. 저녁에 또 전화가 왔다.

자기네들이 오십대 아줌마긴 한가보다며, 만두 잘 먹었다고 한다. 뭔 이야기인가 했더니, 예전에 먹어본 적이 있어 그 맛을 알기에, 식기 전에 먹자했단다. 쪄서 가져온 지 10분 정도 지난 만두라 한참 촉촉하다는 걸 그녀들이 잘 알고 있었던 거다. 볼이 얼도록 추운 날, 바깥에서 둘이 서서 일인분을 다 먹었단다. 작은 생수병에 든 물이랑 같이 먹으니 소원풀이한 것 같다며 고맙단다. 친구들 만난 것도 반가웠지만 버스 정류장 한 켠에서 둘이 서서 명품김치만두 먹은 게 더 추억거리가 된 것 같다나 뭐라나. 이런 친구가 있어 너무 행복하다는 립 서비스까지 곁들인다. 이 맛에 동창들 만나나 싶다.

바빠도 친구들은 꼭 챙긴다

고향에서 지품중학교를 졸업했다. 당시 교실이 부족해, 한반에 80명 넘는 인원이 모여 공부한 기억이 엊그제 일처럼 생생하다. 한 학년 통틀어 아마 320명은 됐던 것 같다. 지금 전국 동기 밴드에 가입된 인원만도 140명이 넘는다. 서울, 대구, 포항, 영덕, 울산, 부산, 중부 이렇게 각 지역 모임이 있는데, 봄에는 체육대회를, 가을에는 산행을 한다.

40대 중반이 되던 해, 졸업 30주년 기념행사를 포항에서 했었다. 이후 서울에서도 체육대회며 가을 산행 몇 번을 더 해왔다. 내가 한참 가정 경제가 어려운 때였지만, 티 내지는 않았다. 친구들 만날 때만큼은 어린 시절 추억 삼아 즐거운 시간 만끽하고 싶어서였다. 아내가 단호박죽을 끓여 일일이 80개 담고, 일인당 만두 두 알씩 쪄서 도시락에 담는 등, 지방에서 아침 못 먹고 올라오는 친구들 위해 신경 좀 썼었다. 남한산성에서 가을 산행할 때도 아내가 열성적으로 챙겨준 기억이 난다. 생굴 넣은 겉절이 김치랑 만두를 부족하지 않게 싸줬다. 그날은 내가 오락 부장 역할 맡아 사회도 보고, 한정식집 사랑채 통째로 빌려, 밴드 분위기 세게 띄우기도 했다.

작년 봄이었다. 수원에서 팔십 몇 명이 모였다. 이날 행사 진행은 다른 친구가 했고 나는 음식 찬조만 했다. 이번에는 형편이 나아졌으니 제대로 한번 해보고 싶었다. 만두는 기본에, 국내산 생 돼지고기 목살과 미박

삼겹살을 인원수 모두 푸짐하게 먹을 만큼 넉넉히 샀다. 아무리 양 많아도 삶으면 30% 정도 줄 걸 감안해, 육질은 제일 좋은 걸로 골랐다. 목살이건 삼겹살이건 다 같은 고기가 아니란 걸 장사해본 덕에 좀 안다. 보쌈김치 속도 준비했다. 보쌈김치로 말면 40여 개 나올 양이니 충분했다. 무절이고, 미나리, 쪽파에 생굴 듬뿍, 갖은 양념 듬뿍 넣어 잘 버무려 하루 전날 김치 냉장고에서 재운다. 당일 날 아침, 가까운 데 사는 친구를 불러 만두 뜨거운 상태로 박스에 담았다. 인원이 많으니, 남으면 괜찮아도 모자라면 괜히 욕먹기 십상이다. 대형 솥에 보쌈고기를 삶는다. 고기는 이제 눈감고도 살살 녹게 삶을 수 있다. 만두며, 보쌈이며, 고기까지 대형 아이스박스로 일곱 박스인가 됐다. 이걸 두 번 나눠 리무진에 실었다. 아내가 한마디 더했다. 스트레스 팍팍 풀고 인심도 제대로 쓰고, 자랑도 많이 하고 오라고 말이다. 사실 일주일 중 가게가 제일 바쁜 토요일이었다. 내가 그렇게 놀러 가면 파출부 이모 두 분이 오셔야 한다. 나 없이 잘하라 고 아내에게 신신당부하고 뜨거운 가슴 억누르며 친구들 보러 달렸다.

오늘은 윤재갑이 요리사

여기저기 각지서 사는 친구들이 모였다. 나이 오십 넘은 중년들이다보니, 남자, 여자 구분도 없다. 백발도 있고 대머리도 있다. 대머리 트리오 중 애석하게도 한 명은 나다. 그나마 내가 제일 괜찮고 두 명은 진짜 머리카락이 많이 없다. 그래도 다들 서울에서 동창들 만난다고 멋 좀 내고 온 모양이다. 얼굴에 색조 찍어 바르고 옷도 메이커로 차려입고 머리 염색으로 힘도 잔뜩 줬다. 그래, 내가 느그들 입맛 안다, 쪼매만 기다려라

했다.

 오늘은 내가 진짜 요리 좀 뽐내려고 큰 맘 먹었던 터라 요리사 모자도 챙겨갔다. 흰색 차이나 셔츠에 주황색 앞치마로 아내가 코디를 해줬다. 만두는 아직 김날 때라, 이쪽저쪽에서 정신없이 먹기 시작했다. 보쌈고기 푸니, 구수한 김 올라오는 게 뜨거운 육수가 하나도 안 식었다. 구입한 뒤, 일부러 한 번도 안 쓴 도마를 척 꺼내보였다. 옆에서 음식 배식조 역할 맡은 여자 동창들이 양념된장부터 청양고추, 깐 마늘 등 미리 썰어 준비한 것들을 보기 좋게 담아냈다. 일부는 나랑 같이 고기를 썬다. 구수한 냄새가 대형 운동장과 드넓은 야외 마당에 가득 퍼진다. 만두 먹던 머리들이 하나씩 고개를 들더니, 환호성을 지른다. 이미 야외가든 주인 사장께 보쌈 한 접시 드리며 잘 부탁한다 인사한 모양이다. 주인 여사장님이 쫓아 나와 묻는다. 어디서 이런 음식을 주문했냐고 말이다. 이렇게 맛있는 보쌈김치에 고기, 이런 만두는 처음 먹어본다며 탄성을 자아내길래, 명함 한 장을 스윽 꺼내 드렸다. 이 기술 전수받을 수 있냐고 다시 묻길래, 오늘은 보다시피 그런 날 아니니, 아쉽지만 추후 전화 달라 말하고 나는 다시 요리에 전념했다.

 그날 다들 내 요리에 고마워했다. 80명이 넘는 친구들이 내 요리를 이렇게 맛나게 먹어주고 좋아해주는데 그게 어찌나 뿌듯하던지. 나는 고기 한 점 안 먹었는데도 배가 하나도 안 고팠다. 친구들 먹는 것만 봐도 배부른 하루였다. 진정한 친구란 건 세상에 존재하지 않는다고, 인생 독고다이라고 말하는 사람들도 많다. 나는 내가 갑자기 하늘나라에 가게 되었을 때, 내 장례식장에서 마음속에서 우러난 슬픔의 눈물을 흘려줄 친구, 남아있는 내 식솔들의 안위를 살펴줄 친구, 우리집 굴뚝에 연기는 나는지 걱정해 줄 친구, 내가 잘나갈 때보다는 어렵고 힘들 때 외면하지 않는 친구들이 진짜 친구라고 생각한다. 나는 다행히 그런 친구가 몇 있다. 이런 말을 하니 주변에서 인생 잘 살았다며 부러워했다. 진짜 친구들에게 이런 대접할 수 있는 내가 뿌듯하고 자랑스럽다.

불효자는 웁니다

　어매는 1925년생이다. 살아 계셨으면 올해 우리 나이로 96세. 나는 열 살이나 먹도록 어매 젖을 만져야 잠잘 수 있었다. 아부지와는 열한 살 차이시다. 아부지는 83세에 돌아가셨는데, 그 때 어매가 72세였다. 아부지 영구차를 붙잡고, 아부지요 잘 가시소~ 어매는 내가 있으니 걱정마시라며 통곡했었다. 그 뒤 내 딴에는 혼자되신 어매에게 한다고 했는데, 워낙 경제적으로 어려웠던 때라 돌아가시고 나니 걸리는 게 많다. 살아생전 효도가 진짜 효도인데, 다 못해드린 것 같아 아쉽고 죄송스럽다.

　어매는 건강 체질이셨다. 돌아가실 때까지 평생 입원 한 번 안 하고 수술도 안 하셨으며 뼈도 부러진 적이 없다. 팔남매 중에 막내인 나를 마흔 둘에 낳으시고, 미역국 드시다 체해 속병으로 고생 많이 하셨다.
　음식은 돼지고기, 닭고기는 아예 안 드시고, 주로 생선이나 채식 위주로 식사하셨다. 엄청 짜게 엄청 달게 드셨는데도 고혈압이나 당뇨는커녕 94세까지 장수하셨다. 큰형님이 중풍에 지병으로 오랜 고생하신데다, 형제들 중 모실 형편 되는 자식이 없어 시골서 혼자 사셨다. 당신도 그게 좋다고 하셨다. 그래도 이웃에 할매들이 몇 명 계실 때는 괜찮으셨다. 85세 때까지도 돌미나리나 산나물 뜯어 택배로 보내주셨고, 영덕 장에 가셔서 내가 좋아하는 자연산 더덕이나 보리멸치도 사서 보내주시곤 했다. 그러다 동네 의지하던 이웃 할매들이 한 둘 가면서, 서서히 치매기를 보이셨다. 기력이 괜찮으실 땐 우리 집에 오셔서 한참씩 있다 가시곤 했는데, 마지막 오신 게 아마 90세 때인 것 같다. 그때도 내가 모셔왔는데 예전과 달리 바깥 출입이 자유롭지 못 했을 때다. 시골에서 어매가 허리를 펴지 못 하겠다 하셔서 모시고 올라왔던 거다. 치매도 제법 있으신 데다 결벽증까지 심했다. 어매를 업고 차에 태워 늘 다니는 한의원으로 갔다. 한의원 베개는 여럿이 쓰는 거라고, 집에서 두루마리 휴지를 어매는 미리 챙기셨다. 내가 사준 지팡이는 또 옻 오른다 안 하시고 시골서 가져온 쇠막대기를 고집하셨다. 어매업고 쇠막대기 들고 화장지 들고 2층인 한의원을 올라갔다. 침도 새까맣게 염색한 간호사가 빼면 옻오른다고 꼭 머리 허연 한의사 원장님이 빼줘야 한다며 소리소리 지르신다. 돈이고 뭐고 이 정도면 치료하길 꺼릴 법도 한데, 원장님은 그럴 분 아니시다. 정성스럽게 다리도 주물러 주시고, 이런저런 얘기도 살갑게 들어주신다. 그저 고마울 따름이었다.

손녀랑 장에 가신 어매

딸이 대학 다닐 때였다. 아마 방학 때인 것 같다. 손녀를 아예 밖에 나가지도 못 하게 성화를 내셨다고 한다. 착한 딸은 치매 할매 시중 들고 씻겨드리느라 고생 좀 했다. 하루는 저녁에 퇴근하고 왔는데 딸 하고 어매가 요강을 붙들고 서로 당긴다. 요강은 시골서 올라 오실 때, 꼭 가져가야 된다 해서 내가 차에 싣고 온 거다.

딸이 막 운다. 할매가 이걸 가스 불에 올려 뜨겁게 해오라고 했단다. 그걸로 좌훈한다고 말이다. 딸은 할매 화상 입는다고 당기고, 할매는 그럴

다면 직접 가스불에 올린다고 당기고, 그렇게 실랑이가 난 거다. 아들은 할매가 하루 종일 사탕이나 단 음식만 잡수고 식사는 안 하시는 게 걱정됐나보다. 내가 사다 놓은 과자를 전부 높은 데다 감춘다. 어매는 이놈의 새끼 나쁘다고 호통이다.

하루에도 수십 번씩 집에 간다 했다, 놀다 간다 했다를 반복하고 애들을 문 밖에도 못 나가게 한다. 가슴이 아팠다. 내가 국민학교 6학년 때 꽁보리밥에 감자 넣어 도시락 싸준 걸 안 가져 가겠다고 울고 불고 할 때, 아랫마을 김반장님 네까지 함께 내려가 쌀밥 한 그릇 얻어 챙겨줬던 어매다. 삼십 리 사십 리 걸어 배급 밀가루 머리로 이고지고 와, 우리 형제들 안 굶기고 먹여 키운 분이다.

내가 어매를 자주 못 찾아뵈니, 한 번은 딸더러 할매랑 하룻밤 자고 오라고 보낸 적이 있다. 동서울에서 안동까지 버스 타고 안동서 영덕 가는 버스를 다시 타야 된다. 지금은 내리는 사람도 거의 없는 신안 정류장에서 내려 한참 걸어가야 하는 산골 동네다. 할매 좋아하는 사탕이랑 과자 싸서 딸이 그 먼데를 혼자 내려갔다.

손녀가 내려갔다고 어매한테 전화했다. 어매는 항상 다리거리까지 나와 있다. 내가 내려가던 누가 온다면 사람 그리운 시골 할매다 보니 그런 거다. 손녀가 서울서 온다니 얼마나 좋았을까. 서울서 손녀 왔다고 손수 라면을 끓여 주셨단다. 나중에 딸이 그런다. 직접 라면을 못 끓여서가 아니라 할매가 끓여준다 해서 가만히 앉아 끓여 주시는 것 먹었다고. 잘했다 칭찬했다. 밤새 할매 얘기 다 들어주며 늦게까지 불 켜놓고 있다 잠을 잤단다. 그런데, 다음날 영덕 장에까지 90세 할매와 대학생 손녀가 함께 가서 이불을 골랐다는 얘기에 놀랐다.

워낙 없이 사시다 보니, 제대로 된 이불을 못 덮고 사신 한이 맺히셨는지 손자나 손녀들을 빨간 담요나 빨간 시골 베개 사주시는 걸 그렇게 좋아하셨다. 막내인 나에게는 내려갈 때마다 미리 사놓으신 이불을 차에 실어주곤 하셨다. 좋던 싫던 어매가 사주시는 것이라 안 가져올 수도 없었다. 그날도 손녀에게 빨간 베개를 사서 베고 자라며 줬단다. (딸은 할매가 사주신 빨간 베개를 가져와 베고 자고, 안고 자고를 오랫동안 했다.) 이곳저곳 할매 모시고 다니며 시중 잘 들다가 딸이 올라왔다. 그나마 거동이 가능할 땐 참 괜찮았었다. 혼자 사시다보니, 손수해드시는 끼니 걱정이며. 하루가 다르게 어려워지는게 현실이었고 안타깝기만 했다.

죽어도 안 가신다는 요양병원에 모신 불효

  당시 나는 개업하고 얼마 후라 정신없이 바빴다. 상태가 나빠져, 도저히 혼자 계시기는 어려운 지경이었다. 어매는 평소 요양병원은 죽어도 안 가신다 입버릇처럼 말씀했다. 죽으면 그냥 죽지, 그런 곳은 더럽다고 하셨다. 하지만 형제들과 의논 끝에, 결국 요양병원에 어매를 모시기로 했다. 그때가 91세셨다. 그날 내가 울고불고 난리도 아니었다. 그렇게 가기 싫다신 곳을 보내야 하는 현실이 착잡했다. 나와 아내는 새벽부터 가게 나가 종일 있어야 했고, 애들도 집에 있을 나이가 아니었으니, 도리가 없었다. 요양병원 간다 소리 안 하고 큰 병원 가서 병 고쳐 오자고 거짓말 하고 모셨다. 눈물 나는 얘기다. 지금 형편 같으면 내 집으로 모셔, 요양보호사를 불렀을 텐데, 그때는 형편이 받쳐주질 않았던 거다.

  그렇게 3년 반을 요양병원에 계셨다. 그래도 살아 계실 땐 치매가 있던, 걸음을 못 걸으시던 어매를 보러 가는 게 그렇게 설레고 좋았다. 지인이 요양보호사로 있던 안동의 한 요양병원이다. 거의 매번 갈 때마다 어매 옷을 사갔다. 90 넘은 할매들 옷은 파는 데가 왜 그리 없는지. 우리 어매는 어두운 색 보다는 빨간색 같은 밝은 계통의 옷을 좋아하셨다. 스웨터, 윗도리 같은 걸 마트 가서 아내와 골랐다. 내가 가면 그리 반가워 하시며, 우리 재갑이 최고다를 입이 마르도록 얘기 하셨다.

어매는 커스터드 과자를 좋아하셨다. 치아가 없으니 부드럽고 달달한 유과나 빨아 드시는 사탕도 좋아하셨다. 매번 한 보따리씩 사가지고 갔다. 옷 사간 걸 그 자리에서 입혀 드린다. 없이 사셨지만 취향만큼은 원래부터 까다로우셨다. 당신이 골라 사왔어도 마음에 안 든다고 꼭 다음 장날에 가서 바꿔 오신 기억이 난다. 그런데, 내가 사간 건 맘에 든다고 늘 좋아하셨다.

갈 때마다 용돈을 드렸다. 워낙 없이 사셨기에 돈을 드리면 만 원 짜리를 일일이 그 앞에서 헤아리신다. 한 번에 10만원씩 드린다. 이걸로 잘 해주는 간호사들 팁도 주고 맛난 거 사 드시라는 말도 해드린다. 요양병원 안에서는 돈 쓸 곳도 없다. 그래도 그 자리에서 헤아려 보고 좋아라 하셨다. 그걸로 어매 좋아하는 떡이나 빵, 사이다 같은 걸 요양보호사가 사드린다. 나뿐 아니라 다른 형제들도 손자들도 갈 때마다 드린다 했다.

내가 내려갈 때마다 하룻밤 자고 가라고 붙드셨는데, 어떨 땐 가지 말라고 손 붙잡고 울고 불고 놓아주질 않는다. 치매도 점점 심해지셨다. 어떨 때는 욕을 정신없이 하시더니, 대소변을 못 가리시기 시작했다. 가슴이 미어졌다.

어매 생신은 음력 8월 22일이다. 해마다 생신 때는 꼭 내려가서 거하게 차렸다. 한 번은 조카가 삼단 케익을 사고, 내가 떡 한 말 하고, 이것저것 한 보따리 사다 요양병원에서 잔치했던 적이 있다. 어매가 박수 치고 웃고 좋아하셨다. 우리 아들, 며느리, 손자들이 최고라고 옆에 할매들께 자랑하신다. 매일 누워계시다보니 기력이 점점 약해지신다. 전복죽도 끓여가고, 좋아하실 만한 것, 기력 돋울 만한 것 다 챙겨가 보지만 드시질 못한다.

 돈 10만원도 손에 힘이 없어 제대로 세지도 못하셨다. 요양보호사나 간호사분들께 그저 잘 부탁한다고, 과일이나 빵도 사다드리고 봉투도 여러번 드렸다. 치매가 심하더라도 부모처럼 좀 보살펴 달라 사정하는 방법밖에 도리가 없었다. 그러고도 맘이 놓이지 않아, 만두도 여러 번 택배로 보내드리고, 직접 가져다도 드렸다. 돌아오는 발걸음이 떨어지질 않는다.

어매 가시는 날 비가 내렸다

 애들도 데리고 자주 갔다. 어매를 마지막으로 뵌 날도 아이들과 함께였다. 커스터드 한 점 떼어 입에 넣어드리니 안 넘어간다 뱉으신다. 그날 드린 용돈이 마지막이 됐다. 우리 재갑이 참 고맙다고 한 말씀이 마지막 칭찬이셨던 거다. 며칠 후 어매는 저녁 열 시 넘어 눈을 감으셨다. 새벽 두 시가 다 돼서야 장례식장에 도착했다. 3일장이라 시간이 하루밖에 없었다. 다음날 어매 가시는 게 하늘도 서러웠는지, 하루 종일 비가 내렸다. 평일이고 우중인데도 전국 각지에서 중학교 동창들이 조문 와주었다. 고향 쪽에서는 여자 동창들까지 어느 하나 빠짐없이 총출동 했다. 서울에서도 여러 팀으로 나눠 거의 다 내려오고 울산이며 대구 친구들도 거의 와줬다. 교회식구들까지 찾아와 그날 밤은 발 디딜 틈 없이 장례식장이 꽉 찼다. 누나가 그날 그랬다. 재갑이 중학교동창회를 하는 것 같다고. 어매에 대한 내 애정이 각별하다는 걸 친구들도 지인들도 다 알기 때문이었다. 우리 형제들은 고만고만했어도 손주들은 어디 내놔도 안 빠질 만큼 다 잘 됐다. 변호사에, 치과원장에, 약사에, 공연 기획사 대표도 있고 공무원도 몇명있고, 아무튼 다 빵빵하다. 다 정직하고 바르게 사신 어매, 아부지 공덕이라 했다.

  천년만년 사실 순 없으나, 부모 가시는 길은 하늘이 무너지는 슬픔이다. 그나마 크게 안 아프고, 명대로 사시다가 가셨으니 호상이다며 친구들이 위로해줬다. 가난 없는 하늘나라에 가서 편히 쉬시라며 기도하다 울다를 반복했다. 지금 살아계셨다면, 더 잘 할 수 있는데. 후회해봐야 소용없다. 그저 아부지 곁에서 행복하게 우리 사는 것 지켜보고 계시길.

아내가 발레를 배운다

15년 이상 5억 원 넘는 이자를 내며, 죽어라고 해도 안 되던 긴 터널의 생활도 분명 끝은 있었다.

딸이 올해 서른이다. 열 개가 넘는 자격증과 성실함을 인정받아 회사에서도 매년 연봉을 인상해주고 해외여행 경비 지급 등 복리후생을 누린다. 회사 사장님이 30년 장기근속해달라고 했단다. 아들도 잘나가는 바리스타가 됐으니, 이제 내가 애들을 위해 딱히 돈 쓸 일도 없다. 대출 안 하고 살고 싶은 아파트에 입주하기 위해 적금 붓는 거 외에는 큰 돈 들어갈 게 없다. 그러다보니, 생활에 여유가 생긴다. 떨어질 듯 아슬아슬한 줄타기 삶이었으나, 비관하지 않고 정면 돌파했다. 빨리 가려고 샛길이나 정의롭지 못한 길을 택하지 않았다. 바른 길 걸으며 묵묵히 앞만 보고 달려왔다. 무엇보다 내 가족을 중요시하며 살아왔고 그런 가족이 있었기에 오늘까지 올 수 있었다. 너무 어렵고 힘들 때는 기운이 빠지기도 하고 주저앉고 싶은 적도 있었지만, 그럴 때일수록 정신 차리며 내달렸다. 많은 분들에게 도움도 받았다. 우선 국가에 감사한다. 개인회생이란 제도로, 5년 동안 채무를 나눠 갚을 수 있게 해준 것, 면책이란 제도로 재기할 수 있는 기회를 준 것에 감사한다. 연 매출 6억 원이면 세금도 많이 내야 된다. 15평 가게에서 상상도 못할 액수를 세금으로 낸다. 그런데 아깝지 않다. 정당한 방법으로 장사해 더 많이 내고 싶다.

경제적 여유가 생긴 뒤, 그동안 나를 도와준 주변 사람들에게 밥도 사고, 인사도 가는 등 은혜 갚기 위한 노력을 하는 중이다. 그렇다고 내 성격에 비싼 걸 대접하면서 입에 발린 말도 잘 못한다. 그냥 내 음식 나눠 먹고, 고향에서 친구들이 농사지은 걸 택배로 주문해 맛도 보여드리고, 그렇게 사람 사는 정 나누며 살고 있다.

장모님만큼은 요양병원 안 보내고 싶다

내년이 결혼 30주년이다. 철없는 시절 만나 어느덧 중년이 돼있다. 아내와는 신혼여행 이후 어디 제대로 여행도 못 가봤다. 지금 가게 개업 전 4일 동안의 남도 여행, 그게 전부다. 살만 해진 후 장모님 모시고 온 가족이 일본 여행을 다녀왔다. 여행도 평일에 문 닫고 가는 게 쉽지 않다. 재작년 설에는 네 식구가 2박3일 일정으로 제주도에 다녀왔다.

이제는 우리끼리 갈 게 아니라 외로이 계실 장모님 모시고 가자했다. 우리가 무슨 신혼도 아니고 할매 한 분 더 모셔가는 게 뭐 그리 어려운 일이라고. 우리 애들도 지들 학교 들어갈 때까지 안고 업고 기저귀 갈아주며 키워준 할머니와 다니길 좋아한다. 정동진에 새로 지은 바닷가 옆에 큰 배 모양의 호텔 신관을 갔다. 넓은 평수의 복층식 호텔 방에서 내려다 본 정동진 바다 풍경은 차관 위의 장관이었다. 바다 위에 있는 횟집에서 살이 꽉찬 대게와 산해진미로, 가족 여행의 밤이 무르익어갔다. 다음날이 추석이었다. 호텔 조식을 먹고 고급 요트 타고 정동진 바다 위에서 한가로이 뱃놀이를 즐겼다. 마도로스 모자를 쓰고 장모님과 사진도 찍었다. 좋아하신다. 지난 설 명절엔 장모님 모시고 제주도를 한 번 더 갔다. 그간 안 가본 곳을 천천히 구경하며 다니기로 했다. 장모님은 올해 79세시다. 꽃과 나무 키우기를 좋아하셔서 집이 온통 작은 식물원 같고 아직도 소녀 같은 감성으로, 어린이 집에서 선생님들과 애기들 식사 담당하는 할매 선생님이시란다. 그렇게 건강하게 일하며 약간의 돈도 버신다. 체력이 닿는 한 일을 하시라 말씀 드린다. 연세 드셨다고 방 안에 가만히 모셔두는 게 효도가 아니다. 다행이 편찮으신 데도 없다. 장모님만큼은 요양병원 안 보내고 싶다.

큰 욕심보다 '지금' 만족하며

팔십이 다 된 할매, 오십이 넘는 아내, 서른을 맞는 딸이 너무 신기하고 좋다며 이리저리 왔다갔다한다. 전통시장에서 생선회며 온갖 맛난것들을 장봐다가 만찬을 즐긴다. 제주도의 숙소는 딸이 예약했다. 야외풀장과 넓은 잔디마당까지 딸린 독채 대저택이었다. 도미 머리 지리탕을 아내가 끓였다. 국물 맛이 시원하니 죽여줬다. 가족끼리 둘러앉아 큰 냄비 하나째 다 먹었다. 이게 가족이고 행복이구나 생각됐다. 어려울 땐 꿈도 못 꿀 일들이었다. 하지만 꿈만 같았던 일들이 지금 나와 우리 가족앞에서 벌어지고 있는거다. 나는 큰 욕심 없다. 욕심이 크다 보면 아무리 높이 올라가고 배가 불러도 만족을 못한다. 지금 현재 이 시간, 충분히 성공했다 생각한다. 문제의 빚 해결됐고, 대출 없는 집도 두 채 있고, 아들 딸 건강하게 잘 커주었다. 물질적 여유 생기니, 남에게 아쉬운 소리 안 해도 된다. 35년 만이다.

시골 촌놈이 서울에서 그것도 하늘 찌를 고층빌딩과 부자들이 사는 잠실이라는 곳에서 음식 장사한다. 다들 맛있다며 칭찬해준다. 몇 십억 몇 백억은 수중에 없다. 그렇지만 물질보다 더 귀한 인간적 성공을 했기에

난 더 기쁘다. 물론 나라고 야망이 없고 꿈이 없는 건 아니다. 그래도 나는 5십억 벌면, 백억만 벌면 그만 둔다 이런 말은 안 한다. 지금도 문만 열면 아무런 홍보 없이도 손님이 몰려오고 줄을 선다. 새로운 손님 유치하는 것도 좋지만 오던 손님께 하나라도 정성껏 제대로 해서 내실을 다지는 게 낫다. 체인 사업에 손 안 대는 이유다. 수도 없는 분들이 젊어서 잘 나가다가 말년에 쪽박차는 것을 봤다. '무리'라는 말이 있다. 무리해서 빚 얻어 사업 확장하고 좀 잘된다고 문어발식으로 늘려나가고, 분수에 맞지 않는 무리한 소비를 하고, 자기의 능력과 힘보다 무리해서 하다 보면 다치고 잃고 하게 된다. 배짱 없다고 할 수도 있다. 배짱배짱하다가 말짱황이 될 수 있다. 무엇보다도 제일 중요한 것은 건강이고 가족이다. 이 나이에 좀 나아졌다고 큰기침 잘못하다가 오히려 감기걸릴 수 있다. 목표가 커지면 그만큼 더 노력해야 한다. 더 이상 아내, 가족 고생시키고 싶지 않다. 행복의 눈높이를 낮추면 된다. 돈에 욕심이 많다 보면 몇 백 억이 있어도 만족 못 하고 자꾸 더 모으려 하게 된다. 평생 모으기만 하고 써보지도 못 하고 가는 분들도 많이 봤다. 모으는 것은 기술이지만 돈을 잘 쓰는 것은 예술이다. 행복은 남이 가져다주는 게 아니다. 작은 것에 대한 감사로 부터 시작되는거다.

발레에 푹 빠진 아내

아내는 올해 52세다. 고등학교 3학년 때 장모님이 소개해줘 만났으니 오랜 세월 같이 했다. 중학교 때 장인어른 돌아가시고, 장모님이 아내와 처남 키우고 사시느라 가정경제가 많이 어려웠단다. 어릴 때 꿈이 발레리나였지만, 돈 때문에 학원은커녕 엄두도 못 냈단 말을 여러 번 했었다.

중학교 때는 육상선수도 할 만큼 아내는 운동에 소질이 많았다고 한다. 내가 봐도 구기 종목부터 여러 운동에 재능이 있어 보인다. 아마 발레도 꾸준히 했으면, 잘 하지 않았을까 싶다.

고등학교 졸업과 동시에 몇 년의 직장생활 빼고는, 여태 식당하고 애들 키우고 사느라 고생을 많이 했다. 그 긴 터널을 나와 함께 헤쳐 나왔으니 취미 같은 건 사치였다. 상가 2층에 발레학원이 있다.

오며 가며 눈 여겨 봤던 모양이다. 어느 날 발레학원을 다니고 싶다고 말한다. 예전에도 그런 소리를 농담 반 진담 반으로 하긴 했었다. 그런데, 수강생들이 눈앞에서 하얀 발레복 입고 백조처럼 연습하는 걸 직접 보고는 용기가 난 모양이다. 이게 벌써 3년 전이다.

"나이 오십에 뭔 발레? 하려면 젊어서 했어야지."

무뚝뚝한 경상도 말로 툭 던졌는데, 아내가 포기를 안 한다. 꼭 한 번 해보고 싶다는 거다.

"요즘 취미 생활하는데 나이 안 따져."

"하이고, 얼마나 하다 때려치울라고?"

"열심히 할 거다."

오래오래 열심히 할 거란다. 꼭 발레선수가 되고 대회 나가 수상하는 게 목적이 아니란다. 요즘은 그냥 스트레스 풀려고, 운동 삼아 많이들 한다고 했다. 빚도 다 갚았는데, 그거 하나 못 배울까. 하려면 열심히 해보라고 했다. 그런데 지금까지, 일주일에 세 번씩, 한 시간에서 길게는 두 시간씩 꼬박꼬박 잘 다니고 있다. 가게 일로 몸이 찌뿌둥해도 발레하고 나면 아픈 곳들이 시원하게 낫는 것 같단다. 주로 저녁 시간에 간다. 길게 하는 날은 마치고 오면 가게 영업시간이 끝난 후다. 그러면 나는 차를 몰아 안전한 곳에서 한시간정도 아내를 기다린다. 저기 백미러 너머로 아내가 뛰어오는 게 보인다. 내가 많이 기다릴까봐 헐레벌떡 뛰어온다. 아내의 얼굴이 밝아져있다. 오늘도 세상의 때를 발레학원에서 털어 버리고 온 것 같다.

오십 넘은 나이에 다리 찢기 하는 거 보면 꽤 유연하다. 요즘은 제법 비싼 토슈즈며 발레용품들을 사러 가는 걸 즐긴다. 오십이던 육십이던 취미 삼아 자기가 좋아하는 운동 하는 건 좋은 일이라 생각한다. 나이 먹기 전에 일찍 못 시켜준 게 미안할 따름이다. 아니다. 지금도 안 늦었다. 한 3년 하다 보니 초보자나 또래 사모님들이 아내를 엄청 부러워한단다. 자기들은 안 되는데 어떻게 그렇게 잘하냐면서, 자기들도 3년 하면 저 정도 될 수 있냐고들 한단다. 그래, 하고 싶은 건 하고 살아야 한다. 높이, 높이 날아봐. 그동안 고생한 것들 다 잊고, 백조처럼 우아하게.

큰 성공보다 평생 갈 기술이 좋다

15평 작은 아파트 지하상가에서 연 매출 6억 원의 신화적인 매출을 올리고 성공한 내용이 전국 30만부 발행 되는 '음식과 사람' 잡지에 소개됐다. 홈페이지나 블로그를 본 분들이 전화를 해온다. 지방에서 서울까지 먹방 여행도 오신다.

나의 성공스토리를 접한 많은 분들이 당초 체인점을 개설해달라, 만두를 만들어 납품 해달라는 등 이런 저런 제안들이 많았다. 현재 운영하는 가게의 매출 부진 혹은 추가 메뉴 보강을 위해 연락하는 분들도 많다. 나는 개인적으로 기술력을 중요하게 생각한다. 물론 음식 사랑, 열정도 남다르다. 하지만 기술 배우는 데는 그만큼 시간과 공을 투자해야 한다. 현실적으로 힘들다면 체인점을 선택하는 것도 나쁘지 않다. 다 장단점이 있기 때문이다.

노력과 투자 없이 기술 못 배운다

요즘은 인터넷이나 여러 매체에서 기술 전수다 레시피 판매 등 배움의 통로는 다양하다. 하지만 기술에도 급이 있다. 남들 다 할 줄 아는 그저 그런 기술을 배울 것인지, 대를 이어 물려 줄 독보적인 기술을 배울 것인지는 스스로 판단해야 할 몫이다. 내가 다 해보니, 돈도 쉽게 못 벌고 기술도 쉽게 익힐 수 있는 게 아니다. 지방에 살아서 거리가 멀다. 시간이 없다. 우리 동네는 수준이 낮아 그런 음식 값 받질 못해서 등등 안 되는 이유는 얼마든지 많다. 하지만 지금의 내가 있는 건, 기술 때문이라고 자신 있게 말할 수 있다. 이런저런 이유로 기술 안 배운 사람과 배운 사람은 1년 뒤쯤이면 하늘과 땅 차이로 벌어져있을 거다. 안 배운 사람은 1년 뒤가 되도 또 불평과 망설임뿐이겠지만, 배운 사람은 1년 뒤면 평생 가는 기술자가 되어있다. 바람이 차다고 문 잠그고 방 안에만 있으면 알밤은 부지런하고 용기 있는 사람이 주워가 버린다. 경기가 안 풀린다고 움츠리고 방에서 앉아 머리만 싸맨들 무슨 소용 있을까. 내일 해야지 하면서 하루 이틀 미루다 보면 금방 봄 되고 여름 온다. 경기 탓 수없이 하지만 언제 경기 좋은 적 있었던가. 거친 파도, 밀려오는 폭풍 한 가운데 있어도 다 자기 하기 나름이다. 지금 이 시간, 이 여건, 이 경기, 이 환경 속에서도 잘 되는 데는 앉을 자리가 없다. 30분씩 한 시간씩 줄 서서 기다려야 한다. 제자리걸음하지 말고 하늘을 바라보자. 분명 길은 열려 있다.

불과 얼마 전, 8월 25일 KBS2TV 생생정보에 출연했다. 블로그와 홈페이지를 본 방송작가가 직접 내게 연락을 해왔다. 과거 포이동 시절 세 번이나 출연했지만 그때와는 분량이 달랐다. 마침 코로나 여파로 가게가 다소 한산할 때라 여유 있게 촬영에 임할 수 있었다. 이제 연륜도 있고 해서 그리 떨지는 않는다. 방송 나가기 무섭게 전화기가 울렸다. 아니 완전 마비됐다. 그날 저녁부터 손님들 줄이 평소와 달랐다. 전국각지에서 방송보고 올라왔다며, 머리 허연 노인분도 주방을 기웃거리신다. 그들이 눈여겨보는 것 역시 윤재갑의 기술이었다. 만두 맛은 어떻게 내는가. 기술력 아닌가. 시간내어 먼길을 온 것이 헛되지 않으시단다. 진짜 맛나게 잘 드셨다고 허리숙여 인사하신다. 이게 보람이다.

　최근 나에게 기술을 전수해간 두 분이 있다. 음식과 사람에 실린 기사를 보고 한 부부가 연락을 해왔다. 남편이 소싯적 한식조리사였는데, 결혼하면서 중국집 개업을 했단다. 주방장, 배달원 여럿 쓰면서 나름대로 잘 나가, 집도 장만하고 재미 좀 봤다 했다. 그런데 그 분들도 나처럼 사람관리로 힘들어 그 일을 관뒀다고 했다. 이후에는 좀 편하게 장사하고 싶어 체인점을 운영했는데, 이것도 문제가 있었다. 본사에서 이것저것 다 떼어가, 마진이 박했다. 그래서 다른 걸 알아보려던 참에 윤재갑양심칼국수를 알게 된 거다. 외식업에 꾸준히 종사해왔던 분들이라 어느 정도 요리에 대한 수준이나 센스가 있으신 분들이었다. 거기다 근성도 좋았다. 버스 타고 전철 갈아타고 아침에 우리 가게까지 오는 데만 두 시간이 걸린다 했다. 그래도 새벽에 애들 시부모님께 맡기고, 일주일 동안 나랑 똑같은 시간에 출근하면서 일을 배웠다. 그 덕에 체인점 접고 그 자리에서 칼국수집을 개업할 수 있었다.

　그런데 일 년 이상 장사했지만 매출 상승이 없다며 죽상이었다. 나에게 곱창전골 기술도 따로 배워 선보였는데, 다들 맛있다고는 하는데 손님이 도통 늘지 않는다는 거다. 곱창전골 배우던 게 작년이었고, 그 후 우리 부부와는 형님, 형수님하면서 지내고 있었다. 그때 내가 그랬다. 정 아니다 싶으면, 결단을 내려 보라고, 위치를 바꾸는 것도 방법이라고 말이다. 나도 그렇게 결단을 내려 성공하질 않았던가. 결국 그분들은 간신히 보증금만 챙겨 나와, 바닷가 보이는 전경 좋은 곳에 30평짜리 가게를 다시 개업 했다. 요즘은 통화하면 목소리부터가 다르다. 주 메뉴는 해물칼국수와 만두전골인데 주말에 매출이 상상 이상이라고 한다. 바닷가 특성상 해산물을 싱싱하고 좋은 걸 쓸 수 있어 상승 효과가 난 것 같았다. 입에서 단내 날 정도로 주말엔 손님들이 밀려오지만, 매출 올라가는 거 보면 기술 배우길 참 잘했단다. 기술도 기술이지만, 이런 걸 보면 모든 박자가 다 맞아야 한다. 장소나 주변 여건도 무시 못 한다는 뜻이다. 하지만 당장 안 되더라도 비장의 기술이 있으면 언젠가는 성공할 수 있다. 또 한분은 현재 제2의 윤재갑이 되고자 나랑 같이 노력하는 분이다. 이 분은 공고에서 전기과를 졸업했는데 시력 문제로 군 면제 받고 30년 가까이 우유와 신문 배달만 하셨단다. 이제 나이도 있어 체력도 달리니 안정적인 일을 하고 싶어 했다. 음식점이며 제과점 등을 무려 네 곳이나 면접 봤는데 다 떨어져 낙심하던 차에 블로그를 통해 나를 알게 됐다고 한다. 요리는커녕 칼도 한번 제대로 안 잡아본 분이었다. 하지만 성실성과 열정 하나는 인정할만했다. 내게 해물칼국수와 만두, 그리고 겉절이 김치 레시피와 실전교육을 철저히 받아가셨는데, 배운 걸로 끝내지 않고 예전의 나처럼 직접 응용을 거듭하며 자기만의 노하우로 발전시키는 것 같았다. 나 역시 그런 분에게는 더 호의적일 수밖에 없다. 수시로 전화나 동영상으로 이런 저런 조언을 아끼지 않았다. 그 뒤 콩국수와 만두전골 레피시까지 배워가는 열성도 보였다. 음식에 대해 문외한이었지만 하나부터 차근차근 배워가는 기쁨을 느끼는 분이다. 작은 임대 아파트 내 상가다보니 매출은 그리 크진 않다. 하지만 직접 만든 해물칼국수와 김치만두를 손님과 지인들이 그렇게 칭찬해준다고 했다. 하나둘 단골들이 늘어가니, 요즘 장사하는 재미에 푹 빠져있다. 뭐잖아 윤 사장님처럼 될 거라며 웃으신다. 나도 꼭 그렇게 되길 바라며 그분이 필요하다면 언제든 도와줄 작정이다. 지금도 또 하나의 윤재갑 만들어보자며 농을 던진다. 빨리 가고자 급하게 안 서두르고, 차분히 하나씩 쌓아가고 싶단다. 이런 마음가짐으로 장사하는 분이라면 언젠가는 꼭 될 거라 나는 확신한다.

부록 1
윤재갑이 말하는 음식 장사 노하우

30년간 외식업 외길인생을 걸어오며 산전수전 공중전 다 겪었다. 이런 저런 시도도 많이 하면서 성공도 해보고 실패도 해봤다. 잘 나가다 쫄딱 망해 남의 가게에서 주방 보조로도 일했다. 참기 힘든 일도 많았고 벼랑 끝까지 내몰린 게 아닌가란 공포에 휩싸이기도 했다. 그래도 나 때는 경기가 어느 정도 받쳐주었다. 그런데 요즘은 어려워도 너무 어렵다. 그래서 요즘 청년들을 보면 안쓰러운 생각이 든다. 취업도 쉽지 않고 창업도 어려우니, 양 어깨가 축 처질만 하다.

호기롭게 자기 사업을 해보고 싶어도 실패하면 어쩌나하는 두려움이 앞선다. 하지만 준비를 철저히 하고, 다양한 변수에 대비한다면, 그리고 어떤 어려움에도 쓰러지지 않는 깡다구 정신을 갖춘다면 할 수 있다고 나는 믿는다. 내가 쓴맛 매운맛, 신맛 다 보면서 얻은 노하우를 공개할까 한다. 창업 특히 외식업을 준비하는 후배들에게 조금이나마 도움이 되길 바란다.

1. 고정관념을 깨라

1) 가게가 커야 장사 잘되는 건 아니다

 많은 사람들이 음식점이든 어떤 장사를 하든 가게가 커야 큰 돈 버는 줄 안다. 물론 나도 그랬다. 하지만 오산이었다. 가게가 크면 임대료가 비싸다. 언제 손님이 몰려올지 모르기 때문에 직원들도 많이 고용해야 한다. 홀이든 주방이든 요즘 인건비도 만만치 않다. 최저임금 인상으로 음식점 직원 월급이 높아졌다. 물론 큰 가게에 손님이 바글바글하다 못해 줄 서서 대기하고, 회전율까지 빠르다면 뭐가 문제겠냐만, 그게 얼마나 어려운 일인지 모른다.

 윤재갑양심칼국수는 15평에 4인 테이블 3개, 2인 테이블 9개만으로 연 매출 6억 원을 올린다. 회전율이 빠르고 포장이 많아 가능한 일이다. 상가 통로가 좁아, 사람들이 몰리면 서로 지나다니는 것조차 불편하다. 그래도 포기하고 돌아가는 손님은 거의 없다. 작은 가게지만 줄서서 기다리는 곳과 큰 가게인데 드문드문 손님 들어오는 데 중 어디가 매출이 더 높을까? 줄 서서라도 기다리는 모습 자체도 홍보효과다. 지나가면서 보는 사람들도 대박집이구나 싶어, 한 번이라도 와보고 싶어 한다. 물론 업종에 따라 다르겠지만, 다섯 평이라도 얼마든지 대박집이 될 수 있다.

2) 술 안 팔아도 된다

지금의 가게를 계약하고 인테리어할 때만해도 대박까지는 기대하지 않았다. 술도 안 팔고 값비싼 메뉴도 없으니 허황된 꿈은 꾸지 말자 했다. 그런데 개업 첫날부터 예상매출의 두 배가 넘었다.

우리 가게는 술을 안 팔기 때문에, 바깥에서 스무 명 넘게 대기하고 있어도 금방 자리가 난다. 손님이 대기전표를 직접 체크하고 주문한다. 우리는 자리가 날 테이블이 보일 때 바로 음식 준비에 들어간다. 당연히 대기했던 손님이 앉자마자 테이블 세팅하고, 애피타이저 격인 보리밥 드시면 바로 본 메뉴가 나온다. 결국 밖에 서 대기하는 시간이 곧 주문하고 기다리는 시간이 되는 거다. 요즘처럼 시간 촉박한 시대에, 애써 줄 서서 기다렸는데 음식주문하고 또 기다리면 손님들 짜증나기 십상이다.

나도 과거에는 술을 판 적이 있다. 주류를 취급하면 테이블 치우는 시간과 노동력이 훨씬 많이 든다. 지금은 술이 없으니, 테이블 깨끗하고 직원들도 스트레스 덜 받는다. 게다가 더 좋은 건 매일 일정한 시간에 퇴근할 수 있다는 점이다. 술 팔 때는 문 닫을 시간이 됐는데도 자리에서 안 일어나는 손님들이 있어 애를 먹었다.

"저희 문 닫을 시간 됐으니, 이제 그만......."

"지금 손님한테 명령하는 거요?"

술이 만취한 상태라 바로 시비조로 나온다. 더 상대해봤자 일만 커지므로 그냥 물러설 수밖에 없다. 이래저래 술 팔면 힘든 일이 많이 생긴다. 지금은 그런 일 안 겪고도 매출만 높다.

3) 박리다매 쉽지 않다

박리다매, 하나 하나의 이문은 적게 남기는 대신 물량을 많이 판다는 얘기다. 그런데 요즘 사람들 입맛이 까다롭다는 걸 간과해서는 안 된다. 배곯던 시절이나 싸고 배부른 게 최고였지만, 지금은 아니질 않은가. 음식이란 게 비싸게 팔다 가격을 내리는 건 상관없지만, 싸게 팔다 500원이라도 올리면 손님 입장에서는 부담 된다. 500원이 뭐 그리 대수냐 싶지만 사람 심리가 그렇지 않다. 같은 재료, 같은 맛인데, 가격이 올랐다고 하면 괜히 바가지 쓴 것 같은 느낌이 들지 않던가. 결국 한두 달은 매출에 타격이 있을 수밖에 없다. 결국 다시 가격을 내리는 경우도 많이 봤다. 나도 그 중 한 사람이다. 한 그릇에 1천 원 올렸는데 매출이 가파르게 떨어졌다. 결국 커다랗게 플래카드를 붙여야 했다. 플래카드 비용만 더 나간 셈이다.

"다시 가격을 확 내렸습니다."

반대로 장사 좀 안 된다고 메뉴 가격 내리는 것도 좋은 방법 아니다. 그러다 다시 제값 받으면 또 손님 떨어진다. 옆 가게, 앞 가게 동시에 다 내리면 괜찮을까? 그것도 별로다. 그 동네는 싸구려 음식점 거리라는 인식 박힌다. 결국 제살 깎아먹기다.

아무리 어려워도 변치 않는 맛으로 승부해야 한다. 나는 김치 만두 1인분에 1만 원 받고, 한 알에 1700원 받는다. 물가가 치솟아도, 내려도 늘 똑같은 재료 쓰고 제값 받고 판다. 원가 줄이려고 값싼 재료 쓰고 양 줄이면 손님들은 귀신같이 알아차린다. 부담스럽지 않은 선에서, 제값 주고 제대로 된 한끼 먹는 걸 고객은 더 좋아한다는 걸 명심하자.

4) 버티기보다 과감히 떠나라

외식업하면 대부분 고깃집을 떠올린다. 그런데 그 많은 고깃집 중 성공한 데는 몇 군데나 될까. 장사를 쉽게 생각하는 사람들도 있다. 스스로 노력 안 하고 카운터에서 계산만 하면 되는 줄 안다. 물론 객단가 높은 소고기 전문점에서 카운터 관리만 하며 돈 잘 버는 사장님들도 있다. 그렇지만 남들 다 하는 건 경쟁력이 떨어진다.

음식 장사를 할 때는 나만의 특별한 것을 무기로 삼는 게 좋다. 그것도 유행 안 타는 것, 계절 안 타는 게 좋다. 누가 하는 걸 보니 잘 되는 것 같아서, 히트 상품이라서, 앞뒤 안 재고 덤벼들었다 실패하는 경우 수도 없이 봤다. 오픈했다 3개월도 안 돼 문 닫는 음식점들이 부지기수다. 계절이 변하면 손님들이 찾는 메뉴도 달라진다. 여름에 냉면집으로 대박날 수 있다. 하지만 겨울에도 냉면이 그렇게 팔릴까? 미리 대비해둬야 한다.

물론 이런저런 대비를 꼼꼼히 했는데도 안 될 때가 있다. 아무리 목이 좋고, 기술도 출중한데, 죽어라 노력해도 안 되는 경우가 왜 없을까. 음식 장사라는 게 변수가 그만큼 많다. 그렇다고 들어간 초기비용을 생각해 꾸역꾸역 버틴다고 답 나오는 게 아니다. 이게 아니다 싶을 때는 과감히 포기할 줄도 알아야 한다. 나도 한 군데서 세 번 상호명 바꾸고 메뉴 바꿔 장사해본 사람이다. 안 되겠다 싶을 때 미련 없이 털어버리고 새단장해버렸다. 상황에 맞게 최선을 다했는데도 결국 안 됐다. 포이동 시절 얘기다. 그래서 이곳 잠실로 왔다. 내가 나온 이후로 그 가게는 사장이 여럿 바뀌었다. 만일 지금까지 포이동에서 장사하고 있었다면 지금의 윤재갑이 있었을까? 최악의 상황이었지만 어떻게든 빚을 내서 과감히 정리하고 나오지 못했다면? 생각만 해도 아찔하다.

2. 음식장사는 입소문이다

1) 서비스에 인색하지 말라

내가 개업 당시 만두 1인분이 7천 원이었다. 그때 상가 지하1층과 지상 1층 사람들에게 총 120만 원어치 돌렸다. 다들 윤재갑이 누구길래 이렇게 통 크냐고, 배짱 한번 대단하다고 놀랐었다. 나는 그게 결코 손해라고 생각 안 했다. 실제로 개업 날부터 손님들이 미어터졌다. 그렇게 온 손님들이 친구, 가족 모두 데려오면서 대박집 된 거다. 결국 개업 날 쓴 120만 원은 알찬 홍보비였던 셈이다. 공짜 같지만 그런 식으로 입소문 나면 그 분들이 단골이 된다. 대기가 길어질 때는 대기 손님들에게도 서비스로 드린다. 4인석에서 식사하던 손님들이 2인석으로 옮겨야 할 때도 역시 드린다. 공짜로 다 퍼주는 것 같지만 이게 다 홍보다.

2) 원가와 이문에 집착하지 말자

장사는 물론 먹고 살기 위해, 돈 벌려고 하는 거다. 하지만 너무 원가 따지고 이문 따지면 곤란하다. 농산물 가격은 금값일 때도 있고, 헐값일 때도 있다. 가격이 많이 오를 때는 남는 것도 없다 징징대지만, 폭락할 때 고맙다는 말 하는 사람은 없다. 오래 장사해본 사람들은 알겠지만 원래 가격은 들쑥날쑥하는 거니, 좀 느긋한 마음을 갖는 게 좋다.

공산품이나 양념류 가격이 치솟는다고 싼 재료를 찾거나 양을 줄이면 안 된다. 하루 장사할 게 아니고 일 년 아니 그 이상을 봐야하기 때문이다. 상황이 좋지 않아도 정성을 포기해서는 안 된다. 그래야 손님들이 발길을 안 끊는다. 양이 적다고 하는 손님이 있으면 얼마든지 더 드린다. 그거 더 드린다고 안 망한다. 계산하려는데 지갑을 두고 왔다며 난감해하는 손님에겐, 다음에 지나갈 일 있을 때 달라한다. 조리 중에 손님이 메뉴를 바꾸고 싶다 하면, 기꺼이 바꿔드린다. 그것도 밝은 목소리로 "네, 바꿔드리겠습니다." 라고 말한다. 맘이야 잠시 잠깐 사이에도 변할 수 있질 않은가. 칼국수 일인분을 세 개로 나눠 달라고 해도, "네, 얼마든지 해드립니다." 라고 한다. 이왕 해드리는 거, 기분 좋은 목소리로 말하는 게 좋다. 안 그러면 손님 기분이 불편해진다. 서비스는 서비스대로 해주고, 손님 기분은 기분대로 불편할 거면 차라리 안 해주는 게 낫다.

내 경험상 장사는 손님 마음 읽기다. 손님이 원하는 게 뭔지 잘 아는 게 중요하다. 말 한마디로 감동을 주기도 하고 기분을 상하게도 한다. 요청 안 들어주고 안 파는 것보다. 들어주고 한 그릇이라도 더 파는 게 결과적으로 이득이다. 어떤 요구든 잘 들어드리면, 손님들도 "다음에는 부모님 모시고 오겠습니다." 라고 말한다. 이런 게 바로 믿음이고 신뢰다. 당장의 이익에 집착하는 것보다 멀리 보기해야 한다.

3) 잘 될 때일수록 초심 잃지 말자

　나무를 심어 아름드리가 되는 데는 오랜 시간이 걸린다. 하지만 산불 한번 나면 삽시간에 불타버린다. 내가 시골에서 단돈 2만 원 들고 올라와 자수성가로 큰돈을 벌었었다. 하지만 그 많은 돈을 주식으로 날리는 데는 불과 4개월밖에 안 걸렸다. 개업을 하고 입소문이 나기까지 공을 많이 들여야 한다. 하지만 어느 정도 기반이 잡히고 손님이 늘어났다고 해서 방심하면 또 도로 아미타불되는 경우도 많다. 개업 때는 고급 재료 쓰고 친절하고 양도 푸짐하게 주는 등 손님 끌어오기 위해 온갖 노력을 다 한다. 절실하기 때문이다. 하지만 한두 해 지나면 슬슬 느슨해지기 쉽다. 그러면 금세 손님 떨어진다.
　나는 음식 기술을 배운 이후 지금까지도, 육수나 양념장, 만두 속, 만두피, 칼국수 면은 물론 겉절이까지도 내가 다 만든다. 항상 일정한 맛을 내기 위해서다. 이건 윤재갑을 믿고 찾아오는 손님에 대한 기본 예의다. 방심하는 순간, 매출도 떨어진다는 걸 잘 알고 있기 때문이다.

4) 대박 가게 인수, 위험하다

　손님 북적대기로 유명한 대박 맛집들이 있다. 이런 가게 사장은 장사가 잘 돼 기분이 좋아지지만, 어느 시점이 되면 권리금 높게 받아 팔고 가게 옮길 생각을 하기도 한다. 가게를 내놓으면, 당연히 사려는 사람들이 몰린다. 음식 메뉴 그대로 유지하고, 기술전수해주는 조건으로 권리금은 하늘 높게 치솟는다. 얼마간 같이 장사하면서 기술 전수를 완벽하게 해주기로 약속하니, 인수받는 사람 입장에서는 권리금 정도는 아깝지 않다 여긴다. 물론 완벽하게 기술 전수받아 전 사장보다 훨씬 더 대박을 낼 수도 있다. 그런데 그런 경우가 얼마나 될까? 나는 별로 보지 못했다. 맛이 월등히 뛰어나다면 모를까, 전과 비슷하거나 조금이라도 부족하면 손님들 입에서 여러 말들이 쏟아진다. 몇 년째 단골인데, 맛이 떨어져 이제 못 오겠다, 전에는 이렇게 했었다. 이런 걸 더 추가해봐라, 등등. 이때부터는 손님이 주방장이 된다. 그렇다고 그 말 그대로 따라하면 죽도 밥도 안 된다. 대박집 그대로 인수받는다고 해서 단골손님들까지 그대로 쭉 올 거라는 법 없다. 가게 사장 바뀌고 맛이 바뀌면 손님들은 미련 없이 발길 돌린다. 자기 돈 주고 사먹는데 굳이 맛없는 거 먹을 이유 없잖은가. 맛있는 음식점이 차고 넘치는데 당연하다.

  기존 가게의 기술을 그대로 전수받아 그 자리에서 개업하는건 이래저래 위험하다. 손님들이 오며가며 그걸 다 보기 때문이다. 배웠으면 차라리 다른 데서 개업하는 게 훨씬 나은 방법이다. 예전에 내가 슈퍼맨분식할 때, 기존의 사장인 달인 선생께 기술 전수받아 그곳에서 장사했었다. 그때 내가 성공할 수 있었던 건, 그분은 만두만 달인이었지만 나는 다른 비장의 무기들이 많았기 때문이다. 그 정도의 자신감이 있지 않으면 남의 것 그대로 인수하는 건 위험하다.

3. 뭐니 뭐니 해도 기술력이 최고다

1) 전문성으로 한 분야의 최고가 되어라

 가리봉동서 배달의 기수로 날렸지만 요리 기술 없어 피눈물 흘린 기억이 있다. 만두든, 칼국수든 배우는 건 쉬운 일이 아니었다. 하지만 될 때까지 끊임없이 노력했다. 배운 데서 끝나지 않고 연구하고 연마한 결과가 바로 지금의 윤재갑양심칼국수다.
 먹을거리 종류가 세상에 얼마나 많은지 모른다. 음식점은 또 얼마나 많은가. 하지만 한 음식점에서 이 모든 걸 다 맛볼 수는 없다. 한 사람이 다 잘할 수는 없기 때문이다. 메뉴를 다양화하는 것보다, 한두 가지라도 자기가 가장 잘 할 수 있는 걸 하는 게 좋다. 나도 처음에는 메뉴의 종류로 승부 봤다. 왠지 메뉴판이 빈약하면 선택의 폭이 좁아져 장사가 안 될 것 같았다. 그래서 50가지 넘는 메뉴를 해보기도 하고, 고기도 팔아보고 육회도 팔고, 아구찜도 팔고, 아무튼 별의 별 것을 다 팔아봤다. 그러다 짬뽕집 됐지, 저 음식점은 뭘 잘해란 소리 못 들었다. 도리어 메뉴가 많아지는 바람에 일거리 늘고 재료비만 늘어 이문이 적었다.
 가게 위치와 크기, 주변 상권에 걸맞는 메뉴를 선택해야 한다. 과거 역삼동에서 장사할 때는 삼겹살 팔면서 육회와 수육까지 팔았다. 전혀 어울리지 않는 메뉴 조합이었다. 이렇게 하면 손님 입장에서도 저 음식점은 딱히 내세울 메뉴가 없다는 걸 금방 눈치 챈다. 이렇게 나도 시행착오를 거친 끝에 지금의 국수와 만두전문점이 탄생했다. 메뉴가 단출하면, 일거리가 줄어서 좋다. 지금은 칼국수와 만두, 주 메뉴는 이 두 가지뿐이다. 여기에 밥 메뉴 하나라도 추가한다면, 반찬 몇 가지 더 준비해야 하는데, 손 가는 게 만만치 않다. 결국 메뉴를 늘리려하지 말고 질을 높이는 게 매출 증대에 도움 된다는 걸 나도 경험을 통해 알았다. 윤재갑 양심칼국수하면 김치만두하고 딱 떠올릴 수 있게 하는 게 중요하다.

2) 사장이 다 알아야 한다

'알아야 면장을 하지.'란 말이 있다. 어떤 일을 하려면 그에 관한 실력이나 학식을 갖춰야 한다는 말이다. 사장은 그런 존재다. 운영만 하는 게 아니라 직접 요리부터 주방 관리, 직원 관리까지 다 할 줄 알아야 한다. 사장이 아무 것도 모르고 얘기하는 거랑 알고 말하는 거랑은 다르다. 모르면서 늘어놓는 얘기는 잔소리로 들리고 자칫 직원한테 무시당할 수도 있다. 나도 음식에 대한 기술이 없을 때는 주방장을 내가 '모시듯' 했다. 그래서 매출이 올랐냐하면 아니었다. 사장이 요리를 직접 할 줄 알아야 한다. 직원은 그 외의 일을 하는데 채용하면 된다. 나는 직접 한 그릇 한 그릇 만들어야 안심이 된다. 그래야 음식에 관해 사고가 터져도 침착하게 직접 대응할 수 있다. 스스로 사장이자 셰프라는 마인드로 매일 손님들에게 최고의 식사를 대접해보자. 그게 고스란히 신뢰와 매출로 돌아온다 생각하면 하루하루 책임감 갖고 일할 수밖에 없다. 내 건강만 잘 유지하면 정년 없이 주방장으로 일 할 수 있으니, 얼마나 좋은가.

3) 양심을 걸고 즐겁게 일하자

고급기술이 있어도 정직하게 요리하지 않고 눈속임하거나 돈 욕심만 부리면 장사의 생명은 짧아진다. 나는 맛있는 음식을 만들 수 있게 해준 내 손 끝에 감사하는 마음으로 일한다. 때로 봉사를 하고 단체에 기부하는 것도 의미가 있지만, 꼭 그런 방법으로 덕을 쌓는 건 아니라 생각한다. 하루 종일 손님을 위한 식사를 만드는 것도 선행 아닐까? 그래서 늘 내 이름 석자와 양심을 걸고 음식을 만든다. 아무리 기술이 최고여도 하는 일에 짜증나고 싫증나고 지겨우면, 맛있는 음식이 만들어질 리 없다. 물론 눈 뜨면 똑같은 하루 일과가 기다리고 있다. 다람쥐 쳇바퀴 돌듯 살아가는 날들이다. 나도 사람인데 짜증나고 일하기 싫을 때가 왜 없겠는가. 하지만 30년 동안 한결같이 나 자신에게 최면을 걸어왔다. 최면을 거는 방법은 작은 일에도 고마운 마음을 갖는 거다. '김치만두 만큼은 대한민국에서 내가 최고지, 암.' '비가 와도, 눈이 와도 주방에서 요리해 돈 벌 수 있으니 얼마나 다행이야.' '이 더운 날씨에 땡볕에서 일하는 사람들도 있는데, 그에 비하면 내가 일하는 곳은 천국이지.' 이렇게 생각하면 몸도 덜 힘들고 힘이 난다. 웬만한 일은 그저 넘기고 웃으며 일할 수 있게 된다. 즐거운 마음으로 만드는 음식과 짜증 팍팍 내며 만드는 음식 중 어떤 게 더 맛있을지 생각해보자.

부록 2
집에서 쉽게 따라할 수 있는 요리 레시피

이 책을 끝까지 읽어 주신 분들에 대한 보답으로
선물을 준비했다. 가게에서 혹은 가정에서 간단히
해먹을 수 있는 요리법이다. 뭐, 대단한 건 아니다.
어릴 때 시골에서 먹던 맛을 떠올리면서 요리조리
변형시켜본 거다. 사실 오지 산골에서 지독하게
가난할 때, 그저 배를 채우기 위해 먹던
음식들이다. 그런데 지금 와 생각해보면 그게 요즘
말하는 웰빙 음식이구나 싶다.

이 책은 전문 요리서적이 아닌 만큼, 입맛에 따라
각자 응용해서 만들어도 무방하다.
사실 판매용이 아니라 정확한 레시피가 없다.
각 가정에 있는 재료나 가스 화력 상태 등에
맞춰 다르게 하면 된다. 예를 들어 된장은
재래식과 시판용 등에 따라 염도나 맛이
천차만별이니 탄력적으로 받아들이면 좋겠다.
그리 어렵지 않은 요리법이라 요리에 자신 없는
독자분들도 쉽게 따라할 수 있다. 어쩌면 방송이나
다른 요리서적에서 비슷하게 소개됐을지도
모르겠다. 내 방법이 무조건 맞거나 최고는 절대
아니다. 입맛이야 사람마다 다 다르니까. 다만
어떤 음식이든, 딱 한 번만 에 자기만의 비법으로
만드는 건 어렵다. 하지만 몇 번의 시도 끝에
'이거다.'란 감이 오면 그때는 진짜 자기 것이 되어
평생 해먹을 수 있다.

1. 만능 육수를 우려낸다

만드는 법

1. 멸치, 건새우, 북어머리나 껍질 또는 뼈, 마른 표고 또는 표고뿌리, 양파, 통생강, 무, 파뿌리, 다시마를 끓는 냄비에 넣고 우려낸다.
2. 이때 육수 농도는 몇 번 연습을 해봐야 각자의 입맛에 맞는 정도를 찾아낼 수 있다. 만능육수는 한번 만들어두면 요리할 때 말 그대로 만능으로 쓸 수 있다. 된장찌개, 된장국, 미역국, 김치 담는 풀 끓일 때, 나물 볶을 때, 그 외 조미료 대용 등 두루두루 사용할 수 있기 때문이다.

Tip

- 멸치는 은빛에 형체가 또렷한 것을 고른다. 누런 빛깔의 멸치는 기름이 뜨고 육수가 맑지 않다. 좋은 재료가 좋은 육수를 만든다는 점을 명심하자.
- 건새우나 양파가 많이 들어가면 단맛이 강해진다.
- 육수를 매번 내는 것보다, 한번에 제법 많은 양을 우려낸 다음, 김치냉장고에 보관해 다양한 요리에 두루 사용하면 편하다.
- 다시마는 가스 불을 켜기 전에 넣은 다음, 물이 끓으면 건져낸다. 오래 끓이면 육수가 텁텁해진다.

2. 시래기를 삶는다

이건 나도 TV 요리프로그램에서 보고 배운 거다. 시래기를 찬물에 두 시간 동안 불린 후 40분간 삶는다. 이후에 불을 끄고 8시간 뜸을 들인다. 2, 4, 8로 기억하면 쉽다.

만드는 법

1. 말린 시래기를 찬물에 두 시간 동안 불린다. 물 양은 시래기가 다 잠길 정도로 붓는다.
2. 가스 불을 켜고 물이 끓어오르면, 불을 줄여 40분 더 끓인다. 시계를 맞춰두면 편하다. 이때 뒤집어가며 수시로 저어준다. 중간에 물이 졸면 찬물을 붓고 다시 불을 세게 올린다. 또 끓으면 다시 줄인다.
3. 다 삶아지면 불을 끄고 그 상태로 8시간 놔둔다.
4. 남아있는 모래가 다 빠지도록 찬물에서 두세 번 씻어 헹군다. 소쿠리에 받쳐 물기를 뺀 후, 한 번 먹을 양만큼 쫑쫑 썰어 보관한다. 좀 더 오래 보관하고 싶으면, 비닐에 담아 냉동해도 된다.

Tip

- 멸치는 은빛에 형체가 또렷한 것을 고른다. 누런 빛깔의 멸치는 기름이 뜨고 육수가 맑지 않다. 좋은 재료가 좋은 육수를 만든다는 점을 명심하자.
- 건새우나 양파가 많이 들어가면 단맛이 강해진다.
- 육수를 매번 내는 것보다, 한번에 제법 많은 양을 우려낸 다음, 김치냉장고에 보관해 다양한 요리에 두루 사용하면 편하다.
- 다시마는 가스 불을 켜기 전에 넣은 다음, 물이 끓으면 건져낸다. 오래 끓이면 육수가 텁텁해진다.

1. 시래기콩가루 된장국(5인분)

재료

삶은 시래기300g, 쌀뜨물800g, 만능진육수400g, 된장100g, 날콩가루40g, 무채100g, 간 마늘10g, 소고기다시다4g

만드는 법

1. 쫑쫑 썰어 삶은 시래기에 날콩가루를 섞어 조물조물 무친다.
2. 쌀뜨물을 받아둔다. 이때 첫째 것은 불순물이 있을 수 있으므로 버리고 두세 번 째 것을 사용하자. 쌀뜨물은 시간이 지나면 뜨물이 가라앉으니 휘휘 저어 쓴다.
3. 뚝배기에 쌀뜨물과 진육수를 2대1 비율로 붓고 가스 불을 켠다.
4. 된장을 고운 채에 걸러 푼 후 덩어리는 버린다. 육수를 여러 차례 나눠 부으면서 된장을 풀어낸다.
5. 된장 푼 육수가 끓으면 무채를 넣는다.
6. 콩가루에 버무린 시래기를 넣는다.
7. 끓어오르면 간 마늘과 소고기 다시다를 넣는다.
8. 약 5분 정도 더 끓인다.

Tip

- 너무 오래 끓이면 짜지므로 주의하자.
- 무가 맛있는 동절기에 먹는 게 별미다. 특히 정월대보름날 오곡밥과 찰떡궁합이다.

추억 이야기

어릴 때 설명절과 대보름날 주로 먹었던 요리들이다. 지천에 널린 생명력 강한 냉이와 단백질 덩어리인 생콩가루의 조합인 만큼, 맛과 영양 면에서 으뜸이다. 오곡밥과 냉이, 고사리찜 그리고 시래기콩가루된장국만 있으면 배부르고 풍족하던 시절이었다. 가끔은 그때를 추억하기 위해 해먹곤 한다.

2. 냉이찜

재료

냉이500g, 고운소금10g, 날(생)콩가루130g

만드는 법

1. 냉이를 물에 씻어 모래를 제거한다.
2. 1에 소금을 넣어 버무린 후, 날콩가루를 묻힌다. 냉이에 물기가 있어야, 콩가루도 잘 묻고, 간도 잘 배므로, 씻어 건진 후 바로 한다.
3. 찜솥에 물을 붓고 팔팔 끓인 다음, 2를 넣고 강불에서 뚜껑 닫은 채 4분 동안 찐다. (단, 영업용 만두 찜솥과 가게 가스 버너 기준이니, 시간은 알아서 조절하기 바란다.)
4. 불을 끈 다음 완전히 식힌다.

Tip

- 냉이는 하우스 재배용 말고 겨울철 노지에서 자란 걸 사용하자. 하우스에서 키운 건, 웃자라 잎만 무성하고 뿌리가 가늘어 맛도 없고 영양가도 떨어진다. 반면 노지에서 자란 건, 잎은 빨긋하고 뿌리는 굵고 실하다. 고사리찜도 같은 방법으로 할 수 있다. 이때 고사리는 삶아서 파는 걸(국내산) 사용하면 편하다.

추억 이야기

과거 어렵던 시절에는 간식이 아닌 주식으로 감자를 이용해 자주 해먹었다. 그 기억을 더듬어 감자 대신 고구마로 대체해 자주 해먹곤 한다. 옛날엔 가마솥에 넓은 채반을 얹어, 삼베 보자기 깔아 감자를 넣고 한솥씩 쪄냈다. 저녁밥으로 먹고 나서 야참으로 또 먹었다. 그리고 다음날 들일 나가 새참으로 먹어도 안 질렸다. 뜨거우면 뜨거운 대로 호호 불어 먹고, 식으면 식은 대로 우걱우걱 먹어도 맛났다. 배도 부르고 각종 영양소도 가득하다. 아이들 간식으로 손색없다고 주변에서도 엄지척 해주는 윤재갑식 요리다.

3. 고구마떡(대략 5인 분)

재료

고구마600g, 단호박200g, 삶은 강낭콩150g, 날계란2개, 고운소금10g, 설탕40g, 찹쌀가루 150g 밀가루150g 합한 것

만드는 방법

1. 고구마는 나무젓가락 정도의 두께로 채썬다.
2. 단호박은 껍질을 까고 속을 파낸 후, 고구마와 같은 두께로 납작하게 잘라둔다.
3. 강낭콩을 삶아 건진다. (참고로, 나는 캔으로 된 제품 구입해 물에 한번 헹궈 사용한다.)
4. 널찍한 그릇에 채 썬 고구마, 단호박, 강낭콩, 날계란, 고운소금, 설탕까지 넣어 골고루 버무린다. 그런 후, 섞은 밀가루를 넣고 골고루 버무린다. 가루가 너무 적어도 맛이 없고 너무 많으면 생가루가 안 익을 수도 있으니 주의한다.
5. 물 부은 찜솥에 받침(면이나 삼베포 혹은 요즘 찜솥에 까는 실리콘 제품도 좋다.)을 깐다. 그 위에 잘 버무린 재료를 올리고 뚜껑을 덮은 후 강불로 15분 쪄낸다.
6. 중간에 자꾸 뚜껑을 열어보면 설익을 수 있으니 참았다 15분 후쯤에 연다. (물론 나는 영업용 가스 불을 사용해 15분이다. 각자 몇 번의 시행착오를 거치면 제대로 익는 시간이 언제인지 알 수 있을 것이다.)

Tip

- 기호에 맞게 건포도나 밤을 넣으면 맛있다.
- 고구마가 완전히 익어야 다 쪄진 것이다. 고구마의 가운데 부분에 틈을 만들면, 김이 올라와 골고루 익는다.

-참고로 내가 사용하는 간장은 몽고진간장, 식초는 양조식초, 육수는 진육수다.

-고추는 하우스재배용보다 노지에서 농사지은 게 훨씬 좋다. 추석 지나고 서리 오기 전 매운 기운이 잘 오르고, 벌레 먹지 않은 걸 사용한다.
-20일 뒤 꺼낸 후, 고추가 뜨지 않도록 꽉 눌러둬야 한다.
-잘 절여진 고추는 그냥 먹어도 좋지만, 간장, 설탕, 간마늘, 참기름, 물엿, 고춧가루, 썬 대파, 통깨를 넣어 무쳐 먹어도 맛있다. 봄이 되면 나는 연한 마늘쫑으로도 절임을 한다. 국산 명이나물이나, 곰취나물, 깻잎, 우엉으로도 해먹는다. 너무 뜨거운 곳에 두지 말고 냉장 보관하는 게 좋다. 그러면 여름이 돼도 생생한 맛 그대로 즐길 수 있다.

4. 고추절임

재료

진간장1, 설탕1, 식초1, 만능 진육수0.5

만드는 법

1. 고추는 물에 두 번 씻은 후 물기를 뺀다.
2. 고추 꼭지는 1cm 정도만 남기고 가위로 잘라낸다.
3. 고추의 가는 부분을 바늘로 관통하게 찌른다. 양념이 잘 배게 하기 위함인데, 일반 바늘로 살짝만 내면 된다. 너무 큰 구멍을 내면 무르기 쉽다.
4. 위의 재료를 섞어 양념장을 만든다. 센 불에 올려놓고 팔팔 끓을 때 불을 끄면 된다.
5. 3에 양념장을 고추가 잠기도록 붓는다.
6. 누름판으로 눌러 뚜껑 닫고 보관한다. 이때 고추가 위로 뜨지 않도록 해야 한다. (가장 좋은 건 항아리에 담아 돌로 누르는 것이다.)
7. 20일 이후 꺼내서 먹으면 된다.

tip

- 흔히 진간장, 설탕, 식초를 1대1대1 비율로 양념장을 만들지만, 진육수 0.5가 추가된 게 나만의 비법이다. 여기서 비율은 무게가 아닌 부피다. 같은 크기의 용기에 똑같은 양으로 붓는다는 뜻이다. 그릇은 아래위 폭이 똑같은 걸 사용한다. 그래야 진육수 0.5 비율을 정확히 맞출 수 있다.

에필로그

"내 손에 잡은 것이 많아서 손이 아픕니다. 등에 짊어진 삶의 무게가 온몸을 아프게 하고 매일 해결해야 하는 일 때문에, 내 시간도 없이 살다가 평생 바쁘게 걸어 왔으니 다리도 아픕니다. 내가 힘들고 외로워질 때 내 얘길 조금만 들어 준다면(중략).

나는 사막을 걷는다 해도 꽃길이라 생각할 겁니다. 우린 늙어가는 것이 아니라 조금씩 익어가는 겁니다. "

가수 노사연의 노래 '바램.'의 가사 일부다. 몇 년 전 우연히 이 노래를 알게 되었는데, 우리 부부 둘 다 한마디로 팍 꽂혀버렸다. 이동 중인 차 안에서 한동안 이 노래만 들었다. 딱 우리 부부의 살아온 이야기라며, 어떻게 우리 마음을 이렇게 잘 대변해주는 노래가 있는지 신기하다는 대화를 나누면서 말이다.

살면서 앞만 보고 달렸다. 이제 경제적으로 안정을 찾았고 나름대로 성공했으니 더 이상 바랄 게 없다. 앞으로의 목표가 뭐냐는 질문을 많이 받곤 한다. 프랜차이즈로 사업 확장 중인 줄 아는 사람도 있다. 그런 계획은 없다. 나는 큰 욕심 없다. 그저 우리 부부가 건강하게 일할 수 있으면 그걸로 충분하다. 아내는 기독교 모태신앙이다. 나도 서른 넘어 교회를 다니기 시작했다. 말로 표현하기 힘든 고통 속에서도 지금의 내가 있기까지는 신앙의 힘도 컸다. 또 신앙생활하면서 큰 욕심 부리지 않고 베풀며 사는 법을 배웠다. 이 정도로도 충분히 감사하고 성공했다고 믿는다. 나락까지 떨어졌을 때에 비하면 지금은 더할 나위 없이 만족스러운 생활을 하고 있다. 돈이란 게 10억 가지면, 20억을 원하고, 20억이 있으면 30억을 원하기 마련이다. 우리는 사업 확장 같은 원대한 꿈이 없다. 여가 생활 즐기며, 여행도 하고, 그동안 못한 것들 다 하면서 살고 싶다. 사막을 걸어도 꽃길이라 생각할거라는데, 우린 남들보다 곱절의 사막을 횡단해왔다. 지금껏 KTX 타고 달렸다면 이제 우마차 타고 천천히 가고 싶다.

궁핍하게 살 때는 돈인들 제대로 쓸 수 있었던가. 아내에게 제대로 된 옷 한 벌 사준 적도 없다. 팔찌, 목걸이 같은 보석을 좋아하는데, 예쁜 것 하나 선물하질 못했다. 얼마 전에 제법 값비싼 빨간 구두를 아내 생일에 선물했다. 보석도 가짜 말고 제대로 된 것 하라고 현금을 넉넉히 건넸다. 빨간 구두 신고, 정교하게 빛나는 보석을 걸친 아내가 예뻐보였다. 고맙다고 말하는 아내의 얼굴에 화색이 돌았다. 그러더니 생일선물로 남편이 사준 거라며, 상가 옆집, 앞집 사장들한테 자랑하고 다녔다.

물론 아내는 나를 더 챙긴다. 젊은 친구들이나 하고 다닐 법한 신발이나 옷을 자꾸 사준다. 아저씨처럼 입지 말고 지금부터라도 멋 좀 내란다. 아내 덕분에 나이 쉰 넘어 찢어진 청바지도 입고 다닌다. 생전에 우리 아부지가 보셨다면, 형편 어려운 줄 알았을 거다. 그 옷을 입으면서 생각했다. 생각도 꼰대처럼 하지 말고 늘 깨어 있자고 말이다.

살면서 요즘처럼 책을 많이 읽었던 적이 없다. 한 분야에 꽂히면 집중하고 파는 성격인데, 최근 역사서에 빠져 있다. 누군가 물으면, 척척 말해줄 정도로 지식을 쌓고 싶다. 어느 정도 궤도에 오르면 음식의 역사에 관한 책들도 느긋하게 읽어볼 예정이다. 넓은 주방이 있는 집으로 이사해, 집에서도 요리를 즐겨할 계획이다. 지인들을 불러 파티란 것도 해보고, 나중에 손주들이 생기면 할아버지 표 된장찌개 혹은 색색의 수제비 반죽도 같이 해서 함께 끓여먹고 싶다. 손주들 앞에서 할머니랑 할아버지 중, 누가 더 만두를 빨리 빚는지 내기하면 얼마나 재미날까.

일요일에는 주로 외식을 하는데, 브런치라는 것도 먹고, 쌀국수, 파스타 같은 것도 사먹는다. 촌놈인 나는 이런 음식은 잘 안 사먹었는데, 아내 따라서 먹어보니 괜찮았다. 음식점 다니면서 친절하게 해주는 직원들에게는 수고한다며, 팁도 준다. 큰 부자는 아니지만 너무 박하지 않게 베풀며 살고 싶다.

나이가 들어서도 할매한테 끼니마다 따슨밥 해주기만 바라기보다, 고급진 음식기술로 할매한테 이것도 해주고 저것도 해주며 설겆이까지도 잘하는 할배가 되고 싶다.

이 모든 게 장사를 하기 때문에 가능한 일이다. 장사란 건 정년이 없질 않은가. 건강이 허락해주는 한 일할 수 있다. 몇 십억을 가지진 못했지만 돈을 벌 수 있는 능력이 되니, 여유 있게 살 수 있는 것이다. 세월이 가는 건 막을 수 없지만, 아등바등 않고 느긋하고 아름답게 늙고 싶다. 아니 익어가고 싶다.

여름이나 봄은 물론
날씨가 추워지면
하루 종일 쉼없이,
만두속을 만들고 만두를 빚고
수시로 쪄내기도 한다.

윤재갑양심칼국수의 대표 메뉴 김치만두와 해물칼국수

뜨거운 육수의 맛을 자랑하는
해물칼국수도
여름이나 봄은 물론
가을, 겨울에도
꾸준히 판매되는
인기 메뉴이다

면을 주로 만드는
식당에서는
무엇보다도
김치의 맛이 중요하다.

그런 의미에서
윤재갑 양심칼국수에서는
수없이 많은 분들이 포장 판매를
요청할 정도로
인기가 높고
맛도 인정 받고 있다.